Todos los libros de Linkgua Ediciones cuentan con modelos de Inteligencia Artificial entrenados por hispanistas. Pregúntale al chat de tu libro lo que desees acerca de la obra o su autor/a.

Para **ebooks**: Accede a nuestro modelo de IA a través de este enlace.

Para **libros impresos**: Escanea el código QR de la portada con tu dispositivo móvil.

Obtén análisis detallados de nuestros libros, resúmenes, respuestas a tus preguntas y accede a nuestras ediciones críticas generativas para una experiencia de lectura más enriquecedora.
La transparencia y el respeto hacia la autoría de las fuentes utilizadas son distintivos básicos de nuestro proyecto. Por ello, las respuestas ofrecen, mediante un sistema de citas, las fuentes con las que han sido elaboradas.

Juan Luis Vives

Tratado del alma

Barcelona **2024**
Linkgua-ediciones.com

Créditos

Título original: Tratado del alma.

© 2024, Red ediciones S.L.
Traducción de: José Ontañón Arias

e-mail: info@linkgua.com

Diseño cubierta: Mario Eskenazi

ISBN tapa dura: 978-84-1126-468-6.
ISBN rústica: 978-84-9816-352-0.
ISBN ebook: 978-84-9816-929-4.

Sumario

Brevísima presentación

La vida

Joan Lluís Vives (Valencia, 6 de marzo de 1492-Brujas, 6 de mayo de 1540). España.

Nació en Valencia en una relevante familia de la comunidad judía que se convirtió al cristianismo para proteger su integridad y sus propiedades. Sin embargo, los Vives practicaban el judaísmo en una sinagoga que tenían en su casa hasta que fueron descubiertos en pleno oficio religioso y fueron condenados por la Inquisición.

A los quince años, Juan Luis Vives empezó a estudiar en la Universidad de Valencia. El proceso contra su familia continuó y en 1509, su padre decidió enviarlo a París, donde estudió en la Sorbona y se graduó 1512 con el título de doctor.

Por entonces se fue a Brujas y allí recibió la noticia de que su padre había sido ejecutado en la hoguera. Deprimido, marchó a Inglaterra tras rechazar una oferta para enseñar en la Universidad de Alcalá de Henares.

En el verano de 1523, fue elegido lector del Colegio de Corpus Christi por el cardenal Wosley en Inglaterra. Allí se hizo amigo de Tomás Moro y la reina Catalina de Aragón.

Desde mayo de 1526 hasta abril de 1527 residió de nuevo en Brujas, donde supo de la condena a muerte de su amigo Tomás Moro por oponerse al divorcio del rey. Allí escribió su Tratado del socorro de los pobres, que propone por primera vez un servicio organizado de asistencia social.

Vives dedicó sus últimos años a perfeccionar la cultura humanística de los duques de Mencia. En 1529 su salud era precaria: sufría dolores de cabeza y una úlcera estomacal. Murió el 6 de mayo de 1540 en su casa de Brujas de un cálculo biliar.

Prefacio

Dedicado a don Francisco, duque de Béjar, conde de Belalcázar, etc.

No hay conocimiento de cosa alguna más importante que el del alma, ni tampoco más agradable, ni más admirable, y que tenga mayor utilidad para las materias más altas, porque al ser el alma lo más excelente de cuanto se ha creado bajo el cielo, y aun más que los cielos mismos, sucede que tenemos en mucho todo aquello que podamos aprender acerca de ella. Hay en el alma tal variedad, armonía y ornato, que no se ha hecho pintura ni descripción semejante de la tierra ni del cielo; es además inventora y artífice de las cosas admirables de toda la vida, hasta el punto de que no es posible contemplarla sin sumo placer y gran admiración. Desde luego, por radicar en ella la fuente y origen de todos nuestros bienes y males, nada más conveniente que el conocerla debidamente, para que, una vez limpio el manantial, salgan puros los arroyos de todas las acciones: pues mal podrá gobernar su interior y sujetarse a obrar bien quien no se haya explorado a sí mismo. En efecto: lo primero es conocer al artífice para saber qué actos hemos de esperar de él, para qué cosas es apto, ya como agente o paciente, y para cuáles otras no lo es; por eso aquel antiguo oráculo, famosísimo en el mundo entero, mandaba establecer como primer paso en el camino de la sabiduría éste: «que cada uno se conozca a sí mismo»; y no ciertamente los huesos y la carne, los nervios y la sangre, aunque todo ello también, mas lo que quería se estudiase es la naturaleza y cualidad del alma, su ingenio, facultades y afectos, así como explorar en lo posible sus diversas y largas revueltas y sinuosidades.

He pensado por dichas razones explicar algunas cosas acerca de asunto tan importante, y mucho más cuando en ésta, como en las distintas materias de conocimiento, han mostrado indiferencia los filósofos modernos, contentándose con lo que dejaron escrito los antiguos; si bien, para no estar totalmente ociosos, agregaron algunas cuestiones, ya de explicación casi imposible, o ya sin utilidad alguna aun después de explicadas; tal era su prurito de gastar las fuerzas hablando de cosas en absoluto vacías. En cuanto a los antiguos, al tratar asuntos tan recónditos, cayeron y se enredaron en grandes absurdos; y no es extraño que juzgasen tan mal del alma, como cosa que no se percibe por ningún sentido corporal, cuando tales necedades dijeron de aquello mismo que recibimos mediante los sentidos. Así, los estoicos, al querer definirlo todo y envolverlo en nimiedades sutiles, derrocharon hasta el infinito su molesta palabrería; Aristóteles, como suele, se muestra oscuro y astuto.

Yo voy a exponer con más claridad lo que pienso según la norma, no de la luz natural con que sueñan los indoctos, sino de la verdad, la cual, tanto en la naturaleza como sobre ella, es una solamente y no dos, error del cual traté con bastante extensión en el tratado de la Corrupción de las ciencias, y hablaré luego en los libros de la Verdad de la fe cristiana. Por ello no me ocuparé aquí en refutar las falsas opiniones acerca del alma, más numerosas que en ninguna otra materia, cosa que sería muy trabajosa, larguísima y con más espinas que frutos por resultado.

Ha costado en cambio gran esfuerzo el empleo de las palabras, no solo aquellas de origen y uso popular, sino también las de los doctos, para acomodará nuestro lenguaje las que son poco congruentes; pues no existiendo cosa más recóndita que el alma, ni más oscura e ignorada de todos, son las cosas que a ella atañen las que menos han podido expresarse con vocablos perfectamente adecuados; por eso hemos tolerado algunos, pulido y juego adoptado otros, sustituido algunos, según el mayor fruto para los lectores.

Este tratado expuesto en tres volúmenes: Del alma de los brutos, Del alma racional y De las pasiones, he determinado dedicarle a vuestro nombre, oh Francisco, esclarecido Duque, no tanto por vuestros beneficios para conmigo, que desde luego son muchos, y por vuestra alta consideración hacia mí (lo que más estimo), como porque sé que os complace ocupar en estos estudios vuestro buen talento. Es además el Tratado de las pasiones que contiene el libro tercero, el fundamento de toda la doctrina moral, privada y pública, la cual, según oí de vuestros mismos labios en Bruselas, es la que os subyuga y preocupa sobre todas las restantes, y con toda razón, pues ninguna otra es de tan alta conveniencia para un varón principal, si ha de gobernarse bien a sí mismo, a los suyos y a la nación entera.

Libro primero

División del asunto. Solo por sus operaciones podemos conocer las cosas que no son accidentes-perceptibles por nuestros sentidos ni están en ellos envueltas. Vemos en el mundo natural ciertos cuerpos pesados incapaces de movimiento, que ni se nutren ni crecen; no mudan de lugar por impulso propio, sino que permanecen siempre fijos en el lugar en que desde el principio fueron creados por su autor, con solo el cambio exterior del aumento que sufren por agregárseles nuevas moléculas, o la disminución por sustraérseles otras, tal como ya hemos explicado en la Filosofía primera. Otros vemos que se nutren, crecen y disminuyen interiormente; los hay que se mueven por sí; otros tienen, además de esto, sentidos internos y externos; por último, hay aquellos que están dotados de razón y de entendimiento. Los primeros, careciendo de toda fuerza y vigor propios, no puede decirse que viven; los restantes, de los cuales se afirma la vida, por tener aquel impulso interior, forman cuatro distintos grados: los que únicamente reciben alimento, que se difunde por el cuerpo para crecer y reproducirse; de ellos se dice que tienen vida o facultad nutridora, y en este grupo se contienen todas las especies; los que además han sido dotados de sentidos que se aplican a la vida sensible o senciente, como son las esponjas marinas, las conchas y los llamados *stirpanimantia*, en griego σωοφυτα; luego los que tienen, además de sentidos externos, una cierta vida inteligente, dotada de memoria y de entendimiento, como las aves y los cuadrúpedos; por último, los de vida racional o humana, la más excelente de todas, que ocupa un término medio entre los seres espirituales y los corporales; tal es solamente el hombre. Así se distingue la vida y el alma, de suerte que es en unos alma alimentante; en otros senciente; en otros inteligente, y racional en el hombre. De cada una trataremos por separado.

Nutrición. Es nutrición el acto de convertirse el alimento, por virtud corporal, en el cuerpo mismo ya antes animado; cualidad que existe de un modo fácil e inmediato en aquellas materias que por sus efectos y condiciones son a propósito para que de ellas se sirva la facultad de alimentarse propia del ser viviente; pues ni la árida madera ni las cenizas son de este orden, aunque a veces, por los cambios de las acciones naturales, puedan convertirse en hierbas y en frutos; mas esta propiedad es ya remota, y entonces las cosas serían muy distintas de lo que antes eran.

Calor. Dos son los principales instrumentos que en el cuerpo tiene esta vida o alma nutridora: el calor y la humedad; de ellos el primero toca propiamente a esa fuerza de alimentación, mientras que la humedad pertenece al calor. Mediante éste se conserva toda el alma en el cuerpo; él es su más poderoso instrumento; e igualmente por el calor, o sea por el amor divino, se difunde la vida de nuestras almas: y sin él todo languidece y muere. Como éste a su vez necesita de algo a modo de alimento para no desvanecerse y extinguirse enseguida, se ha agregado a los cuerpos vivos la humedad, cual freno del calor, para continuar la vida. El calor se apodera de la humedad y la absorbe; en cambio la humedad refresca al calor, contiene y estorba su rapidez.

Regresión del agua a la frialdad. Y no es otra cosa ese paso del agua a la frialdad que mencionan algunos filósofos al decir que el agua caliente vuelve poco a poco a la condición de su naturaleza, o sea al frío. En efecto: lo mismo el agua que el vino, el aceite y cualquier otro líquido vuelven al frío cuando se los aparta del fuego; pues lo húmedo por virtud de su naturaleza al principio refrena el calor; y si es en gran cantidad, le consume; por lo cual todo cuerpo húmedo, aunque esté caliente en ocasiones, se enfría al quitarle la calefacción exterior. Volvamos al cuerpo del animal.

Sed y hambre. Cuando en él domina el calor, aparece la sed, que es el deseo de lo húmedo y lo frío, o sea lo contrario de aquél; entonces hay que aumentar la humedad para aplacar los ardores. Si llegan a la fatiga al obrar el calor sobre la humedad y ésta sobre aquél, han menester ambos restaurarse y adquirir fuerzas; a esto se llama hambre, apetito de caliente y de húmedo si el líquido que la sed desea es menos que el del hambre; pero cuando se aumenta exageradamente el líquido, se amortigua el calor y decaen las ganas de tomar alimento, es preciso restablecerle con remedios. Toda nutrición es hasta cierto punto más fuerte que la medicina; aunque el alimento repara lo animal y aquélla los instrumentos de la fuerza, que son de estudiar más adelante.

Se ha dado el apetito a los seres vivientes para su conservación, o sea para que se dirija a las cosas útiles y evite las nocivas; y esa conservación se verifica por el equilibrio entre la humedad y el calor cuando mantienen igualdad o una desigualdad que se quita fácilmente por la comida o la bebida; desigualdad por cierto muy agradable como uno de los placeres naturales, un incitante para desearlos y a la vez condimento para que resulten gustosos en extremo.

De todo ello aparece claro que nos nutrimos con las materias análogas y nos curamos con las contrarias; porque la proximidad de las cosas hace más fácil el tránsito de unas a otras, cosa que sucede en la nutrición. Así, los animales recién nacidos se alimentan perfectamente con leche, por ser lo más semejante a la masa de la cual se han congregado las partículas de su cuerpo.

Base de todos los alimentos. Constan los cuerpos naturales de los elementos mismos de la naturaleza, que sabemos son cuatro: fuego, aire, agua y tierra. De todos ellos nos alimentamos, ya de su misma naturaleza, ya de la de sus propiedades: del agua y el aire por sí propios, y por semejanza de las sustancias acuosas, espirituosas, calientes, sólidas y duras, como cerveza, vino, aceite, carnes, frutas y especias. Como el cuerpo del animal debe ser sólido, a fin de que contenga los elementos vitales que en él funcionan y no se dispersen y disuelvan de pronto todos ellos, asimismo conviene que en los comestibles haya algo sólido y como de la cualidad de la tierra, que retenga otros líquidos y en el cual se aloje la fuerza del calor y pase a la masa del animal. Este, de no ser así, estaría siempre hambriento y nunca cesaría de comer. En el mar, unos peces comen a otros, y los que se cree sustentarse con agua del mar, toman de ella la crasitud, y así se hallan peces hasta en las conchas y las ostras, según demuestra su sabor aciduloso. Los seres naturales fijos en el suelo chupan, por medio de sus raíces, el jugo de la tierra, de cuya parte más tenue se producen las hojas y flores: de la más densa, los frutos, y de la que tiene el grado mayor de densidad la raíz, el tronco y las ramas.

Se sabe igualmente que en todas las naciones se come pan y viandas, o lo que haga las veces de pan, como castañas, bellotas, raíces, pescados secos. Entre los animales, los que son más gruesos y tienen calor más fuerte en su compacta masa necesitan alimento de mayor fuerza y gordura; así sucede en el Norte y con los caballos y asnos; el caballo hasta enturbia con sus patas el agua que bebe, si acaso es demasiado líquida y en tanto poco conveniente, como alimento tan delgado. Se cuenta de algunos asiáticos que viven solo con el olor de las frutas, y muchos de nuestros españoles mueren en las islas del Nuevo Mundo y en el otro extremo del Continente, a causa de la tenuidad del cielo y de los alimentos; pues aquellos cuerpos sólidos, habituados a un aire y alimentos más gruesos, no pueden sostener más la vida.

Por la misma razón se dice que el agua pura no alimenta, sino que disuelve; ni la bebida por sí constituye materia de alimento si no se agregan otras sustancias que la necesidad o la gula inventaron, o bien jugos de frutas, como uvas, peras y manzanas.

Bebida. Pero éstas son bebidas que nosotros usamos; la natural es aquella que beben indistintamente todos los animales y también los hombres que se rigen sin artificio alguno por solo el dictado y enseñanza de la naturaleza; por eso vemos que se presenta abundantísima por dondequiera para todos los seres vivos. Así como la humedad detiene el calor, éste siempre que puede coge y absorbe aquélla.

Cocción. Cuece y disuelve las sustancias por virtud y operación de su naturaleza; al cocerlas separan lo útil al cuerpo de lo superfluo, y por tanto nocivo. Lo útil para el cuerpo son los jugos adecuados a él, lo nocivo es o la materia árida o el jugo extraño, y por lo mismo perjudicial a la salud del cuerpo.

Lo útil se distribuye primeramente entre los miembros; después se convierte en cuerpo del animal, y queda abarcado ya y reconocido como parte del mismo por la fuerza anímica.

Partes del alma vegetativa. Muchos son los oficios y como funciones particulares de esta propiedad nutridora que sirven a la general, a saber: la *fuerza que atrae* hacia sí el alimento, y que vemos también en las plantas, las cuales extienden por todas partes las fibras de sus raíces, a manera de dedos, para tomar de qué alimentarse; por eso toda raíz tiene cierta natural fuerza *para romper y abrir*, de tal suerte que estando sujeta en la tierra puede abrirse paso por sitios duros y apretados, ya para extenderse, ya también para absorber lo que haya de alimento en las cercanías. Mas poco le aprovecharía esta facultad de coger si desapareciese en seguida lo que se ha recibido; por eso hay otra *retentora* que detiene y sujeta el alimento hasta tanto que se haga su cambio adecuado mediante la potencia *coctriz*; viene luego la *purgatriz*, que separa lo puro de lo impuro y entrega esto último a la expulsora para que lo arroje fuera y lo puro a la *distributiva* que lo difunda por los miembros. Es la última de ellas la llamada función *incorporadora*; pero todas se relacionan y ayudan entre sí; en efecto, el alimento se cuece antes de separarse, y se separa antes de que se expela lo nocivo; la función de atraer no cumple su cometido hasta que se haya evacuado el cuerpo, ni la de cocer si no se ha expurgado el anterior alimento. Y si alguna de ellas cesa en su ejercicio, inmediatamente se siente en las demás cierta flojedad y desidia; tan grande es la armonía que entre todas existe, y la proporción establecida por disposición divina en el conjunto del cuerpo; ella nos mueve a la admiración de aquel supremo Artífice cuya obra es tal que no ya imitarla (cosa imposible para ningún otro poder ni sabiduría) sino solo comprenderla con el entendimiento y la razón, es obra magnífica y hermosísima.

Esas facultades no tienen su sitio establecido en el cuerpo animado, de modo que cada una esté en un miembro, y no en otro; sino que se hallan en todas las partes y miembros, aunque en unos en mayor proporción, y más expuesta a nuestra observación, mientras que en otras, menos señaladas, más oscuras. Así es de ver en los animales perfectos en cuyo estómago se verifica la cocción a manera de tisana; en el hígado la de la sangre, y en los miembros, la de la sustancia animal. Al principio es la sustancia uniforme, igual solo a sí misma; luego, distinta y desemejante.

Tampoco se para nunca ni termina la función de cocer, ni la de purgar o la de expeler, pues el calor mantiene en constante ebullición lo húmedo; ni hay sustancia alguna tan pura que no tenga heces que separar; por eso todo el cuerpo del animal está como perforado de poros y dispuesto para la expulsión de residuos que se verifica día y noche, primero por los orificios abiertos arriba y abajo: boca, nariz, oídos y ojos; después por los llamados descargadores que hay en los sobacos y junto a las ingles, en fin, por todo el cuerpo, se exhalan heces más sutiles. Así lo demuestran también las caspas y asperezas de la cabeza, el lavado de las manos que siempre halla algo que eliminar, y del mismo modo en los pies, como en toda otra parte del cuerpo. Por este motivo necesita el animal tomar alimento tan a menudo para que se restaure lo que continuamente perece: tal facultad *nutridora* es la primera y la más sencilla de todas, dada por Dios para el sustento del animal.

Capítulo I. De la facultad acrecedora

Vemos que todos los seres vivientes crecen de algún modo y que muchos de ellos engendran otros semejantes a ellos; es que se agrega a la facultad nutridora la *acrecedora* en todos y la *generadora* en la mayor parte.

Al afirmar que la primera es universal, no se dice que funciona siempre; pues las cosas acrecidas paran de crecer y aun retroceden de modo que disminuyen y se contraen como antes habían expansionado al aumentar. En cuanto a la generadora, se presenta en época determinada, cuando las fuerzas están desarrolladas; a su vez se debilita por la disminución de vigor, y perece. Así, pues, la potencia alimentadora es perpetua en el ser vivo; la acrecedora y la que produce su semejante son temporales; la primera de estas dos funciona desde el nacimiento mismo hasta un cierto límite; la segunda, solo después de alcanzar determinados tamaño y fuerzas. Tratemos en primer lugar de la acrecedora.

No consiste ésta en una agregación por el exterior, como cuando se edifica una casa, agregando maderas y piedras, o se hace un vestido, cosiendo telas, sino mediante el mismo artificio silencioso y oculto por el cual nos nutrimos, esto es, al convertirse el alimento en sustancia íntima se extiende la cantidad exteriormente. De aquí que esa fuerza dimana de lo nutriente, y la comida alimenta donde hay sustancia dotada de cualidades adecuadas y alimenta donde existe masa. Por eso creó Dios los cuerpos de los animales a manera de esponjas, teniendo todos ellos poros, unos más, otros menos numerosos, por los cuales penetre el alimento y se difunda la masa.

Hay quien incluye los metales entre las cosas dotadas de alma, al ver que crecen también interiormente, lo que parece no puede ser sin alimento, opinión que de modo alguno es absurda, no habiendo motivo que impida considerarlos como seres vivos que igualmente tienen sus poros. Pero su aumento puede referirse más bien a la adaptación de la masa que a la acción de la facultad acrecedora, lo mismo que crecen los manantiales y ríos por agregación del agua, los peñascos en lo más alto de la tierra y las peñas en la superficie.

Antiguamente también consideraban algunos el fuego como ser vivo, y entre los primitivos romanos existía la creencia religiosa, al decir de Plutarco, de que no se apagaba, sino que se alimentaba y crecía. En realidad, no es tanto el fuego un animal, como más bien algo muy semejante a la virtud nutridora y acreciente, esto es, no ciertamente causa, sino instrumento de dichas facultades en el cuerpo animado, y ya Aristóteles infiere acertadamente que no es tal causa, por cuanto el fuego no tiene término en su incremento, sino que se extiende mientras haya materia que quemar, al paso que en el animal hay algún límite por razón del alma, ya próximo, ya más lejano, según la fuerza y proporciones del calor y la humedad, o de los elementos naturales y primitivos que la naturaleza infundió en la estructura misma corpórea, o ya también de los adquiridos después por la cualidad del alimento, del lugar y del hábito. Todo ello dentro de ciertos límites conocidos del Dios creador y prefijados por el mismo a la naturaleza, de los cuales nos es más fácil decir cuáles no son que señalar los que son. En efecto: el hombre jamás llegará a tener la elevada talla del olmo o de la encina, ni podrá estar contenida en la pequeñez de una hormiga el alma humana, provista y adornada de todas sus facultades e instrumentos. Se ha dicho que hay gentes que adivinan desde el nacimiento mismo de un niño la estatura que ha de tener; pero esto habrá de entenderse más bien del tamaño en general que respecto de un punto determinado, pudiéndose decir, por la constitución de los miembros, de los huesos y la proporción del conjunto, que será de poca altura, regular o mediana o desmesurada; de cuerpo cuadrado y muy compacto, o por lo contrario. Y ¿cómo sería de otro modo cuando tantas cosas hay que influyen más tarde en ese punto? Así, por ejemplo, el alimento seco o húmedo, el vivir en sitio caluroso y árido o frío y con humedad. Pues el líquido aumenta los cuerpos, y por eso son más corpulentos los animales marinos que los terrestres y éstos más que las aves; así son más gruesos los hombres que viven en lugares húmedos que los de tierras secas, y los del Norte que los del Mediodía. La bebida ensancha los cuerpos más que la comida.

Esta propiedad de aumentar se ha concedido para la perfección de cada ser viviente; plugo, en efecto, al Autor de todas las cosas imponer tales leyes a su obra de la Naturaleza, que los seres creados de estos elementos del mundo inferior van creciendo paulatinamente desde sus pequeños comienzos; y cuando se hacen adultos y llegan como a la plenitud, detienen un poco su marcha y luego retroceden despacio hacia su origen, según observamos que sucede por dos veces todos los días en el movimiento del océano.

Esta producción de cosas realizada por la Naturaleza es una imagen del mundo creado desde el principio. La Naturaleza no puede sacar cosa alguna de la nada, pues eso solo a Dios está reservado; y las crea con un comienzo tan débil que nos parece diferenciarse muy poco de la nada, luego sostiene y aumenta lo que ha producido; con lo cual admiramos a la vez la bondad y el poder del Creador en esta que es como una segunda creación. Después, ya agotadas las fuerzas de aquello que había crecido hasta su límite, y no pudiendo ya sostenerse, disminuye; así resulta el curso y dura-ción de cada día como una especie de vaivén, según quedó explicado en la Filosofía primera. Por ese camino van todas las cosas que vemos y palpamos en este mundo sublunar, ya sean obras de Dios, ya invenciones de los hombres. Aquella primera constitución del cuerpo animado y aquel temple por acción del calor y de la humedad de que se dotó a la Naturaleza, una vez llegada ésta a su total evolución y desarrollo, al luchar en ellas las cualidades diversas del lugar y de los alimentos, se desgasta y hace más débil de día en día, hasta que sucumbe a manos de los oponentes. Y esto sucede en la marcha natural de las cosas, pues se presentan muchísimos incidentes que tinas veces no permiten evolucionar aquella constitución, otras la detienen o hacen retroceder poco a poco, sino que la matan de pronto o en breve tiempo, pero siempre por medio violento.

Sucede también a menudo que aquella constitución es demasiado endeble, o porque la materia no obedece bastante a la acción de la Natura-leza, o porque es escasa y mal abastecida, o ya por hallarse infectada de una propiedad nociva. El instrumento del alma nutridora y acreciente es el calor; el pábulo de éste, la humedad. Hay en la Naturaleza un calor ingénito deter-minado; hay también cierta humedad, la cual, si bien está difundida por todo el cuerpo, tiene su fundamento en los nervios y en los huesos; cuando ésta abunda al principio es causa de que los niños sean débiles, que no se sirvan de sus sentidos y de su capacidad, y que necesiten un sueño prolongado.

De esa humedad se apodera el calor lentamente y la reforma; a la vez, para alejar la violencia del calor y no acabe en poco tiempo con toda la humedad, nos ha dado Dios los comestibles y las bebidas. Aquella humedad cada día se hace menor, mientras el calor, como en lo seco, se hace más activo hasta que decrece por faltarle alimento, por lo cual flojean asimismo las fuerzas corporales; de este modo vuelve hacia abajo el cuerpo gradualmente casi por los mismos pasos por que había subido.

Capítulo II. De la generación

Adulto ya el cuerpo vivo, e iniciado en él un deseo interior de que no se extinga su especie, Dios concedió a la Naturaleza el poder infundir en los seres vivientes la fuerza de engendrar otros semejantes a ellos. Primero obra la Naturaleza en los comienzos del ser mediante la función de alimentarle, después con la de aumentarle por el crecimiento, y luego, a medida que puede, por la conservación de los individuos de cada especie, haciendo que procreen. Vemos, por tanto, que es la generación obra del animal completo y adulto; y esto no solo se observa en los animales, sino también en las plantas, que en época de la primavera tienen toda su fuerza en la raíz; después, en las hojas y las ramas; luego, en la flor y el fruto, por último, en la semilla, de la cual, sembrada, sale una planta semejante a la anterior. Así, es la generación la conversión del cuerpo animado, que realmente es una semilla, en otro semejante a aquel del cual fue tomado.

Y como el nutrirse, crecer y engendrar provienen del alimento, se comprenden bajo el nombre de alma vegetativa. Aristóteles la definió como la facultad que convierte el alimento en cuerpo animado, para su salud, le aumenta hasta completar su masa debida y procrea un cuerpo animado de su misma forma y condición. La semilla contiene en pequeña porción de materia la fuerza de su acción la cual, una vez que alcanza las proporciones adecuadas, se extiende y desarrolla; cosa que más bien pertenece a la índole de la acción que a la de la masa; y por eso viene la función última después de haber cumplido su misión la fuerza vegetativa aumentando el cuerpo, cuando carece ya de aquellas facultades que mantienen al alma en el gobierno del cuerpo, es decir, las de reunir mucho en pequeño espacio. Así aparece más tarde una acción semejante, en cuanto lo permiten las cualidades de la materia; pues si éstas son opuestas a las que convienen a la acción, degenera lo producido, como sucede en la tierra cuando produce plantas distintas de aquéllas de donde se había tomado la semilla, en los monstruos de los animales, y aun en la mujer, que a veces da a luz un animal de varias formas, según es frecuente en Nápoles de Italia, y en Flandes de Bélgica, donde se engendran en las mujeres animales multiformes, a menudo solos, otras veces con un niño, que en ocasiones nace medio comido o chupado por el animal. Ello se debe a que abunda en tales mujeres un humor muy espeso, y en extremo pútrido, por alimentarse de coles y beber cerveza; lo mismo se procrean en ellas animales que las lombrices en el vientre del niño, a causa de las frutas crudas. En efecto: la mala condición del receptáculo causa violencia a la propiedad de la semilla de su especie, y la obliga a no producir su semejante o a producir con éste otro ser. Igual causa reconoce también el tumor de la matriz.

A menudo proviene de degeneración de la semilla, cuando está corrompida por infección interior en su producción, o exterior por el lugar, tiempo o algo agregado. De los seres vivientes unos tienen generación espontánea, como las moscas, mosquitos, hormigas, abejas, que no tienen sexo alguno; otros nacen de la mezcla de sexos, como el hombre, el caballo, el perro, el león; los hay de procreación ambigua, como los ratones, de los cuales unos provienen de las inmundicias, sin concúbito, otros de concúbito. Todas las plantas tienen origen espontáneo, primeramente de la propia semilla, después también de la fuerza de la tierra, en la cual esparció el Creador del mundo semillas de todas las hierbas, arbustos y árboles, cada una en lugares distintos. Así, los cereales y viñedos que con tanto esmero cultivamos, son naturales y han nacido de la tierra con espontánea originalidad, puesto que no los hemos hecho nosotros. En Sicilia se dice que nace el trigo de suyo, sin el cuidado del hombre; aunque luego nosotros trabajamos para que esas semillas sean más adecuadas para nuestro uso. Por eso se tienen como inventores de ellas aquellos que imaginaron su cultivo o le enseñaron a otros: así lo fue Ceres del trigo, Noé del vino, Minerva del olivo.

Hay ciertos árboles que ni tienen fruto ni semilla, como el tamarindo y el álamo, por lo cual se llaman infecundos; pero si no se propagan por la semilla, se les quita un tallo que sirve de ella, además de la naturaleza y fuerza de la tierra. De los que procrean por la mezcla de sexos, el macho es de donde sale la semilla y la hembra la que la recibe dentro de sí; la generación se verifica estando ya completo el animal para que se pueda sacar del macho sin perjuicio y recibirse sin molestia en la hembra, nutrirse y aumentar de la sustancia de ella.

Lo que hay de principal en el cuerpo vivo y como más próximo al alma proviene de la semilla del padre; y lo más craso, de la materia, de la madre; por esta razón aventaja en calor el macho ya para expeler la semilla, ya para comunicarla alientos; al paso que la madre es más fría y húmeda para conservar la semilla y alimentar el feto. La semilla masculina y la materia femenina son lo mismo que el grano seminífero de cualquier planta y la sustancia de la tierra; pues la fuerza de procrear tal género de árbol está en la semilla, y la masa de la cual se alimenta y crece el árbol mismo, en la facultad de la tierra. Por eso sale y se desarrolla la fuerza y naturaleza de la semilla en la materia que suministra la tierra.

La diferencia entre los sexos es pequeña, pues la hembra no es más que el macho imperfecto, porque no hubo en ella medida justa de calor; y así parece que la hembra nace por escasez. Pero está establecido por mandato de la Naturaleza que sean necesarios ambos sexos en los animales, y uno nazca de las fuerzas, otro de la debilidad, sin que falten nunca ambas causas para engendrar el uno y el otro. Quien supo sacar cosas buenas de las malas es quien saca el vigor de la flojedad; tal es la sabiduría de nuestro Creador.

Los animales que por su corpulencia recibieron mucho de la semilla paterna, dominan por los alientos, agilidad, fuerzas y sutileza de alma; mientras que quienes han recibido más de la materia de la madre son tardos y flojos.

En la familia de las plantas es mayor la semejanza de forma e índole entre engendrado y engendrador; en los animales es menor, pero mayor entre estos y el hombre, porque en ellos es más estable la imaginación que en nosotros, que tenemos mayores divagaciones con el alma.

Las propiedades particulares de la facultad generadora son éstas: la expulsora en el macho por la cual se derrama la semilla, y se infunde en la hembra; en ésta a su vez se recoge y conserva; la permutadora, que mezcla y modera la semilla masculina con la materia de la madre, en cuanto conduce a comunicar el temple del cuerpo y de cada uno de sus miembros; la formatriz, que forma y traza los miembros, y por último aquella que hace salir el feto en la época determinada por las leyes naturales.

Tal es el alma vegetativa y sus funciones, las cuales siendo tantas y tan diversas es conveniente que disponga de los debidos instrumentos y lugares en que funcionen. Por eso también hay en el animal partes y miembros no de una sola clase y semejantes sino diferentes, con admirable variedad, por su aspecto y cualidades.

Capítulo III. De los sentidos

Esta forma de vida es común a la planta y a los animales; pero en éstos vemos que hay algo de que carecen las plantas, a saber: el conocimiento, ver, oír, tocar gustar y oler, cosas que pertenecen a lo exterior, una vez que toda la vida de la planta mira hacia adentro, privada de lo exterior e ignorante de ello.

Tres son las clases de conocimiento: el que conoce solo los cuerpos presentes; otro, que también los ausentes, y el tercero, el de las cosas incorpóreas. El conocimiento del primer género se llama sensación o sentido, y aunque de nombre poco adecuado por ser tan extenso como el conocimiento mismo, hay que usar las palabras ya admitidas, salvo cuando se habla con más claridad, como al decir «sensación corporal».

Esta es el conocimiento del alma mediante el instrumento externo del cuerpo. Vemos en el animal ojos por los cuales ve, oídos por donde oye, nariz por la cual huele, paladar por el que distingue los sabores, y además, difundido por todo el cuerpo, un cierto sentido de lo caliente y lo frío, de lo húmedo y lo seco; se los llama sensorios, y son como los órganos e instrumentos del sentir o receptáculos de las sensaciones; así, aquella fuerza que opera y efectúa el sentir, se llama sentido, y lo que se siente, lo sensible; habiendo, por tanto, en la sensación dos elementos primeros, el vigor y el órgano, como potestad de la naturaleza.

Mas para que esta potestad se ejercite, se agrega algo en que ejercitarse, a saber: el objeto, como materia de sensación. Para ésta, pues, se unen los sentidos y lo sensible. Pero como en la naturaleza se reúnen cosas diversas, hay que referirlas a un medio común adecuado a ellos; así los huesos se unen a la carne por los cartílagos. Es, por tanto, el medio aquello que corresponde con lo sensible y con el sentido; como en la visión o la audición el aire o el agua. Hay también que ver en el medio la circunstancia de hallarse lo sensible como atenuado por la distancia, y venir al sensorio algo menos material y más congruente con la naturaleza del sentido, el cual es más espiritual que el objeto mismo sensible. Por eso se exige una distancia proporcionada, pues si está lejos, o se atenúa la imagen enviada por lo sensible, o el vigor de la impresión que ésta deja en el sentido, de suerte que no puede ya existir sensación alguna.

Ejemplo de ello puede verse en el sello impreso en cera; si fuere demasiado grande la figura, no se estampará tanto en el medio como en la parte superior próxima al anillo. La distancia no es única y siempre la misma en todas partes, sino distinta en cada sitio en proporción del sentido, del objeto y de la cualidad del medio; y conviene igualmente que haya cierta analogía o proporción entre la fuerza senciente y su objeto sensible para que éste esté comprendido dentro de los límites de aquélla; no siendo tan tenue que se escape, como sucede a los granos pequeños no cogidos por la piedra del molino.

Capítulo IV. De la vista

Trataremos primero de este sentido por ser el más sencillo y el más conocido, hasta el punto que se extiende su nombre a los sentidos restantes y al conocimiento anímico. Así se suele decir: «¿Ves qué manzana tan agradable, qué metal tan pesado, qué armonía tan suave, qué olor tan pestífero y repugnante, qué raciocinio tan bien presentado?» En esto referimos las diversas nociones a una sola.

Los ojos están en el alma lo mismo que en el cuerpo; cuanto se dice de la vista, ya sea perspicaz o ya sea torpe, se aplica igualmente a las funciones de los demás sentidos. El autor de todas las cosas difundió su luz por todo el mundo, la espiritual para los objetos espirituales y la corpórea para las cosas corporales, a fin de que por este beneficio entendiesen los espíritus y viesen los ojos del cuerpo: en los ángeles existe la luz espiritual de Dios, y en el Sol, la corporal.

Esta última luz recibida corporalmente por las masas, si se detiene en un objeto tenue, le hace transparente de modo que puede verse por entero, como el cristal, el agua, el aire; y los griegos le llamaron; si afecta a una sustancia más densa, no penetrando en lo interior, se queda en la superficie; y la luz tenue que se ve en la cara externa se llama color; no porque no esté también coloreado el interior de los cuerpos, sino porque el efecto del color está solo en la superficie.

Según la cantidad de luz se gradúa de distinta manera el color: ya retiene el máximum de aquélla, y se llama blanco, o el mínimum, y entonces es negro; habiendo en ambos también ciertas diferencias o grados; pues hay blanco y claro; negro, oscuro y sombrío. De la mezcla y combinación de éstos salen otros diversos colores; unos próximos al blanco, otros al negro, y algunos como intermedios entre ambos, con matices casi infinitos, pues dentro de estas mismas formas hay otras menores cuyo número no es fácil de señalar. Baste decir que solo en el color verde no hay hierba ni árbol que no tenga su verdor propio y distinto del de todos los demás.

El órgano externo de la vista son los ojos; el interno son dos nervios que a ellos llegan desde el cerebro. La luz exterior se junta con la de los ojos para la función de ver, como la espiritual con la luz de la mente para entender; no siendo posible ver ni discernir cosa alguna de no haber un cierto modo de luz o claridad según la potencia de los ojos; y no basta una pequeña cantidad de ella, como sucede de noche.

Por otra parte, la luz exagerada obstruye el empleo de los ojos, como cuando miramos al claro Sol de poniente, molestia que no sufre en verdad el águila.

La luz, o la claridad —que no hay para qué diferenciar aquí— no es tan necesaria por el espacio que media entre el ojo y lo visible, como por el objeto mismo —una luz pequeña se sustenta con otra mayor— pues si no hay luz cerca del objeto visible, aunque la haya en el intervalo restante, no se verá. Pero si reina oscuridad en el espacio intermedio, y hay luz cerca de lo visible, se verá. Por eso, a quien lleva de noche una hacha encendida o una linterna le ven los demás, mientras que él no los ve; y los objetos que más luz tienen se distinguen con mayor facilidad en las tinieblas; como las brasas, los diamantes, los granates, la nieve, los espejos, el oro, la plata, el cobre, el oropel, las cosas bruñidas y pulimentadas y los pequeños animales llamados luciérnagas. La luz de todos ellos se cubre por el resplandor del día y persiste de noche como la de otros luminares pequeños en la de los mayores. Y no solo esos objetos lúcidos se suministran luz en la oscuridad para ser ellos vistos, sino que se extiende a las cosas cercanas.

Es necesario, pues, que exista cierto espacio como intervalo entre el color y el ojo. Este, en efecto, nada ve desde luego y por sí mismo, sino la luz, y ésta sin que haya intervalo; mientras que si el color se coloca sobre el ojo, no será visto porque se quita la luz con cuyo auxilio se realiza la función de la vista. Y si el color se retira lejos, no se verá; ya porque la fuerza visual es demasiado débil para llegar hasta él, o ya porque se desvanecen con tanta distancia los rayos que parten de lo visible al ojo.

Lo visible en primer lugar, como antes decíamos, es la luz; las demás cosas se ven por razón y modo particular de la luz, a saber: en forma de una pirámide cuya base es el objeto que se mira, y el cono toca a la pupila, a veces no por entero; porque todo el cono de un objeto grande no puede contenerse en el tamaño de la pupila. En tales casos ésta se revuelve activamente con sorprendente rapidez para recorrer todos los contornos del cono, hasta donde alcance. Por eso si se agita el objeto visible se ve con menos seguridad, pues que las líneas del cono no hieren el centro de la pupila tan fijamente como conviene a la visión.

También se perturba la vista por movimiento del espacio, como pasa en el aire, y más claramente en cosas más densas, como el agua y el cristal. Los que tienen la vista débil necesitan un cono mayor para ver, y por lo mismo no ven desde lejos. Para remediarlo se usan anteojos para que el objeto aparezca más grande y no escape a una vista débil. Algunos, cuando quieren mirar una cosa más intensamente, contraen las mejillas para que, recogida en sí la fuerza de los ojos, sea más eficaz y a la vez no se difunda la imagen del objeto, reducida en mayor estrechez, sino que se imprima con más amplitud y estabilidad en el órgano. Así vemos que ocurre una cosa igual con los espejos que con los ojos: si unos y otros son cóncavos, reciben una imagen mayor; mientras que es menor en los espejos convexos y en los ojos salientes.

De suyo no tienen los ojos color alguno, pues si le tuviesen, todas las cosas parecerían de ese mismo color; así, el que mira por un cristal azul o rojo cree que todo es del mismo color. Igualmente, en medio de una fuerte congestión biliosa parecen negras las cosas, y amarillas o sangrientas en un ataque de ira, sin que lo sean efectivamente.

Por tanto, lo primero visible es la luz, lo segundo el color y lo tercero, por virtud de la proximidad, aquello que está envuelto en luz y en color. Con todo, no se dice que se ven las cosas que obtienen solo la luz, como el aire tenue y limpio, por lo cual nadie dice fácilmente lo que son, mientras que sí se dice del agua y del cristal en los cuales es más densa la materia y devuelve la luz que más se acerca a la naturaleza del color.

Capítulo V. Del oído

Hay otro sentido por el cual se perciben los sonidos, pues éstos no los distinguimos con los ojos. Es difícil explicar lo que es el sonido: se produce por el choque de dos cuerpos, en virtud del cual se empuja el aire hasta llegar al oído.

Es cuestión nada fácil de explicar, y enteramente innecesaria, si consiste el sonido en el aire así expulsado, o en aquel golpe de los cuerpos, o en alguna sustancia que se adhiere. No de otro modo se realiza el sonido en el aire que los círculos formados en el agua cuando se arroja en ella una piedra; lo mismo se extiende el sonido por el círculo, agotándose y desvaneciéndose más cada vez; y si los círculos se quiebran antes de llegar al oído, se oye aquél imperfectamente. Por eso es preciso que sea sólida y dura la masa desde la cual se impele el aire, pues la que es blanda como el lino o la lana no tiene esa fuerza. Una materia ligera, extensa e igual, mientras tenga dureza hiere el aire vigorosamente, le envía íntegro a lo lejos y suena a distancia. Si es la materia hueca como en los calderos y los címbalos, suena aún a mayor distancia y más íntegramente por la frecuente repercusión que hace aparearse el choque.

Una superficie áspera rompe el aire y suena como algo ronco y confuso. El aire tiene que ser impelido sin deshacerse; por lo cual se necesita a la vez el golpe y la rapidez, pues si los cuerpos chocan con flojedad, el aire lento disipa continuamente sus ondas, cosa que hay que prevenir con la rapidez del choque. Así, cuando se hiende el aire vivamente con una varita o correa, no permite la velocidad del golpe que se perturben las ondas del aire, y se verifica el sonido; en el cual el aire sacudido hace de masa herida, y el que está próximo ocupa el lugar del intervalo.

El sensorio u órgano externo es el oído y un cierto aire craso a modo de humor; el interno son los nervios que llegan desde los oídos al cerebro. Este aire auricular se une con el exterior, que es el expulsado por el golpe de los cuerpos, y de ahí resulta la audición, así como la visión de unirse luz con luz. Se da como prueba de este aire natural el que si apretamos la oreja con la mano sentiremos ruido interior o sea aquel aire en movimiento.

Pero si existe allí algún aire, que yo más bien creo sea un humor tenue y esponjoso, el cual carece en absoluto de movimiento y de sonido, ¿cómo ha de intervenir en los demás sonidos? Aquel zumbido es del aire exterior, que al aplicarse la mano está encerrado en las revueltas y senos de la oreja, y buscando la salida produce aquel sonido, como sucede en una bocina retorcida.

Hay quien afirma que en el agua también se oye, porque los peces oyen los sonidos, cosa que no creo sea verdad, pues no es que oigan, sino que sienten por el tacto el movimiento del agua. Yo no niego que oigan algunos peces, que observamos tienen agujeros en la cabeza a modo de oídos y que fuera del agua perciben sonidos que escuchan atentamente, unas veces con admiración, otras con terror y hasta hechizados. Pero esos son arcanos de la naturaleza, incomprensibles para nosotros; bien puede suceder que algunos peces oigan debajo de las aguas y sea ésa su particularidad. Quede ello aquí por resolver. En cuanto a los demás, si no tienen acceso para el aire, tampoco para el sonido, lo mismo que ocurre en las paredes gruesas. Con todo, yo vi en el tesoro eclesiástico de doña Mencía, Marquesa del Cenete, un globo de oro sin hendidura alguna, que producía un sonido interior por las partículas u hojas de oro que le formaban; pero eso consistía en que la lámina exterior de oro era muy delgada, y sacudida por las partículas interiores, agitaba ella misma el aire produciéndose el sonido.

El aire que salta por el choque de las masas, si se rechaza todo él del sitio de donde venía, por interposición de un cuerpo sólido, resulta un sonido reflejo o recíproco que los griegos llamaban .

Cuanto más próximo se halla el cuerpo con el cual choca y más completamente se rechaza, tanto mayor y más completo resulta el eco, siendo menor y más confuso cuando aquel cuerpo está más lejos o el aire está más reducido. Como los últimos puntos rechazan más que los primeros, el eco repite siempre con mayor claridad lo último del sonido.

Con razón dice Aristóteles que el aire sacudido se refleja siempre, y, por tanto, que siempre se produce el eco; pero no le percibimos por ser débil la reflexión. El aire, en efecto, aunque no se interponga cuerpo sólido alguno, no empuja al aire inmediato sin que a su vez sea repelido por éste; pero el aire sacudido vence al próximo, que está en quietud por el empuje y violencia que le comunica el choque de los cuerpos. Por eso, cuando soplan vientos fuertes se oyen menos los sonidos, y la noche es más a propósito para oír que el día, pues con el movimiento del viento no se extiende el aire sacudido como cuando está todo en quietud, según puede verse en el agua ondulante, en la cual se interrumpen de continuo los círculos producidos por el objeto que se arrojó.

El sonido es el objeto sensible del oído, y los cuerpos que suenan es por el sonido. Así, aquellos que no emiten sonido, como la lana y el lino, se llaman inaudibles. En su acción es el sonido tardo o rápido; en cuanto a la sensación, agudo o grave. Entre ambos existen numerosos intervalos con distinta gradación.

Capítulo VI. Del tacto

La constitución primitiva del cuerpo natural comprende aquellos elementos de la naturaleza cuyas cualidades y fuerzas son las principales y las más sencillas: lo caliente, lo frío, lo húmedo, lo seco. De éstas nacen otras combinaciones: lo duro y lo blando, lo áspero y lo suave, lo pesado y lo ligero.

Hay un sentido que las distingue, el cual se llama tacto y se halla diseminado por todos los nervios del cuerpo y por cuanto hace oficio de éstos. Esa propiedad de tocar se comunica igualmente a la carne por la aproximación, aunque, de modo más tenue y débil. Cierto que es la carne el medio del tacto, y táctil de suyo; pero también órgano o sensorio por virtud de cierta comunidad que tiene; pues si se pone algo sobre la carne, experimentará sensación el alma del nervio en que está la facultad de tocar; como pasa a través del guante lo caliente o frío, lo duro o blando, pero no sin que antes penetre en la carne aquella cualidad.

Entre aquellas cosas tangibles que hemos establecido según la opinión general, quien examine la cuestión más detenidamente hallará que en rigor solo pertenecen a este sentido las cualidades primitivas y elementales; las demás tocan a las fuerzas y al vigor; así se reputan unas como más blandas o más duras, más pesadas o ligeras; pero lo áspero o lo suave se dice de lo seco y de lo húmedo por la igualdad o desigualdad de su superficie.

Es por tanto uno el sentido de tocar y uno lo tangible; a saber: aquella propiedad elemental por cuya virtud está construido y compacto el cuerpo natural.

Como dichas cualidades, por su proporción y congruencia, son perjudiciales o saludables para el cuerpo de los animales, se ha concedido a todos éstos el tacto para conocerlas, extendido por el cuerpo entero para que se deseche más fácilmente lo nocivo. En el hombre está principalmente en los extremos de los dedos de las manos; no porque sea más blanda esa carne, sino parte por adaptación y parte también por la costumbre. Así es que nos inclinamos naturalmente a tocar con los dedos los objetos para hacer un ensayo de sus cualidades primeras; como cosa tan corriente de realizar, será muy pequeño el daño que pudiera ocurrir.

Y es éste otro beneficio de la naturaleza; que las materias que se tocan irritan menos el sentido que las visibles o audibles que por sí mismas no tocan al animal; pues en tal caso sería el perjuicio más directo y de mayor gravedad. En efecto, el cuerpo que vemos u oímos no toca al ojo ni al oído. Hay también la ventaja de que los actos de tocar y de gustar se hallan circunscritos en términos más breves que los de la visión y de la audición; por eso nos cansamos más pronto de tocar y gustar que de ver u oír. Y es que como el tacto y el gusto pertenecen a la esencia del animal, y no así el oído y la vista, puso la Naturaleza moderación en sus actos para que no se estropease el sentido por sus repetidas operaciones, y pereciese el animal: peligro que no existe de parte de los demás sentidos.

Capítulo VII. Del gusto

No todas las cosas que saca del suelo la Naturaleza sirven de comida a los animales. Algunas de ellas les son adecuadas, como las frutas y el pan al hombre; las hierbas al ganado; otras son enteramente contrarias y enemigas, ya por su amargura, como la hiel y el ajenjo, ya por el perjuicio que causan, como los venenos.

Dio asimismo una condición repugnante al gusto a las que han de resultar nocivas, y, por lo contrario, adecuada y agradable a las saludables, dándolas este nombre con respecto al cuerpo en estado de salud, no al enfermo. Y no son del caso aquellos que, por su índole peculiar o por la costumbre, se apasionan por cosas amargas, desabridas o extrañas al gusto, como sucede a personas voraces o ebrias, o a mujeres en cinta, o a quienes padecen bilis negra. Esa cualidad, que agrada o desagrada al gusto, se llama sabor.

El órgano del gusto es un nervio que se extiende por la lengua, al que llega el sabor mediante la saliva; y así como el sentido del tacto es más delicado en las puntas de los dedos, lo mismo sucede en el gustar con la extremidad de la lengua, por la sutilidad del alma del nervio, no por sí mismo —pues el verdadero y más seguro sentido reside en la raíz de la lengua, por donde se une al paladar—, sino porque como toca al extremo de ella, llega más pronto al paladar.

La humedad de la saliva es a manera de un medio para la sensación, la cual cambia el sabor, así como los demás medios por sus cualidades. Careciendo por sí la lengua de todo sabor, recibe fácilmente todos ellos; de ahí que nada gustamos cuando está seca, y si la saliva no está impregnada de algún sabor, no percibirá debidamente los demás, como sucede en la fiebre; de igual modo que mirando a través de un cristal azul todas las cosas parecen de ese color.

Algunos dicen que hay otro medio, unido con ese mismo órgano más profunda e íntimamente, a saber: la carne de la lengua. Pero ésta es más bien que medio, una parte del órgano. Los animales que no tienen lengua gustan con su boca o con la parte que haga veces de ésta, es decir, por donde toman el alimento.

Siendo el medio la saliva, solamente se gustan aquellas cosas que pueden convertir la saliva en su cualidad, o sea lo cálido y lo húmedo, pues de resolverse éste por aquél resulta el sabor. El calor agota la saliva para recibir más sutilmente la humedad del objeto sápido; por lo cual las cosas más sabrosas están combinadas de lo cálido y lo húmedo, como el azúcar y el vino. En cuanto a la miel, aunque tiene la virtud de enjugar y secar, posee mucha humedad en su sustancia.

Las cosas que tienen más calor y poca humedad se gustan con más viveza por lo que acabamos de explicar, como son la pimienta, el clavo, la canela y las especias. En cambio, las que tienen mucha humedad y poco calor son insípidas y embotan el gusto, como las acuosas. En efecto: se espesa con ellas la saliva, por lo cual se hace el sentido más obtuso, según sucede a la vista en la oscuridad o en la niebla.

La estopa y la madera seca no afectan al gusto, y lo mismo el agua, como elemento puro, por carecer aquéllas en absoluto de humedad, y ésta de calor.

Capítulo VIII. Del olfato

Hay en la Naturaleza muchas cosas que inmediatamente de gustadas producen gran daño, y hasta a veces una ponzoña mortal, como son los venenos activos. Por esta razón se ha dado a los animales la facultad de oler, para prevenir al gusto respecto de aquello que es conveniente, o no lo es, antes que el animal ponga en peligro su vida por el ansia de comer, o se abstenga por sospecha o miedo, de cosas saludables.

Así es que este sentido tiene gran afinidad y concordancia con el gusto; pues lo que bien sabe, huele bien, y al contrario. Pero no es cierta la recíproca, porque muchas cosas de buen olor repugnan al gusto.

Esto no rige siempre tocante al provecho, pues en el gusto y en el olfato hay conveniencias y hay deleites; éstos unas veces favorecen y otras se oponen al provecho.

Esto sucede, no solo en caso de enfermedad, como con el uso del ajenjo y del acíbar, sino en estado de completa salud, por pervertirse a menudo la naturaleza con la educación y la costumbre. Antiguamente nada era más agradable que el olor de las mieses, el del campo en primavera, que también hoy es el que más gusta a la gente campesina, como igualmente a los viejos el olor del pan recién cocido.

Luego se han preferido otras cosas, la mejorana, el almizcle, el nardo; aguas destiladas de flores o mezcladas y preparadas con artificio, que hacen tomar disgusto a lo natural. Lo mismo sucede con la afición a los banquetes y a la taberna, cosa que siendo la más contraria a la naturaleza, hay muchos que no pueden vivir sin ella; esos rechazan los manjares dulces, no gozan con la delicadeza de los olores y es frecuente que les produzca dolor fuerte de cabeza el más agradable de ellos. Esto mismo sucede también en algunas personas de cerebro débil, o por la violencia misma del mucho calor, que tienen olores excelentes, como el incienso, el ciprés, el almizcle. Su órgano reside en las carnosidades de la nariz, o de lo que hace sus veces en otros animales, de donde llegan los nervios al cerebro.

Hay olores suaves y moderados; hay otros acres, como pasa en los colores, unos de los cuales son agradables, como el verde, otros distinguidos, como el muy blanco y brillante. Por razón del objeto sensible sobresale la cualidad primera, como en la luz; al paso que con respecto al órgano, la cualidad de lo suave, porque se refiere al gusto.

Lo contrario a un olor favorable se llama hedor; y lo opuesto a lo dulce, es lo amargo. Como no se gustan las cosas secas y frías, tampoco huelen; aunque el olfato tiende más que el gusto hacia lo caliente y lo seco.

La evaporación cálida produce un calor muy acre, como sucede en los aromas. Todas las plantas de Etiopía y de la Arabia son en extremo olorosas.

Capítulo IX. De los sentidos en general

Son, según esto, cinco los sentidos de los animales perfectos: ver, oír, tocar, gustar y oler, que Dios les ha concedido para su bienestar; porque siendo todo animal corpóreo y habiendo de vivir entre los cuerpos, quiso dotarlos de cierto conocimiento de éstos, a fin de que buscase lo saludable y evitase lo que habría de perjudicarle.

En efecto: estando ocultas las cosas que hay dentro de un objeto, se conocen por medio de lo exterior; y para eso se han dado los sentidos, por los cuales se conozca todo lo externo, sin que de ello quede cosa alguna que no caiga bajo el conocimiento de los sentidos. De aquí resulta que no se han debido dar ni más ni menos sentidos al animal completo, por más que esto solo podemos decirlo por conjetura, dentro del respeto a la sabiduría y al poder de Dios, único que sabe lo que conviene y hasta qué punto. Así, continuemos con nuestros pobres y oscuros razonamientos.

De la fuerza y las cualidades de los cuatro elementos hemos obtenido las facultades de los cinco sentidos para que, con cierta proporción y semejanza, experimentemos cada una de las cosas; tiene el tacto un vigor como de tierra, es decir, espeso, tenaz y capaz de coger algo con fuerza; el gusto es acuoso; el olfato, de aire grueso, como es el humo, que por exhalarse de lo húmedo en virtud del calor, le relegaron al elemento ígneo los jefes de la escuela peripatética, Aristóteles y Teofrasto. En verdad, aquél es su fundamento y, en cierto modo, su origen; pero el olor en sí se halla en la evaporación y es como un aire más denso; el oído es aéreo; la vista, ígnea; pues, aun cuando tienen los ojos naturaleza acuosa, son ígneos su vigor y actividad. En suma, los sentidos experimentan mejor la sensación de aquellas cosas que son correspondientes a su respectiva índole.

El primero de los sentidos es el tacto; el último, la vista. La unión de estos dos es la primera, lo mismo que sucede en aquella unión material del mundo, en la cual los primeros que se combinaron fueron el fuego y la tierra, siendo agregados después los otros elementos.

La distinción y separación de los elementos deben partir de los objetos sensibles, pues toda facultad se refiere a aquello en lo cual se ejercita. Aunque existen algunos objetos comunes a varios sentidos, como el movimiento, el tamaño, el número, la forma o figura, el sitio o la posición en un lugar, así como las cosas en ellos comprendidas, que son próximamente comunes a la vista y al tacto, de ningún modo pertenece a los sentidos lo que la facultad interior saca de los conocimientos dados por ellos, verbigracia, la hermosura en la forma o la fealdad, la semejanza y desemejanza. Así, también, después de gustar una manzana, parece que los ojos juzgan del sabor y del calor en el fuego; mas no son ellos los que juzgan, sino el alma por medio de la memoria, pues, si falta ésta, hay que volver de nuevo al experimento de cada sentido, como sucede en los niños y en algunos animales.

Son estos verdaderos objetos sensibles hermanos, que se llaman, esto es, por sí mismos, pues la sustancia es percibida por su inherente, y en tanto por sensación ajena, la cual es más bien de la mente que de sentido. Por eso mismo, las cosas de menor valor mental penetran con más dificultad por los inherentes, hasta contemplar la esencia, como las bestias, los hombres rudos y tardos. Son infinitas las cosas que inferimos por conjeturas y por raciocinio.

Yo veo, en efecto, un músico, y puedo también ver un rey; pero el conocimiento del uno y del otro no es de los ojos, como tampoco el del canto, aunque vea un libro con notas musicales. Es esto un resultado de la costumbre cuando hablamos; y aunque cosa natural en la conversación, no hay para qué tenerla por ley y regla al juzgar.

No se acabaría nunca si pretendiésemos siempre cubrir y defender tan vicioso hábito con mezquinos distingos o con nuevas palabras.

Pasemos ahora a otras cuestiones del mismo asunto.

Se ha discutido si a nuestros sentidos llega alguna especie procedente de las cosas; cuestión no tanto de esencia como de polémica, y por tanto, muy apropiada para los grupos de las escuelas y para el desarrollo de sus discusiones.

Nuestros sentidos están dispuestos y ordenados por Dios en forma de ser como receptáculos de cuanto sucede fuera de ellos; pues es evidente que sacan de lo exterior, mas nada emiten de sí mismos. Se ve esto por la forma cóncava de todos los órganos, a propósito para recibir lo que llega de afuera; y lo propio que en los sentidos ocurre en el alma, que de suyo nada envía al exterior, sino que de todas partes atrae hacia sí materia para conocer y elaborar.

Ello es fácil de observar en los sentidos mismos, que si por acaso se ocupan en echar algo fuera, no cumplen con su misión; así, por ejemplo, el gusto al escupir, el olfato al respirar y los ojos cuando lagrimean. Si se realizasen las sensaciones echando algo al exterior, se fatigaría excesivamente el ser animal con actos tan continuos; mientras que en su actividad de recepción es mucho menor el cansancio y más fácil la reparación.

En cuanto al hecho de que en todo conocimiento pensamos que de algún modo es también objeto conocido el mismo que conoce, como la imagen reflejada en un espejo, o el sello estampado en la cera, no es ciertamente la proyección hacia afuera quien lo verifica, sino la recepción hacia dentro. Es un hecho bastante aceptable que vemos demostrado por la Naturaleza misma, por la disposición de los órganos, o por los actos de las sensaciones.

Queda todavía la cuestión de si los objetos sensibles envían de sí propios algo hacia los sentidos, a lo cual se llama especies.

Es del todo evidente que algo llega de los cuerpos mismos hasta los sentidos en las cuatro sensaciones: a la nariz los olores, al paladar el sabor, al tacto las cualidades primeras del objeto, y al oído el aire en movimiento. En cuanto a los ojos, les llegan las luces o luminares de la manera que ya antes explicamos; y es indudable que tocan aquéllas la pupila del ojo del mismo modo que al espejo, siendo en ambos casos semejante el efecto.

Estas son, pues, las especies y no creo sea necesario que haya otras. Cosa es, realmente, admirable y que en muchos produce confusiones el que llegue a nuestros ojos algo del cuerpo exterior con rapidez capaz de recorrer en un momento larguísimas distancias. Hay que distinguir ahora estos movimientos según la cualidad e índole de cada elemento. En la vista es mayor la rapidez que en el oído, por ser ígnea la sensación de la primera y aérea la otra. En efecto, el ímpetu del fuego es rapidísimo; y si llamamos a los colores luces tenues, es por que la naturaleza de la luz indica la índole del color. Recorre y llena la luz en un solo instante espacios inmensos; los colores son del mismo género que la luz, su origen y creadora.

Necesitan los animales muchas cosas para conservarse, y se hallan expuestos a muchos peligros; por eso han recibido varios sentidos como instrumentos, ya para procurarse la salud, ya para evitar el mal. El tacto y el gusto se concedieron a todos ellos por ser necesarios para propagar la vida, y para esto también se les dispuso en medio del cuerpo un intestino. Mediante el gusto distinguen el alimento útil del inútil; por el tacto, lo destructor y lo inocente; y a este fin no colocó la Naturaleza este sentido en lugar determinado, sino que se halla distribuido por todo el cuerpo para que cada una de las partes estén como apostadas para vigilar su conservación.

El olfato es útil para el gusto, por lo cual le precede con el fin de anunciarle los objetos que reconoce, inclinándole a ellos, o apartándole. No era sentido muy necesario para el conocimiento de las cosas; habiendo quien le tenga muy débil, y conozca solamente los manjares por el nombre. Es, en efecto, un sentido que se embota con facilidad por el flujo del humor craso, y hasta llega a destruirse completamente; así es que muchas personas carecen de él, con lo cual, en realidad, se ven libres de no pequeñas molestias, sobre todo, dadas las costumbres privadas y públicas que hoy existen.

Aquellos animales que tenían que buscar lejos su sustento recibieron oído y vista, sentidos que, además, tienen utilidad por otros conceptos: la vista nos presenta el propio aspecto del mundo y de la Naturaleza; es para cada uno su guía y maestro familiar; por eso la consideramos como el sentido más precioso y así lo demuestra el sitio elevado que ocupa en la cabeza, a modo de atalaya. Es sentido al que tenemos mayor cariño porque obtenemos de él grandes comodidades para la vida entera; fue autor e inventor de casi todas las artes y estudios; por su explicación conocemos la luz, color, tamaño, figura, número, lugar y movimiento de los cuerpos que se hallan esparcidos en nuestra proximidad y a lo lejos. El oído es también muy a propósito para transmitir los conocimientos de unos a otros y por eso se llama el sentido de la enseñanza, del cual carecen los animales que no son adecuados para entender lo que se enseña, como verbigracia, los gusanos.

Es increíble hasta qué punto se mostró cuidadosa la Naturaleza para compensar a quienes privó de algún sentido, bien aumentando el vigor de los restantes, bien por el conocimiento interno. Así, dio a los ciegos y a los sordos sutilidad de tacto, una memoria rápida y firme y agudeza de entendimiento; agrégase a esto la necesidad, con cuyo estímulo se despierta el ingenio. Como la vista y el oído sirven al conocimiento interno, no las hallamos en todo animal, como se hallan los otros tres que sirven al cuerpo.

Tienen estos dos sentidos una gran comunicación y como mutua afinidad; de suerte que el uno corrige los errores del otro en un objeto sensible, común a ambos; en la pintura, por ejemplo, cree la vista percibir algunas partes salientes; pero deshace ese error el tacto, que es el sentido más seguro que tiene el hombre. Aunque tal engaño es de los ojos, no del alma; y entre los filósofos se discute si pueden o no engañarse los sentidos.

Cuestión antigua, que ya trataron los estoicos, epicúreos y académicos. A mi juicio, los sentidos no pueden engañarse, si bien pueden engañar; porque se equivoca quien toma lo falso por verdadero, o al contrario; pero los conceptos de verdad y falsedad constituyen una determinación y distinción que no caen bajo los sentidos, los cuales conocen simplemente sus objetos, sin agregar que tal cosa sea esto o lo otro, lo cual corresponde al pensamiento. Y tal creo fue la idea de aquel axioma antiguo: «quien abstrae no puede mentir». Pues la noticia que nos dan los sentidos no es sino una cierta recepción o la impresión de una imagen como la de un anillo en la cera o de una figura en un espejo. Pero todavía queda la duda de si puede el alma engañarse en virtud de la noción de los sentidos.

Existen en la sensación el órgano, el objeto sensible y el medio. Puede engañar el órgano mal impresionado, como unos ojos legañosos o miopes; también un objeto que esté lejano, agitado o que se ofrezca de repente, y puede, por último, engañar un medio no bastante adecuado, como el humo, la niebla, el agua, el aire en movimiento, un cristal manchado de color.

Si todos estos factores se mantienen en buen estado natural, a saber: un órgano bien impresionado, un objeto que se presenta tranquilamente y el medio congruente en tiempo y lugar, no engañarán al alma atenta. Lo mismo sucede en todas las demás cosas; si se sigue totalmente a la Naturaleza, de ningún modo se errará. Decimos que el alma debe estar atenta, porque si se dirige a otra parte, aunque cumpla el sentido con su misión ella juzgará mal, como cuando un mensajero refiere una cosa cierta a quien no le escucha. De igual modo creemos no haber visto lo que realmente vimos, o haberlo visto en otro lugar; y se comprende bien que esto puede suceder cuando alguien oye cosas que no escucha y se calla sin haberlas entendido; pero, a poco, como despertando de un sueño, repite de memoria lo que se le había dicho, y declara que lo ha oído y entendido.

Capítulo X. Del conocimiento interior

Además del conocimiento externo de estos objetos presentes, es manifiesto que existe otro de las cosas ausentes, pues no solo vemos muchas en sueños, sino que estando despiertos y sin funcionar absolutamente ningún órgano de nuestros sentidos, damos vueltas con el pensamiento a cuanto hemos antes visto, oído, tocado, gustado y olido: fenómenos que se presentan con claridad a la observación de todos, aun en los mudos.

Así como en las funciones de nutrición reconocemos que hay órganos para recibir los alimentos, para contenerlos, elaborarlos y para distribuirlos y aplicarlos, así también en el alma, tanto del hombre como de los animales, hay una facultad para recibir las impresiones de los sentidos, la cual se llama imaginativa; otra para retenerlas, o sea la memoria; otra que las perfecciona, la fantasía, y finalmente, la que las clasifica según su asenso o disenso, que es la estimativa. Son, en efecto, las cosas espirituales imágenes de Dios; al paso que las corporales son en cierto modo como simulacros de aquéllas; por eso no ha de sorprender que se infieran las cosas espirituales de las corporales, como hay también representaciones de los cuerpos en sombras o por pinturas.

Es la función imaginativa en el alma como los ojos en el cuerpo, la de recoger las imágenes mirando; luego está la memoria en forma de abertura de vaso, para conservarlas; la fantasía, que reúne y separa aquellos datos aislados y simples que recibiera la imaginación.

No ignoro que muchos confunden ésta con la fantasía, empleando ambos nombres indistintamente, y que algunos creen ser idéntica su función; pero juzgo más conveniente dividirlas tanto por el fondo de la cuestión como para la facilidad de la enseñanza, por cuanto vemos que existen funciones distintas, de las cuales inferimos sus facultades. Con todo, no habrá inconveniente en usar a veces una u otra denominación.

Agrégase a ellas la del sentido que llama Aristóteles común, por el cual se juzgan los objetos sensibles ausentes, y se distinguen los que tocan a varios sentidos; puede colocarse después de la imaginación y la fantasía. Es esta última admirablemente suelta y libre: ella forma, reforma, combina, encadena y disocia cuanto se le antoja; enlaza las cosas más distintas, y separa hasta el extremo aquellas que se hallan más íntimamente unidas.

Por eso, de no hallarse gobernada y contenida por la razón, agita y perturba al alma como al mar las tempestades. Esa función se pone en movimiento por los sentidos y también por el estado del cuerpo; del mismo modo los seres espirituales, como los ángeles buenos y los malos, intervienen para excitar aquella facultad, empleando con suma delicadeza las acciones de las cosas naturales, impidiendo fácilmente el conocimiento de los sentidos y nuestro propio juicio.

Realizan, en efecto, aquellos espíritus ciertos actos desconocidos para nosotros, como el hombre también hace cosas que no comprenden los brutos.

De igual modo que algunos hombres son capaces de conmover la fantasía y la mente de los demás por medio de la palabra, con señas o gestos, con escritos y signos, lo cual excede a la comprensión de los animales, así también pueden las ciencias espirituales agitar nuestra fantasía mediante actos propios y solo de ellos conocidos, moviendo antes la facultad imaginativa, la cual está grandemente unida con el cuerpo, pues a la par que es influida por los sentidos, ella infunde en el cuerpo admirables energías; cualquier cosa que impresione a uno, refleja también en el otro.

El cuerpo recibe y devuelve aquella misma forma y acción que la fantasía concibió, como se ve muy claramente en las relaciones amorosas y del modo más expresivo en las mujeres embarazadas, en las cuales realiza la imaginación excitada, aquello que en ningún otro caso podría hacer la inteligencia ni la razón.

La facultad estimativa es aquella que partiendo de las impresiones sensibles produce el acto del juicio, dirigido a distinguir lo que puede ser provechoso o nocivo, puesto que la naturaleza le creó para nuestra salud, y para el conocimiento o estímulo de los sentidos. Así, primeramente se juzga qué es en sí cada objeto, y después, si es conveniente o perjudicial. En el primer juicio sigue el alma el dictamen del sentido, verbigracia, de la vista; en el segundo se mueve por un misterioso estímulo natural y se retira de pronto, como la oveja huyendo de un lobo que antes nunca viera, o las gallinas del águila o del buitre, y el hombre mismo del dragón y de los monstruos; hasta en ocasiones nos asustamos de la repentina presencia y encuentro de ciertos hombres.

De la memoria trataremos más adelante.

Es indudable que los sentidos externos tienen cierta proporción, o sea analogía, con los interiores, pues hay imágenes crasas, térreas; las hay de cosas sutiles y espirituales. En el alma nada hay tan semejante a los sentidos como el ojo. Así que las imágenes anímicas parecen hallarse allí de igual modo, dada la proporción de las cosas, que las externas; pues como éstas se imprimen en los ojos, aquéllas en el espíritu luminoso que las conserva largo tiempo y las presenta con mayor pureza y claridad a los ojos del alma, formando en ella como una impresión o afecto; y cuando se ocupa en combinarlas o separarlas, resulta un acto anímico.

Otorgó la Naturaleza a estas facultades diversos instrumentos, a modo de laboratorios distintos en las partes del cerebro: en la región anterior de éste se afirma que está el origen y asiento de los sentidos, y que en ese mismo sitio se forma la imaginación; en el centro se hallan la fantasía y la facultad estimativa; la memoria en el occipucio. Y lo infieren de que cuando se perturba cualquiera de estas partes, sucede lo mismo a la función correspondiente, sin que las demás cambien de estado. Y no es cosa distinta la que observamos en los miembros del cuerpo: teniendo malo un pie, no podemos andar; pues, aunque el principio y la facultad de la marcha está en el alma, el instrumento y la actividad están en los pies.

El conocimiento y juicio de lo nocivo y de lo provechoso engendran en nosotros el deseo de esto y la aversión y alejamiento de aquello; así como los movimientos del alma que nos inclinan hacia el bien presente o venidero y nos desvían del mal, los cuales se llaman afectos o perturbaciones, en griego, de que trataremos por separado con más extensión.

Aquel apetito, por tanto, que es «hacia algo» y aquella aversión que es «de algo»; lo mismo que conmueven el alma, comunican también ese movimiento al cuerpo para que se dirija a lo útil y se aparte de lo dañoso.

Esto se verifica andando, volando, nadando o arrastrándose; pero hay animales minúsculos que están quietos en un sitio porque no tienen que buscar en otra parte lo que necesitan, y carecen de aquellos movimientos; así son las conchas y las esponjas, las cuales no hacen más que encogerse y estirarse en la forma que basta para su vida.

En cuanto a la palpitación o pulso, en cualquier animal, no es un movimiento producido por el apetito, sino que es de la nutrición, pues el calor actúa sobre las cosas húmedas, según puede verse en aquellas que se aplican al fuego.

Capítulo XI. De la vida racional

Estas facultades de los sentidos, ya externos ya internos, son las superiores en los brutos, mientras que en el hombre sirven a la mente, que, partiendo del conocimiento de la imaginación y de la fantasía se eleva más alto, o sea hasta conocer las cosas espirituales.

Pero encerrada como está ella en la oscura cárcel corpórea, y cercada de tinieblas, se ve privada de la inteligencia de muchos objetos; no puede mirar ni entender con toda claridad lo que quisiera, esto es, la esencia de las cosas envueltas en la materia, la cualidad de índole de lo inmaterial, como tampoco emplear su suspicacia y su viveza dentro de aquella oscuridad. A tal altura no llega ninguna de las facultades de los animales, porque no es capaz de volver jamás sobre sí misma, ni piensa o juzga cosa alguna que se halle sobre los sentidos del cuerpo.

De aquel conocimiento de los objetos supremos, los más excelentes de la naturaleza, por los cuales llega la mente hasta al autor mismo de todas las cosas, nace el amor hacia ellas. De aquí la pugna y lucha entre la mente y la fantasía: ésta arrastra al alma hacia lo corpóreo, aquélla tiende hacia lo más elevado, a las cosas supremas no comprendidas por ningún sentido ni por la fantasía, deteniendo a ésta en su marcha errante y divagadora a través de inacabables, pervertidos caminos y trayéndola al verdadero.

No se inclina la aspiración entera de la mente ante la utilidad o daño presente sino que recuerda lo pasado, y conjetura acerca de lo futuro; busca el juicio de lo verdadero y de lo falso, cosa de que no se preocupa el animal, solo atento a mirar lo que conviene al cuerpo y lo que le daña, sin más que el arrebato de la fantasía.

De esa potencia de la mente trae su fuente y origen el lenguaje, expresión de cuanto en ella se contiene y facultad de que asimismo carecen los brutos, que por eso se llaman «mudos», según explicaremos detalladamente en lo sucesivo. En cuanto a la cuestión que ahora nos ocupa la definiremos por el orden siguiente, para no traer confusión a la inteligencia de cosas tan difíciles y abstrusas: «La vida dotada de mente, esto es, de prudencia, de juicio, de razón, llamada en lo antiguo y por nosotros vida racional, es la que, siendo creada para conocer a Dios, y en tanto para amarle, tiene por fin la felicidad eterna adquirida por esos medios.»

Capítulo XII. ¿Qué es el alma?

Hasta aquí hemos hablado de la vida de los animales. Veamos ahora, hasta donde nuestra investigación alcanza, qué es aquello por cuya virtud viven todos los seres.

Hay en éstos manifiestamente, según dejamos al principio sentado, algo que infunde vigor a sus actos, y que falta en las cosas inertes, o sea aquello que les da vida, y a éstas les falta. No es posible que sea aquella masa que se llama materia, inmóvil siempre, y solo semejante a sí misma sin ser capaz de sacar fuerzas de su propia índole y naturaleza. Si tuviese esta virtud la materia donde quiera que abundase, hallaríamos que también la tenía en grandes proporciones, siendo así que vemos suceder lo contrario; que en un cuerpo de tamaño mediano no existe menor alma e inteligencia que en uno grande y enorme; ni sería menos hombre un cadáver, que en vida.

Ningún elemento adherente puede dar aquellas facultades tan grandes: es quien la da antes bien la cosa extrema y más tenue de toda la naturaleza; próxima a la nada, casi la nada misma y muchas veces sin existencia totalmente, existiendo no más que en el conocimiento de nuestra mente.

Pero esa fuerza y facultad de la vida produce admirables operaciones que es maravilloso se originen de una sustancia que con razón la han colocado los hombres más sabios en el orden superior de las sustancias. Luego no es racional admitir que lo que de éstas proviene con gran admiración nuestra se atribuya solo a las cosas inherentes.

Veamos, pues en qué consisten éstas.

Son las cualidades de los elementos que se llaman primeras o principales, y la conformación misma de los miembros, interior y exteriormente. Mas no porque uno tenga más calor o más frío, tiene también más inteligencia; ni aquel enlace y armonía resultantes de tal diversidad de cualidades puede ser una forma de la naturaleza; pues aquella puede aumentar o disminuir, mientras que las formas son siempre las mismas y de igual manera. En otro caso, podría variar el orden y la naturaleza de la especie; cosa que a ningún filósofo se le ha ocurrido afirmar. Nada por tanto hace para el caso la composición y figura del cuerpo, la cual es idéntica en un cadáver que en el ser vivo.

Además, es mayor y más próximo al sentido humano el de algunos animales que más se apartan de la conformación del hombre, como el elefante, que el del puerco, del cual se dice que ningún otro se parece más a aquel interiormente, hasta en el temperamento de la carne, como lo demuestra su sabor, según afirman quienes se vieron precisados a comer cadáveres humanos, y hallaron un gusto semejante al de la carne de aquel animal.

En cuanto a nuestra mente, no solo no sigue la naturaleza del cuerpo, sino que le gobierna, doblega y tuerce a su arbitrio; son, para ella repugnantes las impresiones que provienen de esa como maceración de la masa. Y si la sola facultad de experimentar sensaciones excede de la potencia corporal y la de sus adherentes, incapaces de expresar las operaciones de aquella; en mucho mayor grado la excederá la facultad de entender, que es en nosotros la más elevada.

Con mucha razón pregunta Aristóteles a Empédocles qué es en definitiva aquello por cuya virtud se contienen y encierran en el cuerpo todos aquellos adherentes con tan gran variedad de funciones, sino alguna sustancia, y ciertamente no de los grados últimos de la esencia.

Es evidente que hay también en los distintos cuerpos de los animales unos mismos inherentes, ya sean de primero o segundo orden, ya también de tercero o de último; pero con muy diversas operaciones, como puede observarse en el niño y el mono, en el león y el gato, en el cuervo y el grajo; que al contrario, existen adherentes distintos siendo muy semejantes las acciones, como en el viejo y el joven. Aquellos que no hacen investigación alguna en las cosas insensibles, fácilmente atribuyen a los inherentes algo que está más elevado y recóndito que la apreciación de los sentidos; así que les parece superflua toda forma, y aun la materia misma, no quedándoles más que una cierta masa del género de la cantidad, como son las cosas geométricas. Tampoco se puede afirmar que esta facultad de sentir y entender es un cuerpo compuesto de materia y forma; pues lo primero que mueve al ser viviente a realizar las operaciones de la vida es aquella fuente y principio vital de que ya hablamos: luego en todo cuerpo es la forma misma el principio y origen de sus actos. Y aun fuera más acertado decir que es la forma aquello por lo cual vivimos, que llamar al cuerpo compuesto de materia y forma; pues antes pudiera esto llamarse cuerpo animado que alma, o sea lo que vive por su forma, como lo blanco es tal por la blancura.

De cuanto llevamos dicho es fácil colegir «qué no es el alma». Veamos ahora «lo que es». Pero esto no puede hacerse directamente, puesta y como presentada ante la vista la nuda esencia del objeto, sino vestida y como en pintura, con los colores más propios y adecuados que podamos. Ella habrá de ser observada en sus operaciones, porque no se ofrece a nuestros sentidos; mientras que con todos estos, así internos como externos, podemos conocer sus obras.

Se demuestra la bondad del autor de la naturaleza para con nosotros con grandes pruebas, y por todos lados: puso a nuestra disposición, con la mayor abundancia, todo aquello que nos conviene; y la señal más evidente de no convenirnos algo, es el que esté apartado, sea raro y difícil de adquirir.

No nos importa saber qué es el alma, aunque sí, y en gran manera, saber cómo es y cuales son sus operaciones. Quien encareció que nos conozcamos a nosotros mismos, no quiso se entendiese con respecto a la esencia del alma, sino de los actos necesarios para la moderación de las costumbres; para que, rechazado el vicio, sigamos la virtud que ha de conducirnos a donde pasemos la vida más feliz, siendo sapientísimos e inmortales.

Continuando nuestra explicación, diremos que tampoco es posible definir en absoluto todo lo relativo a las operaciones mismas, pues se presentan poco a poco y por partes a nuestra inteligencia, hasta que logramos abarcar el conjunto. A la materia bruta e inerte agregó Dios aquellas «eficacias» que se ha dado en llamar especies o formas, de que en otra parte hemos tratado. Son partícipes de la magnificencia divina, cada una según su manera y alcance, y podemos representarlas como rayos de aquella luz infinita y perpetua. Es la excelencia suprema de Dios condición de aquella vida eterna, colmada de toda bienaventuranza; cuanto se pueda pensar o desear, quiso por su bondad comunicarla a las inteligencias, que creó para ser capaces de tan gran bien.

De tal modo, en las cosas creadas es la felicidad como una mano en el extremo de la perfección universal, y como consecuencia de ésta la bondad, a modo de instrumento por el cual Dios nos infunde aquella y nosotros la recibimos. Es la bondad quien le impulsó a comunicarnos la felicidad, y la que nos eleva hasta participar de ésta. No puede existir bondad alguna donde no haya conocimiento de ella, esto es, de lo que se debe hacer, de lo que hemos de conservar, y de aquello de que tenemos que huir.

Se asciende a todas estas cimas tan elevadas por medio de las formas, a modo de escalones unidos y relacionados entre sí, de suerte que nada queda vacío entre los extremos más apartados por Dios y los más inmediatos. Llámase así esta unión y proximidad, más por analogía de su importancia para nuestros juicios que por aplicación de su esencia; de modo que tal conjunción y separación no han de tomarse simplemente, sino para algo; esto es, por comparación, no respecto de Dios, sino entre las cosas creadas, por la participación que tienen de la excelencia divina. Son, pues, aquellos elementos por los cuales viven las cosas, formas o especies de los seres vivientes: así por ejemplo, aquello por lo cual este objeto es papel, es la forma del papel; si diamante, lana o piedra, la forma de cada una de estas especies. Y del mismo modo, solo soy hombre por la forma humana, el caballo lo es por su forma equina, y el perro por la canina. Esta forma toma su nombre del género de las cosas individuales; géneros y partes o figuras que efectúa la naturaleza misma de la forma, como son la diamantina, papirácea o lapídea por virtud de las cuales son aquellos objetos diamantes, papel o piedras.

Ella pudiera llamarse vida en los animales a no haber empleado el uso general esta palabra más bien para la acción que para la esencia de la especie. Y no de otro modo está el alma unida al cuerpo —o aneja y agregada, como algunos prefieren— que las demás formas a sus materias respectivas; solamente que hay una gran diferencia en la índole y manera del enlace, como pasa en el orden de la naturaleza en el cual las cosas superiores se juntan con las inferiores; la tierra con el agua, ésta con el aire, el aire con el fuego, el fuego con el cielo, las cosas celestes con las supracelestes y en cierto modo divinas.

Las cosas que se reúnen y combinan en la naturaleza, todas ellas están enlazadas por algún medio, ya sea por participar de la esencia de los extremos, como se unen los cuerpos: la tierra con el aire mediante el agua, ésta con el fuego, por el aire; la carne con el hueso, por los cartílagos; o ya mediante cierta congruencia de la función y de la operación; como el artista con su obra mediante los instrumentos, como el pintor con el cuadro por el pincel o el carboncillo, el carpintero con la madera, por el hacha o la azuela. De tal modo es toda forma el artífice en su materia: los instrumentos son cualidades y conformación de ésta; por medio de ellas se une la especie a la masa. Y de igual manera se viste el alma con el cuerpo que la luz con el aire, de cuya combinación resulta el aire lúcido, aunque permaneciendo íntegros aquélla y éste; pues no se confunden como los elementos en una mezcla natural, v. gr., la hierba pulverizada y el aceite, por el farmacéutico. Pero en otras formas está el enlace más próximo o la sustancia de ambas partes, mientras que en el alma dista de ellos muchísimo.

Cuál sea la naturaleza de cada forma se infiere de sus oficios y acciones; las rocas y las piedras nada tienen en absoluto más que lo frío e inerte, tomando su forma de la tierra y el agua; y su unión, de la índole y cualidades de ellas; las plumas y las pajas tomaron algo de la naturaleza aérea. Pero el alma, que se llama nutridora, es ígnea, y todos sus oficios son de este orden. Las almas de los brutos son superiores, esto es celestes, por lo cual han obtenido sentidos y cierta noción, mediante la cual no solo sienten, sino que de algún modo también comprenden los cambios y movimientos de los cielos y los astros, como son los del día y la noche, del invierno y el verano; si bien no es facultad de estos elementos dar sensación y conocimiento, sino del poder celestial.

En cuanto al hombre, se elevó sobre los cielos hasta el mismo Dios; por eso es divino su origen. La materia se halla en lo último de todas las cosas, y ninguna forma puede bajar hasta ella si no arrastra consigo los medios, es decir, la condición y naturaleza de las formas intermedias. Así, la especie animal contiene la facultad del alma vegetal; la humana, la de ambas, juntamente con las de los elementos inferiores. Esto mismo observamos en los sentidos: los ojos son ígneos, aéreos el oído y el olfato, acuoso el gusto y térreo el tacto. Quien tiene vista, tiene también los restantes sentidos; mas el que disfruta gusto y tacto, no por eso goza desde luego del ver y oír. Al hombre, con razón se le ha llamado un mundo pequeño, por comprender en sí las facultades y naturaleza de todas las cosas. Mas no debe desconocerse que las vidas interiores no son principio y origen de actuar de suerte que nazcan de ellas las superiores, sino solo unos adminículos y como grados, por los cuales suban éstas y bajen; como no es la vegetación origen de los sentidos, sino escalones por donde viene el sentido al cuerpo y asciende paulatinamente a sus funciones. Cada vida, en efecto, tiene en sí propia su origen, y el término en que se detiene.

De los instrumentos del alma unos son líquidos, atemperados según cierto orden y ley; otros, miembros internos o exteriores conformados y distribuidos de diversa manera, los cuales, antes que aquella se revista del cuerpo le son adaptados por la naturaleza, en tanto no puede hacerlo ella misma por sí; los demás se le reservan, puesto que por virtud de su presencia es capaz de anexionarlos, como función en que se ocupe y ejercite, según nos enseña la experiencia en los animales pequeños.

Aparece de esto que el alma es «un principio activo esencial que habita en un cuerpo apto para la vida». Expliquemos algo más estos términos, con breve razonamiento sobre el orden de cada uno: se llama principio «activo», y en cierto modo «artista», porque cuando realiza cualquiera alguna cosa con instrumentos, la facultad de hacerlo reside en él mismo; así, en el pintor está la facultad de pintar, y en mí la de escribir, aunque aquél no pinta sin pincel y colores, ni yo escribo sin pluma y tinta. Mas quien no tenga fuerza y facultad de hacer algo no lo realizará, aun cuando emplee instrumentos. Ahora, si existe algún acto que el alma ejecute privada de estas armas, es cuestión que trataremos en lo sucesivo con mayor espacio.

Se agrega «esencial», porque si decimos que el calor, la humedad o el aire operan algo en el cuerpo, se debe tener en cuenta que esos no obran por sí, sino que es del alma de quien vienen cuando hacen; de igual modo que si la tinta estampa estas letras y la pluma las traza, es por mí, no por ellas. Por tanto, es el alma artífice o «artista», es «activa», sin que tenga que tomar en otra arte la fuerza que emplea en el cuerpo. Se dice que habita en éste porque está Dios en el cuerpo mismo, y, sin embargo, no habita en él, como el demonio puede infiltrarse en el cuerpo del animal, pero quien habita allí es el alma; allí está su mansión cual en un edificio, con todos sus enseres y auxiliares domésticos. Por último, este cuerpo «apto» conviene que sea correspondiente a la forma de su especie; pues el alma no puede adherirse indistintamente a cualquier forma y figura corporal para realizar las operaciones de la vida, sino con un orden natural dado, y conforme a las leyes establecidas por el autor del universo desde que fue creado.

Aquella atemperación de líquidos y cualidades siendo más íntima en el cuerpo y en la obra misma de la naturaleza, es también por eso el órgano más adecuado del alma y mayor la unión del artífice con él; de suerte que faltando aquél, se aparta el alma; y alejada ésta, necesariamente falta aquél en seguida. Pero los miembros permanecen después de separada el alma, porque la conformación de los miembros interiores y exteriores está más lejana y apartada, mientras que la mezcla de las humedades en aquellos, es íntima. Y aun tales cualidades de los miembros son sirvientes, y a modo de instrumentos de los instrumentos, porque mediante ellos se sirve el alma de sus miembros, y si faltan, carecen éstos de toda utilidad, como pasa en los que están secos, o hinchados, o afectados de cualquier otra enfermedad. Todo miembro es, en efecto, idóneo para el ejercicio exterior, y la atemperación de las humedades lo es para mantener aquel órgano en su aptitud. Estas, por tanto, siempre están en movimiento, y deben siempre conservar al miembro, que no lo está, dispuesto para la acción cuando es preciso.

Los artistas que no realizan sino una sola y sencilla obra, tienen suficiente con un instrumento; así, para sacar agua de una fuente basta un cántaro o un jarro; una espada para cortar, y una sierra para serrar; mientras que los que hacen muchas cosas, o una variada, necesitan muchas, como los que cincelan, y pintan, o los que edifican. Esto mismo hay que pensar acerca del alma a quien se han concedido miembros por fuera para las operaciones exteriores y líquidas, para las funciones de la vida. Coopera la sangre a la saludable irrigación del cuerpo, por donde se exhalan las emanaciones, como los saludables airecillos salen de ríos y fuentes; sirve la bilis negra para contener y reprimir los aires ambulantes a fin de que demasiado enrarecidos por su sutilidad, no se desvanezcan con perjuicio del cuerpo; la bilis amarilla sirve para la cocción de los humores sobrantes y para excitar al cuerpo evitando el sopor; es la pituita alimento de avidez ígnea, a modo de freno que impide se arrebaten de pronto todas las cosas. Y así como el artífice ejecuta diversas obras con varias herramientas, no lo mismo con todas, ni siempre cosas diversas con varias, hay en el cuerpo del animal ciertos actos que el alma realiza con determinadas partes; otros con varias de ellas;

las hay que son hechas con todas indiferentemente, pero de modo distinto en los diversos seres vivos; así, el experimentar sensaciones, alimentarse, crecer, se hallan esparcidos por todo el cuerpo; al paso que vemos solo con los ojos y oímos con el oído.

En los árboles, si se les cortan ramas y se clavan en la tierra, unas retoñan y echan raíces, otras mueren, y asimismo algunos animales tienen partes que aun después de cortadas viven por sí, como en los insectos llamados cual los gusanos, abejas y hormigas. En otros, al contrario, cualquier miembro que se arranca del cuerpo pierde inmediatamente la vida; y así como es el instrumento un gran factor para hacer bien o mal, la obra, en los humores y miembros del cuerpo consiste mucho que ejecutemos debidamente los actos de la vida de los sentidos, del movimiento y de la inteligencia. Del mismo modo que con la densidad o el enrarecimiento del aire la luz resulta más pura y sutil, o por lo contrario más densa, impura, comparación que ya empleó Gregorio Niseno hablando de este asunto —también están todos los órganos a disposición del alma, como de un artista, y ésta solamente es quien se sirve de ellos—; de donde se infiere que debe tenerse como perfección y complemento de su adaptación al cuerpo del animal en cuyo desarrollo se ocupa con tal cuidado y diligencia la naturaleza. Por eso llamó Aristóteles, fundadamente y con su habitual agudeza al alma εντελεχειαν como la que lleva consigo la perfección.

Antes de pasar a debatir otras cuestiones, debe dilucidarse cuántos son en la esfera de seres vivientes los grados, u órdenes, y formas de vida. Lo que más importa es saber cual es el camino para la investigación de las «formas» que de suyo no son visibles; y difícilmente llegaremos a averiguarlo si no tomamos como punto de partida acciones propias y hermanas. Al efecto, algunos establecieron muchos géneros diversos, ya observando su respectivo movimiento por el cual las dividieron en animales que nadan, andan, se arrastran o vuelan, ya el estado del cuerpo, de donde resultan los bípedos, cuadrúpedos, ápodos, supinos tumbados, rectos y curvos; ya su localidad, habitación, como terrestres, aéreos, acuáticos y ambiguos que los griegos llaman αμφιβια; pero todo esto son cosas exteriores que declaran muy poco y confusamente la índole de las «formas», las íntimas y propias;

aquellas que no pueden quitarse sin detrimento, no tanto del ser como de la especie, son las que declaran en definitiva cuál es su «forma».

Ya en su lugar trataremos debidamente lo que toca a los actos de la vida; teniendo demostrado que unos son de la vida vegetativa, otros de la sensitiva, otros del conocimiento y otros, por último, de la razón y de la inteligencia.

Son estas operaciones las más íntimas de los animales, y tan en conexión con ellos que no pueden separarse de su sustancia, aunque sí interrumpirse sus actos por algún obstáculo que los impide funcionar hasta tanto que éste desaparezca, como un hombre que no ve ni oye afectado de locura o de una apoplejía, o se halla privado de la razón e inteligencia por embriaguez, ira o temor. Así pues, tantos son aquellos actos como los géneros de animales, esto es: vegetativo, sensitivo, cognoscente o pensante, racional; y de esos géneros unos son parte o formas como el vegetativo que corresponde a todas las plantas y se extiende también en cierto modo a los metales que se nutren y crecen en las entrañas de la tierra. Este género de vida comprende las facultades de todas las «formas» inferiores, sin llegar al sentido; tienen sentido, pero no conocimiento las que llamaron los griegos ξωοφυτα, de una cierta índole intermedia entre animales y plantas; nombre que hay quien piensa, no sin razón, pudiera traducirse por plantánimes o animales plantas: son de este género las ostras, las esponjas, las conchas de muchas clases, dotadas de sabor y tacto, aunque carentes de pensamiento y de noción interior, si bien la concha se acerca más que la esponja a la naturaleza animal.

Tienen, sí, los animales ese conocimiento interior en el cual hasta no carecen de discernimiento evidente; y aunque algunos no están dotados de todos los sentidos, han logrado un pequeñísimo pensamiento interno, que aparece nulo en ciertos de ellos, como son los insectos; vemos, sin embargo, con admiración la obra de una providencia natural y cuidado, como pasa en las abejas, las hormigas, arañas y gusanos de seda. Siendo difícil la clasificación de estos últimos seres los dejaremos en el género animal, haciendo la distinción de llamarlos incipientes. Son perfectos, en cambio, los animales que tienen cinco sentidos, pudiendo muy bien inferirse de esto que existe en ellos algún pensamiento interior, pues la vista se ha dado para observar, y el oído, como antes se dijo, es el sentido de la enseñanza.

Ocupa el lugar superior el alma que goza de una razón, la humana, y que en su facultad contiene todas las inferiores. De ella nos ocuparemos más adelante; pero antes hay que tocar dos cuestiones.

La primera de ellas es que existiendo en el hombre lo vegetativo, el sentido y aquel conocimiento propio también de los brutos, y en el animal, sentido, conocimiento y nutrición, ¿hay un alma en el animal y otra en el hombre, o más bien hay tantas como funciones? sobre todo cuando vemos que son distintas en lugar y tiempo, como la vista que está en los ojos; el pensamiento y la inteligencia en el cerebro; que el niño mientras toma cuerpo en el útero apenas se diferencia de la planta, y una vez nacido, del bruto; viviendo antes lo que es animal, según dijo San Pablo, y después lo que está dotado de razón.

En verdad el alma es única en todos y cada uno de los animales; como en cada cuerpo hay una «forma» por la cual vive, aunque diferenciándose en sus facultades y funciones, como hay muchos cargos y oficios en un mismo hombre, los cuales desempeña en diversos sitios y en distinto tiempo con variedad de instrumentos y auxiliares.

De igual modo la diversidad de órganos y actos contrarios entre sí demuestra ser uno su autor, del cual todos provienen, y quien los gobierna y modera con su sabiduría del modo que conviene a cada ser viviente. Si los distintos actos, operaciones e instrumentos probaran que hay varias almas, no habría dificultad en admitir que una tuviera muchas especies; en ese caso ¿por qué no pudiera decirse que produce obras multiformes?

De no ser así no habría un modo constante de «formas», y provendría una gran confusión en el estudio de la Naturaleza; y lo que vemos es que al acercarse lo más elevado se retira lo inferior, como sucede en la sucesión del orden natural e intelectual. Así, al realizarse nuestra perfección eterna cesarán estas cosas rudimentarias e imperfectas, llegando a su término la bondad divina, y en virtud de ese múltiple cuidado y sabiduría de artífice, se han dado por Dios mismo al alma varios instrumentos de diversa forma, sustancia y naturaleza, a cuya descripción particular han consagrado muchos libros ingenios eminentes.

Otra cuestión es la de cuál sea el sitio del alma en el cuerpo. Se halla en todo él, lo mismo que cada una de las formas está en toda su materia respectiva. Si en alguna de las partes no estuviese el alma, perecería aquélla, como sucede en un miembro completamente seco. Ella ve con los ojos y oye con los oídos, de igual modo que el agricultor abre la tierra con el arado, la escarda con el rastrillo, la iguala con el cilindro, la cava con azadón o pala; en el mismo caso estaría el preguntar en cuál de aquellas herramientas estaba preferentemente el labrador. Por eso se ha creído más oportuno preguntar cuál es el instrumento principal del alma.

Mas tampoco es muy discreta la pregunta a la cual contestaremos: el ojo para ver, el oído para oír; como es la principal herramienta del agricultor el arado para arar, la escardilla para limpiar; y el instrumento de la inteligencia y de todo conocimiento es el cerebro, y en éste, ciertas emanaciones en extremo tenues y luminosas.

La fuente de la vida es el corazón. Hay en el animal muchos miembros, por dentro y por fuera, tan necesarios que no puede vivir si se le quita uno de ellos: tales son el corazón, la cabeza, el hígado y algunos otros. Mas no son todos ellos fuentes de vida, sino el corazón, que es el primero que vive en la estructura del animal, como un manantial que brota desde el principio, y lo último que muere, por ser en él donde tiene su comienzo y su término la vida.

Los demás miembros pueden lastimarse y herirse sin que perezca el cuerpo; pero no así el corazón; por eso vemos que está situado en el medio, en el sitio principal del cuerpo, protegido y amparado por la gran defensa del tórax, de los intestinos, de los diafragmas, como fortaleza y custodia de la vida corporal; y desde él, como de un arca y depósito, manan las saludables aguas del arroyo hacia todas partes del cuerpo, y por ellas vive y prospera todo lo restante. Si alguna molestia, por pequeña que sea, se aproxima a él, aunque no le toque, decae de pronto el animal entero y languidece, por más ánimo que tenga, de donde aparece que nada le hace animoso sino un corazón bien encerrado y como armado de sangre y calor para que no llegue hasta él fácilmente molestia alguna. Los seres que tienen corazón privado de estos elementos son débiles, medrosos y quedan exánimes por cualquier ligero dolor de los demás miembros, no a causa de éstos, sino por la debilidad del corazón, proclamando así evidentemente que la vida reside en aquél y que desde él viene hasta ellos.

Dio la Naturaleza en todos los hombres la particularidad de que, al hablar de sí mismos o señalándose, pongan su mano en el pecho, cosa observada ya por Crisipo el Estoico y que tampoco rechaza el médico Galeno, si bien no debe ello considerarse como argumento evidente e indiscutible, sino como una conjetura que no ha de desecharse en absoluto.

No hay miembro alguno de que no carezcan ciertos animales; los hay que no tienen pies, o cabeza, o pulmones; pero ninguno existe sin corazón o, por lo menos, algo que haga sus veces, ni aun las mismas plantas.

Libro segundo

Creado el hombre para la felicidad eterna, se le ha concedido la facultad de aspirar al bien, para que desee unirse a él. Esta facultad se llama voluntad. Y como no se puede desear lo que no se conoce, existe a este fin otra facultad, que se llama inteligencia. Además, nuestro espíritu no permanece siempre en un mismo pensamiento, sino que pasa de unos a otros, por lo cual necesita un cierto depósito en que, al presentarse los nuevos, conserve los anteriores como tesoro de cosas ahora ausentes, las cuales reproduzca y tome cuando es menester. El nombre de esta función es la memoria.

Así, el alma humana consta de tres principales funciones, facultades, o sea fuerzas, dones y oficios, o, según otros dicen, potencias y partes, no porque tenga parte alguna lo que es indivisible, sino que las llamamos así por el oficio y función que desempeñan. Son aquéllas la mente o inteligencia, la voluntad y la memoria, en las cuales se representa la imagen de la Trinidad, según ya demostraron los Santos Padres.

Cosa por extremo ardua y difícil, de oscuridad la más intrincada, es investigar las operaciones de estas facultades; cuántas y cuáles sean en realidad, su origen, desarrollo, su crecimiento, disminución y término, porque no tenemos otra inteligencia superior a ella capaz de contemplar y juzgar a ésta inferior, así como lo hace la mente misma fácilmente respecto de los sentidos y de la parte vegetativa, en concepto de inferiores. Dios nos concedió estas facultades, más bien para nuestro uso que para adquirir conocimiento de ellas. El, como su autor, sabe bien cuáles son; nosotros somos no más que obreros suyos por medio de éstas. Es, sin embargo, obra muy hermosa —por tratarse, en efecto, de cosa preciosísima y grandiosa, conducente, en primer lugar, a dirigir nuestro espíritu— el inquirir y explorar hasta donde sea lícito la cualidad de nuestra inteligencia, su poder, sus funciones y operaciones; todo ello será un estudio y disquisición de gran importancia; sus resultados, por exiguos que fuesen habrán de tener un alto valor.

Las facultades, como su nombre indica, están dispuestas para actuar; por eso se dividen según sus actos, es decir, por las respectivas operaciones que emanen de la esencia misma, no de sus intereses o de aquello que suceda exteriormente. Así, la facultad de los ojos es ver, no este color o aquél, de tal o cual manera, sino nuda y simplemente. Consideramos doble a la inteligencia; pues existe como facultad general en todo el universo, y como una función particular de la misma. Observamos que la inteligencia humana conoce aquello que viene de fuera, y que conserva como en una caja las cosas conocidas para tomarlas otra vez en el momento preciso: esta repetición, a modo de investigación, se llama reflexión, de la cual se pasa al recuerdo. Observamos luego que compara entre sí las cosas que ha conocido, que de ellas pasa a otras, y en ellas ve y juzga lo que es verdadero o falso, bueno o malo; en su consecuencia, la voluntad adopta lo que es bueno y rechaza lo malo; y a este resultado se refieren las facultades y actos superiores, recorriendo igualmente esos mismos grados desde el último al primero. La voluntad, en efecto, nada persigue ni evita sin que antes el juicio lo haya declarado ser bueno o malo; ni se establece juicio alguno sin que le forme la razón, ni ésta le forma sin haberle comparado, ni es posible compararle antes de ser reflexionado y reproducido por la memoria, ni se quedará en ésta si no ha sido conocido y entendido previamente.

También las cosas ausentes se presentan al conocimiento; pues no solo de las presentes hay deseo o repugnancia de parte de nuestra voluntad, que apetece igualmente los elevados y situados lejos, a los cuales hay que acercarse paso a paso, y tras larga investigación; y por último, aquello que conoce y adopta, apetece o desecha a veces lo contempla tranquilamente en una como quietud del espíritu.

Son, por tanto, las facultades del alma racional: voluntad, inteligencia, mente; y bajo ésta, la simple inteligencia, la reflexión, el recuerdo, la comparación, el razonamiento, la censura o juicio y la atención.

De cada una de ellas trataremos por separado.

Capítulo I. De la inteligencia simple

Es esta la primera y sencilla recepción de las cosas que se presentan a la mente, en la cual está como los ojos en el cuerpo y la imaginación en el espíritu. No se llama simple porque solo conozca las cosas simples, o sea lo individual de las mismas, sino por no comprender y mirar nada que no sea lo que se le ofrece al conocimiento. En cuanto a lo vario por cualquier concepto, lo compuesto y conexo, como los raciocinios, los discursos largos y múltiples, aparecen con mucha confusión a esta inteligencia.

Cuando al espíritu se ofrece un objeto simple y sin composición, si está presente, la imaginación recibe la figura misma que se ofrece a los sentidos; si está ausente, v. gr., cuando se habla de él en una conversación, si es cosa de las que caen bajo los sentidos y está impresa en la memoria, la fantasía reproduce su forma, tomada de la memoria misma. Si es un objeto que no puede ser conocido por los sentidos, el ser o no ser, de una o de otra manera, es la mente quien la infiere con la razón y la fantasía quien inventa su imagen, tomada de las cosas que ya conoce; así, por ejemplo, cuando representa a Dios, a los ángeles, nuestras mentes y otros objetos análogos. Esto mismo hace en las cosas corpóreas desconocidas, las cuales pinta según las conocidas, como un león, un elefante, Roma, París y demás que antes nunca había visto.

No existe lo universal en la imaginación, como tampoco en la naturaleza; solo se alcanza por el trabajo de la razón y bajo una imagen sumamente confusa y tenue, despojándose la inteligencia, hasta donde es posible, de los caracteres de la fantasía. Difícil es afirmar qué formas tienen en el espíritu los ciegos de nacimiento.

De igual modo que para ver es necesario tener abiertos los ojos, necesita la inteligencia para entender la atención, es decir un cierto advertir del espíritu a que llaman los griegos προσεχειν τον νῶν, una especie de apertura de la mente para recibir cuanto se le ofrece.

Los impedimentos de esta inteligencia son: unos «interiores», ya por hallarse el espíritu ocupado y abstraído en otro pensamiento más intenso, ya por acumulación de pensamientos, en que unos expulsan inmediatamente a otros y la mente acude a varios de ellos sin pararse en ninguno, ya también cuando la ordena la voluntad que se ocupe de otras cosas, abandonando la presente, cosa que no se realiza sin que el espíritu, por complacer a la voluntad, aparte a la inteligencia de otro pensamiento que se presente como a la puerta.

«De la parte de afuera», la causa de los impedimentos está en el cuerpo, por los humores fríes y crasos que producen espíritus densos y tardos, por tanto, poco adecuados para percibir. También es de fuera cuando los sentidos se hallan muy ocupados en otras cosas y apartan a la inteligencia de atender a las demás, aunque ya esto se refiere a lo que dejamos dicho, que unos pensamientos empujan o excluyen a otros, pues los sentidos en nada estorbarían, si a ellos no se adhiriese la mente como quien presta oído al que habla. Con todo, a veces una acción vehemente y laboriosa de los sentidos corporales impide funcionar a la inteligencia, por separar o ligar emanaciones que son instrumento principal de la mente, como sucede en la enfermedad y cuando hay dolor.

Aquellos que se agitan de ese modo en sus pensamientos están como peregrinando siempre con su espíritu, sin hallarse jamás en el objeto presente; se llaman «los que hacen otra cosa» y son aquellos que pasan inútilmente la mayor parte de su vida. Los hay también que, no habiendo, por ejemplo, entendido la primera parte de un discurso, conjeturan acertadamente lo que se quiso decir por lo que oyeron y entendieron después, o ya por lo poquísimo comprendido de lo anterior, o por comparación de las conjeturas desde las negativas hasta la que afirma; así, v. gr., cuando se argumenta: «no es verosímil que esto sea aquello, ni lo otro, ni lo tercero, luego será este cuarto objeto, puesto que ya no queda ninguno.»

En total, pues, son dos las causas de no entender; cuando el agente está ocupado, o cuando no sirve el instrumento, en lo cual se comprende también el cansancio de la facultad, que no consiste en ésta sino en los instrumentos. Nuestra mente, en efecto, no dispone de potencia infinita, ni de cuanto desea para una acción presente, o para la materia propuesta, aunque sí en cuanto a la duración temporal y la continuación de su obra; por lo cual en estos actos nunca falla por debilidad propia, sino por la de los órganos.

La intensidad se repone en los fatigados, ya por el descanso, o por la mera conversión del espíritu a otro objeto, tanto mejor cuando se pasa de un asunto grave a otro ligero, de un objeto molesto a uno agradable; ya también alegrando los sentidos, bien con un espectáculo ameno, con la música, con refrigerio de comida y bebida; bien sentándose si estuvo de pie, o viceversa; bien por el paseo, o por la excitación de un afecto nuevo: de alegría, tristeza, deseo o venganza, según la inclinación de cada uno: por último, de cualquier modo que devuelva al espíritu su frescura.

Capítulo II. De la memoria y el recuerdo

Es la memoria aquella facultad del alma por la cual se conserva en la mente lo que uno ha conocido mediante algún sentido externo o interno. Es, por tanto, su acción dirigida hacia adentro toda ella, y la memoria a manera de un cuadro pintado; así como éste al ser mirado por los ojos produce una noción, aquélla la realiza por la mirada del alma que entiende o conoce. Esa noción no es simple, pues necesita primero la reflexión que examina e investiga, y después viene el recuerdo cuando se ha llegado a lo que nos proponemos reproducir.

Hay en el recuerdo una segunda operación al insistir el espíritu en traer alguna cosa que maneja y revuelve en su pensamiento, a lo cual se llama recoger. Este recuerdo se produce por una simple mirada del alma a la memoria, y es también común a los animales; mas la nuestra es aquella que se verifica por ciertos grados, marchando desde las cosas que se presentan al espíritu a las que se habían ocultado, o sea mediante discurso, propio solo del hombre. Los filósofos la llaman reminiscencia, en lo cual no están conformes con el modo general de hablar, pues Virgilio dijo también del caballo:

Dulces moriens reminiscitur Argos.[1]

Conservemos no obstante para la más fácil comprensión, ese vocablo empleado en las escuelas con el significado que tuvo para los griegos la palabra αναμυησιζ, o sea la reducción a recuerdo, una especie de recuerdo del recuerdo mismo.

Tenemos, por consiguiente, memoria, recuerdo y reminiscencia. Colocó la naturaleza a la memoria, como en su asiento y fábrica, en la nuca, con admirable sabiduría para ver lo pasado, a manera de un ojo mucho más excelente que si tuviésemos uno corporal colocado en la frente, como el que la fábula atribuye a Jano.

Dos son las funciones de la memoria, como las de las manos: «coger y retener». Cogen o aprenden fácilmente los que tienen húmedo el cerebro;

---

1   *Eneida*, lib. 10, verso 782.

y aunque lo son todos los cerebros, ha de entenderse que lo sean sobre manera. Un sello, por ejemplo, se imprime rápidamente en una humedad fluida, pero no se conserva mucho tiempo si no está seca la materia; por eso los biliosos son más aptos para retener lo que una vez aprendieron, si bien ese temperamento es adecuado para ambas funciones.

En los niños que la tienen supone buen entendimiento, según observó Quintiliano, porque la memoria le ayuda, no solo para recibir fácilmente lo que sea desea, sino para reproducirlo pronto y con fidelidad cuando sea necesario. Esas dos condiciones: la representación «rápida y fiel», pertenecen a la función que llamamos retentiva; pues hay quien conserva bien, pero es tardío para devolver ese depósito y se esfuerza largo rato para buscarle, o le devuelve con poca fidelidad; esto es, no íntegramente, sino con confusión e incoherencia. Los que se hallan en tal caso tienen un entendimiento pervertido y desdichado.

Tienen mejor memoria que los viejos los jóvenes, a causa del calor, y de las humedades más puras; «lo primero en que influye la edad es la memoria», dijo Séneca; y no hay señal más cierta de senectud que el decaer la memoria. Con efecto: el calor disminuye, y las emanaciones se condensan con la edad; en cambio Dios otorgó a los ancianos un gran beneficio en lugar de la memoria; a saber, una prudencia obtenida por el uso de las cosas y un juicio más agudo y eficaz.

No todos tienen memoria igual para todas las cosas hay quienes recuerdan más fácilmente palabras, otros, sucesos; así se dice que Temístocles se distinguió mucho en la memoria de cosas, y Hortensio en la de palabras; ejemplo que puede servir para toda clase de hombres y de asuntos: unos recuerdan más pronto y mejor los hechos curiosos; otros los corrientes y sencillos; quiénes los públicos, o los privados; los antiguos o los recientes; quiénes los propios, los ajenos, los vicios, las virtudes conforme es lo peculiar de su condición, y según que atienda con preferencia a unas o a otras cosas, pues la atención es, en una palabra, la que sanciona la memoria; y así como en una pintura no vemos u observamos todo cuanto está allí representado, ni se nos ofrece de pronto lo que en ella buscamos, también en la memoria tenemos muchas cosas desconocidas, y otras que teniéndolas no creíamos tenerlas, y viceversa. Las hay igualmente que, sabiendo de cierto que las tenemos, no aparecen, aun después de buscarlas y perseguirlas mucho; y cuando alguien nos las presenta, las reconocemos al momento, como sucede al hablar; muchos entienden diversos idiomas al oírlos y no saben hablarlos, y es porque al expresarnos buscamos las palabras, mientras que cuando oírnos se nos presentan y las reconocemos fácilmente.

Tiene grandísima relación con la memoria el temperamento natural del cuerpo, como es presumible le tuviesen Temístocles, Ciro, Cineas y Hortensio cuya memoria enorme se halla celebrada en obras literarias. Se favorece esta facultad mediante el régimen entero de sustento, comida y bebidas, con ejercicios moderados, con el descanso y sueño y adecuados a los instrumentos de ella. También hay cosas que auxilian especialmente a la memoria y otras que la perjudican, consignadas ya en el régimen de los médicos y en los libros.

Así como no se estampa el sello de un anillo en el agua corriente, tampoco se retienen en la memoria las cosas conocidas si el cerebro se halla fuertemente agitado, como pasa en los párvulos a causa del continuo crecimiento de su cuerpecito; en los embriagados y los enfermos, porque la fuerza del ardor arrastra consigo y arrolla todas las exhalaciones. Asimismo reciben con dificultad los que tienen en el occipucio humores fríos y, por lo tanto, duros, de naturaleza pétrea para la impresión, tales como los ancianos, los torpes y tardíos. En cambio los que están sanos y cabales, pero de temperamento rápido, aprenden pronto, aunque no retienen bien; de este género son los biliosos: «Los caracteres lentos (según Aristóteles) se distinguen por la fidelidad del recuerdo y por su viva reminiscencia».

La memoria es más tenaz en el tardío, como es más duradero el sello en la roca o en el hierro, aunque también los rápidos vuelven al recuerdo con más facilidad.

A lo hondo de la memoria bajan las cosas que desde el principio se han recibido con atención y cuidadosamente; por eso sucede a menudo que personas muy inteligentes y dotadas ampliamente del beneficio de la memoria no recuerdan muchas cosas tan bien como algunos que no las igualan en estas facultades, por ver, oír o leer muchas veces con descuido. Cuando a la memoria primera de cualquier objeto sé une un vivo afecto, es luego su recuerdo más fácil, pronto y duradero, como sucede con aquello que ha penetrado en nuestra alma con gran tristeza o con gran dolor; de esas cosas queda muy larga memoria; por lo cual hay en algunos pueblos la costumbre de golpear cruelmente a niños que presencian el deslinde de sus campos para que se recuerden los límites respectivos con más firmeza y duración.

Adquiere la memoria gran vigor con el ejercicio y la reflexión frecuente, porque se hace mas pronta para recibir, más extensa para contener muchas cosas y de mayor tenacidad para conservarlas. Ninguna otra función del alma pide como ésta el propio cultivo, pues las dotes del entendimiento no se deterioran con la interrupción y el descanso, sino que, a menudo, con ellos se restauran y adquieren mayor vigor, mientras que la memoria que no se ejercita se embota y hace más tarda cada día y más floja por el ocio y la quietud.

De cuatro distintas maneras se produce en nosotros el olvido: cuando la imagen pintada en la memoria se desvanece y borra por completo; cuando está como interrumpida y destruida en parte; cuando se oculta a nuestras pesquisas, y, por último, si se halla como tapada y cubierta con un velo, según pasa en las enfermedades o en la excitación pasional. Es la primera olvido verdadero y más genuinamente propio; la segunda es oscuridad o destrucción; las otras dos, ocultación; así puede verse en un cuadro de cuyas figuras una está borrada, otra cortada o destruida a trechos, la tercera se nos escapa y la última se halla cubierta o falta de desarrollo.

También se dice que olvidamos las cosas que hemos recibido de la Naturaleza misma, como sucede al dudar de aquellas primeras informaciones naturales que reciben el nombre de verdades evidentísimas, porque equivalen a haberlas alguna vez aprendido por propio ministerio de la Naturaleza.

La primera clase de olvido exige un conocimiento enteramente nuevo; la cuarta necesita una especie de descubrimiento que sanee el cuerpo o el alma, y las dos restantes medias, una restauración verificada mediante pesquisa y como por grados que nos lleven a lo que buscamos; v. gr., del anillo al orfebre, de éste al collar de una reina, de aquí a la guerra que hizo su marido, de la guerra a sus caudillos, de éstos a sus antepasados o a sus hijos, de ellos a los estudios en que se ocupaban, sin que exista límite alguno en la serie; porque estos grados se extienden con la mayor latitud y por toda clase de conceptos: de la causa, al efecto; del efecto, al instrumento; de la parte, al todo; de éste, al lugar; del lugar, a la persona; de ella, a sus antecedentes, a sus consiguientes, a los contrarios, a los semejantes, en proceso indefinido. Hay en él, con todo, ciertos pasos larguísimos y aun saltos, por ejemplo, cuando se viene desde Escipión al pensamiento del imperio turco, por las victorias de aquél en Asia, donde reinaba Antíoco; o cuando del nombre de Cicerón se pasa al recuerdo de Lactancio, que fue su imitador, y luego a la calcografía, porque dicen que fue el libro de este escritor el primero o de los primeros que se estamparon con caracteres grabados en cobre.

Esta reminiscencia es: o natural, que pasa de unos pensamientos a otros, o voluntaria e impuesta cuando el alma se propone llegar al recuerdo de alguna cosa. Las cosas anotadas y dispuestas por orden son fáciles de recordar; y de este género son las verdades matemáticas. También los versos son adecuados para su fiel retención en la memoria, a causa del orden de su composición y de su estructura que no está dispersa y vagando caprichosamente, sino contenida en límites determinados de suerte que no permiten divagar al espíritu por hallarse el camino por ambos lados como protegido y cercado de ciertas barreras. Por el contrario, es difícil coger y retener lo esparcido al arbitrio o lo acumulado descuidadamente; por lo cual quien desea recordar algo, observa con cuidado y atención el orden de todo cuanto confían a la memoria; así, los maestros de este arte presentan a sus discípulos ciertos pasajes elegidos para aprender. Las cosas que se han recibido juntas en la fantasía, al presentarse una de ellas, suele llevar también consigo la otra.

En la construcción de la memoria hay, pues, ciertos asientos como para mirar el sitio de las cosas, desde el cual nos viene a la mente lo que en él sabemos que ha pasado o se halla. En ocasiones, simultáneamente con una voz o un sonido, nos sucede algo agradable, y así nos gusta siempre que volvemos a oírle, o nos entristecemos si lo que ocurrió fue triste; cosa que también se observa en los animales; si al llamarlos de cierto modo se les da una cosa que les guste, acuden alegres corriendo cuando oyen el mismo sonido; pero si han recibido dado, tiemblan al oírle, por el recuerdo de los golpes; en cuyo doble recuerdo suele ocurrir que con más frecuencia nos viene al pensamiento la cosa mayor desde la menor, que al contrario.

Al decir mayor se entiende mejor, más excelente, rara, preciosa y estimada; en una palabra, aquella que tenemos en más. Así, siempre que veo en Bruselas una casa que se ve no lejos del palacio real, me acuerdo de Idiáquez, de quien era aquélla, y en la cual hemos conversado muchísimas veces y muy largos ratos, cuando se lo permitían sus ocupaciones, acerca de asuntos sumamente gratos para ambos. Pero no al contrario: es decir, no siempre que me viene a la imaginación Idiáquez pienso en aquel edificio; y es que en mi espíritu es más notable el recuerdo suyo que el de su casa.

Lo mismo sucede con los sonidos, con el sabor y el olor. Hallándome en Valencia postrado con la fiebre, y habiendo comido cerezas con mal sabor de boca, siempre que comía esta fruta, después de pasados muchos años, no solo me acordaba de la calentura, si no que me parecía tenerla en aquel momento. Por eso conviene también que estén sin objetos los locales en que se cultiva la memoria, pues si tienen alguno de gran importancia o apariencia, es decir, notable para nosotros, ocultarán lo que se desea encomendar a la memoria. En efecto: aquel objeto saliente sugestiona el recuerdo y le ocupa apartándole de los demás, de igual manera que el estómago prefiere entre muchos alimentos el que le es más adecuado, y desdeña todos los restantes.

Como la semejanza hace que muchas cosas parezcan una misma, es un error común, no solamente de la memoria, sino también del pensamiento el pasar de un objeto a otro parecido: así tomamos Jorge por Gregorio, problema por entimema, Píndaro por Pándaro, semejanza que en los vocablos puede estar en el medio, en el principio o en el fin. Igualmente puede ofrecerse el error con respecto a lo que considera, nuestra atención en ciertas cosas o personas, v. gr., confundir a Xenócrates con Aristóteles en la filosofía y la doctrina de Platón; a Escipión con Quinto Fabio en las guerras púnicas, a Iro con Codro por la pobreza, a Narciso con Adonis por su hermosura, al ajo con las cebollas por el olor. Del mismo modo hay errores de lugar y tiempo, de actos y de cualidades, cuyos ejemplos son innumerables.

La semejanza perturba también la memoria como los ojos corporales, de suerte que no puede formar juicio acertado de aquello que se la confía confusamente. Origínase este error o en la «primera atención», por no haber observado bastante la inteligencia aquello que se la presente para poderlo entregar a la memoria íntegra y distintamente, en cuyo número están «los que hacen otra cosa», o en la memoria misma, que lo conservó con poca fidelidad, o en la «segunda reflexión» que es la atención, cuando saca con falsedad lo que se había depositado íntegramente en la memoria. Esto sucede unas veces por desidia o negligencia, otras por excitación del espíritu, como en los embriagados, coléricos, temerosos, en los que aman o aborrecen, en los soberbios y en otros casos semejantes.

Cuando ese depósito no se devuelve tal como fue entregado, es culpable quien le recibe, o el que le guarda o le reproduce. Igualmente se perturba la reflexión si al mandarla que busque o saque algún objeto, se la presenta de fuera una cosa distinta o extraña: así, por ejemplo, cuando digo: «Ayer me saludó en la plaza Pedro de Toledo; pero no me fijé bastante, ni me acuerdo bien de ello; ahora, sí alguno me pregunta quién fue el que me saludó, si no dice otra cosa, me acordaré más fácilmente que si añade: ¿fue J. Manrique o L. Abilense?». Asimismo, cuando se pregunta quién fue el padre de Sócrates, vendrá el nombre a la memoria más pronto que si agregan: «¿Fue quizás Demócrito?»; porque se confunde más la reflexión cuando se halla el asunto en estado de error de semejanza. En efecto: si solamente busca una cosa, se ocupa en la única tarea que le incumbe, mientras que si se le presenta a la vez otra distinta, se aumenta la tarea de refutar ésta, y así es doble el trabajo: primero, el de rechazar lo no congruente; después, el de determinar lo que se pide.

Es necesario distinguir los momentos de la reminiscencia, pues, si no, se confundirían las imágenes como en cuadro cuando se pintan unas sobre otras sin intervalo. Aquello que recibimos con espíritu libre y tranquilo se queda más fácilmente en la inteligencia y deja su huella más impresa y duradera, con tal que apliquemos a ello nuestra alma con atención. Por eso, lo que hemos visto y oído en la edad primera lo recordamos durante más tiempo y con mejor integridad, porque nuestra mente o se halla entonces exenta de cuidados y cavilaciones; además, atendemos con diligencia, porque en aquel tiempo todo lo contemplamos como nuevo, observamos cuidadosamente lo que nos produce admiración, y así desciende profundamente, a nuestra alma. Por la misma causa se pinta con mayor relieve en la memoria, acude pronto al recuerdo y se saca con claridad cuando es menester.

Los viejos perciben, y retienen más difícilmente, por razón de la edad, porque se condensan sus espíritus y no reciben con facilidad las imágenes. Agrégase el estar ocupada el alma y atenta a varias cosas, por lo cual reina un tumulto dentro de ella que ni la permite, admitir cosa alguna tranquilamente, ni hallarla cuando se la busque.

Además, se desgastan las imágenes grabadas en la memoria, y de ahí resulta defectuoso el recuerdo, de modo que siempre parece que busca algo. Se perdieron las circunstancias de lugar, tiempo y personas, vicio este el primero de una memoria que decae por la edad.

La reflexión es quien investiga lo que ha quedado escondido en la memoria. Las imágenes de los objetos en ella conservados se estampan bien en un espíritu lúcido que, como caliente y ágil, nunca, descansa. Cuando alcanza una parte del objeto, la fuerza de la reflexión, es decir, el espíritu a servicio de ésta, la contempla directamente. Por eso no siempre lo recordamos todo, ni aun aquello mismo que ordena la voluntad; a veces buscamos lo que no se halla, y que se ofrece después hasta durante el descanso, como sucede a muchos que después de investigar con empeño y mucho tiempo, estando bien despiertos, la resolución de una dificultad o el nombre de alguna cosa, le hallan en sueños.

Hay cosas que recibe aquella primera inteligencia simple, la cual se refiere a las cosas que ocurren en el exterior, mediante el sentido del oído o el de la vista, y las inadvertidas pasan a la memoria; en ésta las mira la atención como levantándose, y las entiende a veces inmediatamente, a veces tras largo intervalo, lo mismo que cuando a uno se le despierta de un sueño o vuelve en sí después de un estado de enajenación mental. Las personas de esta clase son tardías de entendimiento, de espíritu errante o muy ocupadas en otra cosa, como ocurre también en la visión y la audición cuando el sentido común está haciendo algo distinto, según antes se explicó.

Capítulo III. De la inteligencia compuesta

No hay en el alma imagen alguna de sustancia pura, esto es, despojada de sus accidentes, sino la de estos mismos que la envuelven. Recibida ya aquella primera y sencilla imagen que ha entrado por las puertas de los sentidos, agrega a ella la fantasía otras representaciones y formas de las cualidades y actos que se perciben mediante los sentidos mismos. Luego viene la razón que compara aquellos elementos entre sí, los clasifica como siendo éstos o los otros y realizando tal o cual cosa, o lo contrario; después añade aquello que en las escuelas se llaman «sincategoremas», o sea cosignificantes, no cognoscibles por ninguno de los sentidos, y que son en tanto mayor número y más adecuados cuanto más crece la razón: así más en los adultos que en los niños, en los inteligentes que en los necios, y en los doctos que en los indoctos.

La fantasía nada une o separa mediante cópula, v. gr.: esto es tal o no es tal cosa, que actúa o no actúa así, sino que lo acumula de este modo: esto tal, no tal; hace esto, aquello, de esta manera, la otra, o al contrario. Bien lo manifiesta el lenguaje de los niños, de las personas rudas y bruscas que al hablar omiten mucho las conjunciones, amontonando nombres de las cosas sin enlace.

Pasa la razón de los accidentes a la sustancia y expresa, no solo cuál sea, o la cualidad de una cosa, o qué hace, sino que es o no es. Cuando afirma se llama unión, y cuando niega, separación.

Capítulo IV. La razón

Todo cuanto hemos entendido, reflexionado y comparado está dispuesto para servir a la razón. Es esta una marcha de la comparación de una cosa a otra, de varias a una o a diversas, y por lo mismo se llama también «discurso» y «nueva poda», pues así como en la vid se cortan los sarmientos inútiles, igual en la razón, para que solo lo útil se conserve puro, según se dice, o limpio y podado, hasta donde esto se puede alcanzar.

No ha de extrañarnos ese nombre de discurso, pues a veces la razón no procede tanto paso a paso como a pequeños saltos, eligiendo a su gusto cosas diversas. Hay, en efecto, una razón que marcha por sus grados sin interrumpir la serie; otra, en cambio, va como saltando y deja sin recorrer algún paso intermedio, ya por ignorar el verdadero y conveniente camino, ya porque no juzga necesario seguir todos aquéllos.

No puede la fantasía figurarse imagen alguna que no sea de las cosas que adquirió por los sentidos, ya sea que exista en la naturaleza, o que la forme, tomándola de alguna o varias de ellas.

La razón pasa volando por esas imágenes o tan levemente como si no las recibiese. Consiste esto en que nada toma de los particulares accidentes; más bien mira a lo lejos, y se aparta cuanto puede de lo que ha visto; pues si se mezclase y envolviese en ello, se vería arrebatada cual por un torrente, según sucede en el estado de embriaguez o de furor, y lo miraría como a través de una lente pintada y con distintos dibujos.

Por esto se necesita mente muy sana para discurrir debidamente por las cosas que nos convienen; pues aquella que no puede detenerse, agitada por las cosas que ve, es semejante a quien baja por un resbaladero. Con todo, no es por eso menos necesario, para un discurso expedito, el ministerio de la fantasía, no disipada, pero suelta y libre; porque la razón se sirve también de fantasmas, aunque sin mezclarse con ellas. Así, pues, el sentido sirve a la imaginación, ésta a la fantasía, la cual a su vez sirve al entendimiento y a la reflexión, ésta al recuerdo, el recuerdo a la comparación, y en último término ésta a la razón. Es el sentido una a modo de mirada de «la sombra», la fantasía o imaginación, lo es de «la imagen»; la inteligencia, «del cuerpo»; la razón, de «la forma» y de las fuerzas.

Hay un cierto discurso de la razón, mandado por la voluntad, para que busque algo verdadero para la inteligencia, o algo bueno para la voluntad misma; hay otro espontáneo, de iniciativa propia, movido por la fuerza libre de la mente, que no puede cesar. Este último no emprende su obra guiado por principios ciertos y conocidos, como lo está el primero, porque investiga con negligencia lo que hay verdadero y falso, bueno y malo en cada cosa. La noción que el hombre adquiere viene de lo que conocen los sentidos, de donde se pasa a lo que conocen el alma y la inteligencia, a saber: de lo singular a lo general, de lo material a lo espiritual, de los efectos a las causas, de lo inmediato y patente a lo recóndito.

Para Dios, autor y modelador de todo lo existente, las causas son antes y más conocidas que los efectos, lo general que lo particular de las cosas; nosotros, al conocer e inducir, seguimos más bien el camino de la naturaleza, es decir, de Dios, según cada cual se distingue por su inteligencia, por la práctica de las cosas, o por la ciencia; aquellos que son más torpes siguen el tumbo de los sentidos.

En cuanto al discurso de la razón, marcha por todos los derroteros del raciocinio; va de la negación a la afirmación, por ejemplo: no es esto, ni eso, luego es aquello, que es un discurso oblicuo; o de la negación a otra negación; v. gr., no es esto, ni aquello, ni lo otro; luego es algo incierto; uno es falso; o νοθοζ otro es verdadero y legítimo, que va de objeto a objeto, y también de la afirmación a la negación: Es esto, luego no es aquello.

Se ha dado la razón al hombre para investigar el bien a fin de que le adopte la voluntad; el bien está descubierto en el animal, esto es, en el cuerpo; el del hombre, oculto en la inteligencia, y por eso tuvimos que investigar la verdad en las tinieblas, las cuales no existen para los animales; su estimativa solo conduce al bien y al mal; la nuestra nos lleva también a lo verdadero y a lo falso.

De aquí la existencia de una doble dirección: la razón especulativa cuyo fin es la verdad, y la razón práctica que tiene el bien por fin. La primera termina en sí misma, la otra trasciende a la voluntad. La especulativa no es simple; porque, o está en las verdades asequibles por el sentido, la fantasía, o por estos medios reunidos, y se llama inferior, o se halla en las cosas más altas o más escondidas, que es la superior. En una y otra no se distinguen ni se ejercitan por igual los hombres; pues así como los hay que ven mejor por la tarde que al mediodía, también unos raciocinan bien acerca de lo verdadero, y no de lo que debe hacerse, y otros al contrario; porque la manera de obrar se aprende con la experiencia, y la de saber, con la fuerza del entendimiento. Asimismo hay algunos que sobresalen en las artes manuales, según que el impulso de su carácter los inclinó a uno u otro lado por sugestión de la naturaleza.

La cualidad de quienes se emplean en el bien es la prudencia; la de aquellos que ejercitan en las cosas útiles de la vida externa es el arte, en opinión de Aristóteles; pero como el experto obra con más seguridad que el sabio, no es bastante la ciencia para tener prudencia o arte, hace falta también la experiencia, comprendidas en ella la memoria y el recuerdo. Por eso los inexpertos no son buenos artistas ni bastante prudentes, como sucede a los jóvenes y a los que no ocupan sus manos en el trabajo que aprendieron a ejecutar. El arma del pensamiento se aguza y pulimenta con la enseñanza como la fuerza de hacer y practicar con el ejercicio. El término de la razón que contempla es la verdad; el de la que obra, el bien. Esta última produce el juicio comparando lo bueno con lo malo, comparación de que carecen las bestias, porque se lanzan hacia el primer bien que se les presenta, mientras que nuestro juicio se detiene, vacila, se para y se revoca; a pesar de lo cual no cabe dudar que los animales han recibido de Dios ciertas tendencias y reglas para su bien, como el hombre para el suyo; y por éste para la verdad; pues no es de pensar que tan gran artífice hubiera creado de mejor condición a quien es inferior que al que nada tiene superior a él bajo el cielo.

Pero el pecado cubrió nuestra mente de grandes y muy densas nieblas, por lo cual se malearon aquellas rectas normas. De la ignorancia nacen luego muchos errores cuando establecemos juicios desde aquellas generalidades a las especies y a las cosas particulares; quedan con todo en nosotros restos de aquel bien tan grande que atestigua elocuentemente de cuánto valor era lo que perdimos. La mayor parte de los teólogos llama a esto sindéresis o conservación; para San Jerónimo es la conciencia; para San Basilio, un judicativo natural y San Juan Damasceno la llama luz de nuestra inteligencia. Los filósofos han entrevisto de lejos esta idea y la consideran como unas anticipaciones y naturales informaciones que no hemos aprendido de los maestros, ni de la experiencia, sino que las sacamos y realizamos de la naturaleza, aunque unos han aprendido, según la excelencia de cada entendimiento, más reglas de esas y más ciertas que otros, las cuales además se cultivan y perfeccionan con la práctica, los experimentos, el estudio y la meditación.

Esta especie de luz intelectual o juicio nos lleva siempre, directa o indirectamente, hacia lo bueno y lo verdadero, moviéndonos a la aprobación de las virtudes y a la censura de los vicios; de ello vienen después las leyes y preceptos morales, así como en cada uno interiormente la conciencia, que censure, reprenda y condene sus propios vicios, a menos que se carezca de todo sentido humano y se descienda a la condición del bruto.

Lo que dejamos dicho sirve para resolver la dificultad que Platón presenta en el *Menón*, donde, para demostrar que los entendimientos no fueron creados en estado rudo, sino adornados del conocimiento de las ciencias y artes más elevadas, aduce el siguiente argumento: «De otra suerte no asentiríamos a los primeros y más evidentes axiomas antes que a sus contrarios, ni los conoceríamos como tales en el momento en que se nos propusieren; del mismo modo que no sería posible conocer y coger a un esclavo fugitivo, que luego hallásemos, si nunca le hubiéramos visto antes de huir.» Lo cierto es que nuestra inteligencia no posee condición alguna antes de unirse al cuerpo; pero recibió al ser creada inclinaciones para dirigirse más bien a lo verdadero que a lo falso, y como resultado de tal propensión y congruencias obtuvo también ciertos cánones o fórmulas que no hay inconveniente en llamar semillas de todas las disciplinas; porque, así como en la tierra misma existen gérmenes de todos los vegetales que de ella sacan luego su crecimiento, aunque se fomentan y aplican a nuestras necesidades por el cuidado y diligencia del hombre, también en la mente de cada uno están sembrados principios que son origen de las artes, de la sabiduría y de toda ciencia. De lo cual resulta que nacemos aptos para todo, que no hay arte alguna ni disciplina de que no pueda nuestra inteligencia mostrar algún indicio, siquier tosco e imperfecto, que más tarde se perfeccionan con los estudios y el ejercicio, como sucede en las plantas que se crían mejor que otras cuando a ellas aplica su industria la mano del agricultor.

Tratamos aquí del conocimiento de las cosas que se ofrecen constantemente en la naturaleza; en cuanto a las inventadas por el entendimiento humano no pueden aprenderse sin maestro y su enseñanza, como sucede en las lenguas, v. gr., el latín, el griego o el español. Por eso no se equivocan en la satisfacción de sus necesidades los animales al seguir aquella naturaleza primitiva, íntegra e incorrupta; pero el hombre que va detrás de sus conjeturas se pierde a través de las sendas que el mismo se traza, abandonando el camino real. Así los brutos obran del mismo modo todos los de una especie, por seguir unas mismas reglas y avisos de la naturaleza; el hombre, como vario en sus juicios, obra de una manera distinta y aun contraria en diversos momentos.

Se ofrece naturalmente aquí la cuestión de si tienen inteligencia los animales, si discurren e infieren lo desconocido de lo conocido: cosa muy discutida entre los antiguos, más por las diversas explicaciones que por su conclusión, en la cual coinciden casi todos afirmando «que carecen de la facultad de la razón». Plutarco escribió un libro con este título: *Que muchos animales tienen uso de razón*, en el cual se ve un carácter y estilo más bien declamatorio que filosófico, pues no se funda en argumentos sólidos y dignos de la filosofía, sino solamente en un error popular; y antes discurre acerca de la bondad y maldad de las costumbres que sobre la razón. En su *Dialéctica* afirma Lorenzo Valla que están dotados de razón; pero en esa obra, obsesionado por el afán de contradecir y argumentar, cae en muchas necedades y absurdos. Otros dijeron que eran racionales, ignorando qué es la razón y cuáles las condiciones que la adornan. Esto es lo que debemos aclarar.

Si es el discurso la transición de una cosa a otra, no cabe dudar que los animales discurren; pero si consiste en pasar por comparación de lo menos a lo más conocido, como dependiendo lo uno de lo otro, o siguiéndose de ello, es evidente que no discurren, pues no son capaces de proceder de aquello que conocen a lo que no conocen. Todos sus juicios son acerca de lo particular, pero sin descender de las cosas generales a las especiales y de éstas a las particulares, ni subir de nuevo de éstas a aquéllas para alcanzar así la verdad. Tampoco conocen las cosas ausentes para de ellas inferir otras también ausentes, o las presentes, ni al contrario. No hacen depender unas cosas de otras u originarse por el tránsito recíproco, sino que permanecen estacionados en aquellas presentes y particulares que conocen, aprobándolas o desechándolas. Ahora bien: el discurso no es un estado, sino una progresión; por eso nuestro juicio al combinar entre sí las comparaciones por el camino de la razón no asiente, sino que se queda en incertidumbre.

Sirviéndonos de un ejemplo, los animales no empiezan en A para pasar a B a fin de conocer C, ni tampoco proceden de A a B para volver de ésta a aquélla, como conexas y dependientes entre sí; sino que no agradándoles A buscan otra cosa, y van a parar a B; de igual modo que un perro cuando busca a su amo, o sigue un rastro de caza, olfatea o mira a un hombre; si el olor o la vista de éste le recuerda el de su amo, allí se detiene, aunque no sea el mismo; pero viendo que no es, abandona la huella y sigue otra, luego una nueva, sin guiarse por relación alguna con la primera, hasta que da con lo que busca.

Además, el animal sigue lo que conoce simplemente por el sentido, lo que enlaza y combina con la fantasía, o lo que le estimula su facultad estimativa a modo de acicate tácito de la naturaleza. El hombre compone y clasifica, pasa de unas a otras cosas, comparándolas entre sí, de las cuales saca y produce algo; mientras que en el animal, de la forma misma de él y de todo el cuerpo es fácil inferir que su alma está privada de razón. En el hombre basta la mirada que alrededor y hacia todas partes dirigen sus ojos para enseñarle muchas cosas; los del animal van siempre inclinados hacia la tierra; sin contar con que sus cuerpos son incapaces de ejercer las artes, siendo así que Dios ha dotado de órganos a propósito para realizar los actos correspondientes a las facultades que les concediera: tal es la prerrogativa de aquel sapientísimo artífice.

Por otra parte, los animales no necesitan una razón que sería para ellos superflua, pues por virtud del impulso mismo de su naturaleza se dirigen ya hacia el bien que les es propio; y en vez de una inteligencia racional se les ha infundido cierta natural habilidad para defenderse y conservarse. Ello es más que suficiente para que algunos, admirando tal facultad, la hayan llamado razón, como se ve en la abeja, que construye sus panales y fabrica la miel; en la hormiga, que se aprovisiona de comida; en la araña, que teje su red, y en el perro, que descubre la caza; asimismo el caballo, el mono, el elefante, en muchos de cuyos actos vemos algo semejante a la inteligencia humana. Si hay quien a esto llama razón por tratarse de cosas tan grandes y admirables, no habrá dificultad en afirmar que de la razón provienen cosas tan maravillosas, formadas por la naturaleza. Proceden ciertamente de la razón, no del objeto natural, sino de la naturaleza misma, esto es, de Dios, su autor. Nada, en efecto, puede ser grande sin la razón; aunque el nombre de ésta corresponda a la sabiduría divina. De tal modo, podrá creerse dotadas de razón hasta las hierbas y todos los vegetales, la mayor parte de las piedras, muchas clases de aguas y otros seres cuyas admirables acciones presenciamos.

Otra gran prueba de que son irracionales y dotados de almas mortales es que carecen de toda clase de religión, pues el resultado y la fuente a la vez de la piedad no está puesto en esta vida perecedera; luego están en la otra que ha de seguirla. Y nuestra razón no se nos ha concedido para cosas tan viles y momentáneas como son las en que se ocupa la vida humana —y no digamos aquellas en que se emplea la vida de los brutos—, sino para que conozcamos, honremos y amemos a Dios, fin el más alto y digno de la razón, que es a su vez la más excelente de todas las facultades.

En eso consiste la religión de que están en absoluto privados los brutos; como al contrario, tampoco hay hombre que no tenga alguna. Y de igual suerte que a la piedra no se ha destinado la vida del árbol, porque es suficiente para ella su naturaleza ruda e inmóvil siempre en un mismo sitio, tampoco a los árboles el sentido ni la fantasía, las cuales ninguna falta les hacen para vivir, así no se ha concedido razón al bruto por ser muy suficiente la facultad estimativa, unida a la imaginación, para su vida y su sustancia.

Esa carencia de razón se manifiesta también en que no tienen el don de la palabra; si tuvieran tal interior guía racional, nada les faltaría para hablar. Y no es porque el lenguaje constituya una diferencia esencial entre el hombre y el bruto, según la opinión de algunos que no pensaron bastante en qué consiste la esencia de uno y otro, sino que aquélla nace, como el arroyo de la fuente, de la otra, a saber de la razón. Cierto que entre los animales se distinguen también unos de otros en habilidad, agudeza y prudencia; mas estas cualidades no son genuinas sino únicamente semejantes a las nuestras. Igualmente se ha observado que ciertas plantas realizan actos por los cuales pudiera creerse que están dotadas de sentido, y lo mismo alguna clase de piedras; sin embargo, eso no representa más que una ficción de vida, pues se sabe que ni los vegetales tienen sentido de ningún género, ni vida las piedras, sobre todo las cortadas; son sombras, no cuerpos verdaderos. Y así como todos los hombres hemos recibido la facultad de la razón, y a pesar de eso hay entre nosotros grandes diferencias con respecto a ella, así todos los animales tomaron la enseñanza de la naturaleza, aunque sin la razón, por más que unos han obtenido tal enseñanza con mayor pureza o más extensión, siendo, no obstante, irracionales todos ellos.

Así lo dejó establecido el Autor omnipotente de todas las cosas para que se fuese subiendo como por una serie de grados, desde lo más ínfimo hasta lo supremo, según expusimos en la Filosofía primera. Pero se debe entender que en ellos no interviene la obra de la razón, según ya observó San Gregorio Niseno, porque los actos de los irracionales se verifican por especies, sin variar con multitud de matices desemejantes, sino en más o en menos, hasta el punto de que si algún animal obra un poco diversamente de los restantes de la misma familia, se le clasifica en seguida en otra especie.

A esto se agrega que el hombre se eleva mediante la razón sobre los sentidos y la fantasía, que se afirma aun dentro de las tinieblas como aquel que se halla encerrado, en una habitación, aunque nada perciba con sus sentidos sino lo que está en ella, comprende que existen fuera muchas cosas. El bruto se produce en igual forma que un niño, el cual, mirando a través de un cristal azul o encarnado cree que es de ese color cuanto ve, por ignorar la causa de tal fenómeno.

Ahora pasemos a otras cuestiones; pues la presente parece ya bastante explicada.

Es grande la diversidad de discursos conforme son igualmente muy variados los caracteres en los hombres, en parte por su misma constitución natural, en parte también por la enseñanza que reciben, sus hábitos y otras causas, de que más adelante trataremos. Para decirlo en pocas palabras, hay un cierto discurso «agudo», acerca de alguna materia, que penetra hasta lo íntimo de ella; otro es «sagaz» para partir de conjeturas leves, o que halla dispersadas a lo lejos, y que llega, sin embargo, adonde se propone; cuál es «extenso», que abarca muchos objetos, como el de muchas personas dotadas de tal amplitud de entendimiento que ven de una sola mirada cuanto hay en su derredor referente al asunto. A éstos acompaña asimismo una fantasía expeditísima, un abundante tesoro reunido por la memoria, reflexión fácil, recuerdo íntegro y fresco; mientras que una fantasía lenta, o memoria cerrada, o reflexión interrumpida, o un recuerdo débil producen un discurso tardo y desdichado, como sucede en los niños, en los enfermos y en quien está conmovido o afectado de una gran tristeza.

Hay en la inteligencia una primera y simplicísima mirada de las cosas que vemos u oímos; hay otra por la cual entrevemos a distancia el lugar a que corresponde cada una; ésta es la que se dirige por discurso de la razón a las cosas desconocidas, o por costumbre en las conocidas, y es la que tienen los perros, caballos y elefantes cuando perciben algo por la práctica o por nuestra enseñanza.

El fin del discurso es el hallazgo, la conclusión y recogida del objeto. Cuando no alcanzamos lo que buscamos es por lo mismo que pierde el perro la caza que persigue, o porque es el discurso tardo por naturaleza y el objeto está situado lejos, de manera que no tiene bastantes fuerzas para llegar hasta él, o por ser débil de voluntad, como cuando no tiene ganas de atender o camina por donde no conviene. Así sucede a quienes no conocen el camino que deben seguir, ya por pobreza u oscuridad de su entendimiento, ya por alguna perturbación temporal, como pasa en una pasión excitada, o cuando se presentan diversos pensamientos que se estorban unos a otros, o también cuando se pasa como volando sobre cualquier objeto; por ejemplo, las personas demasiado perspicaces y aquellas que tienen una fantasía excesivamente rápida. Estas, en efecto, marchan más allá del sitio en que está el objeto; y dejando a su espalda la que conviene, se fijan en cosas que para nada son necesarias: necedades, absurdos, demencias, en una palabra, en asuntos los más ajenos de lo que hace al caso.

Así, pues, conviene después del discurso, de la fantasía y de la investigación, detenerse inmediatamente en la memoria, a fin de que el entendimiento aprenda con tranquilidad aquello que ha obtenido, para no dejarse llevar de aquel velocísimo impulso que le llama a otro objeto.

Capítulo V. El juicio

El juicio es una censura, es decir, la aprobación o desaprobación de la razón, o sea el discurso y sus conclusiones, cosa que está en la mente como cierta regla y norma, o como el fiel en la balanza. Por eso, mientras la razón se halla actuando, el juicio descansa; cuando ha terminado aquélla su función surge la censura, y juzga primero acerca de la concesión, luego del discurso, y si aprueba éste, no puede ya rechazar la conclusión. Mas si ésta parece absurda y contraria a la sentencia anteriormente recibida y afirmada, el juicio queda en suspenso y sospecha que es falso; pero si no hay motivo alguno de falacia, pasa a otro distinto parecer bajo impulso de la argumentación; siendo ésta la mayor fuerza, o mejor dicho la única, caso de presentarse como verosímil, que se puede imponer al entendimiento, inaccesible a todas las demás imposiciones.

Cuando estima que el discurso no está bien y no marcha por donde debe, el juicio se detiene y se domina sin inclinarse a ningún lado, cosa que a menudo ocurre al sabio por la gran variedad y las dificultades que se ofrecen con toda probabilidad, las cuales antes bien se presentan al pensamiento de una persona docta y cuerda que al del tosco e inepto. Así anduvo acertado el autor de la máxima: «Es juez necio el que precipita la sentencia», porque atiende a pocas circunstancias. Así como la razón emplea fórmulas dialécticas que se refieren a la probabilidad, el juicio se sirve de los referentes a la argumentación; y en ellas se engaña muchas veces a causa de las tinieblas de nuestro entendimiento porque, creyendo que hace bien un raciocinio, resulta que está mal; por eso los indoctos y los de temperamento muy ardiente definen y resuelven con temeridad precipitada; y no pocas veces también después de un discurso recto y acabado se interpone una especie de niebla a la conclusión y juicio de un objeto, que produce alucinación y hace tomar una cosa por otra. Esto sucede mucho a los biliosos, aun siendo expertos y sabios, tanto más cuando se hallan afectados de miedo, de ira o de vergüenza; por lo cual ésos discurren mejor por escrito que de palabra. Los hay también que raciocinan discretamente consigo mismos; pero son al mismo tiempo bastante blandos y movedizos para dejarse arrastrar de otros, bien por afecto, bien porque confían poco en sí propios.

Es un juicio recto y sano el que examina debidamente de qué se origina una cosa, qué es propio de cada una de ellas, qué ajeno y contrario, qué congruente y adecuado. No hay cualidad más alta para la enseñanza y para todas las artes, y en último término para la vida entera, y solo por ella se diferencian los entendimientos más altos y excelentes de los ínfimos o mediocres; no por la práctica, el conocimiento de muchas y variadas cosas, ni por la agudeza ni la erudición y la ciencia de las doctrinas y artes.

La verdad es correspondiente a la inteligencia como el bien a la voluntad, al paso que la mentira es su extraña y enemiga, como el mal de la voluntad; también hay cosas convenientes para unos sentidos y otras que no lo son. Si el juicio estima que su conclusión es verdadera, a ella se adhiere y la abraza como congruente consigo. Esta adhesión se llama asentimiento, u opinión y apreciación; si estima que es falsa, la rechaza y es el disenso. El asentimiento firme se llama fe, como Cicerón concluye en sus Particiones, diciendo que es una opinión firme; hay otro débil que es la sospecha, cuando algo es neutral, y no se inclina al mal ni al bien, ocupando un lugar intermedio entre el asenso y el disenso. Hay la duda o ambigüedad, la credulidad e incredulidad, que más bien que un acto significan un hábito de la mente. Son crédulos los que desean, los que temen, los sencillos, dulces, benévolos; son incrédulos aquellos que no alcanzan o no comprenden las razones y las causas de alguna cosa, los que tienen razones contrarias que las sujetan de varias maneras, los que no quieren, los que desean inmoderadamente al ver que las cosas no son o suceden de un modo dado. Hay algunos espíritus perversos naturalmente y malévolos: dispuestos a una incredulidad absoluta, rehúsan toda adhesión y conformidad a otros espíritus y nada quieren creer sino lo que ellos inventan o proponen.

Es la suspicacia un hábito del alma que se inclina a la parte peor; son así los envidiosos, avaros, ambiciosos, malignos, malévolos; quienes han sufrido muchos males, perjuicios y engaños, como los viejos, y aquellos que han intervenido en negocios fraudulentos o tratado con gentes taimadas o falsas. Nace la sospecha cuando, teniendo algunas conjeturas, creemos que son ligeros y no suficientes para determinarnos; como también al contrario, cuando no existe conjetura alguna, o son tales que juzgamos tienen más fuerza que las contrarias. El asentimiento se produce más fácilmente por la seguridad que con el cuidado y la solicitud, pues convencemos más pronto a quien nada teme y que por lo mismo no se precave. Por eso damos crédito con su mayor facilidad una fábula que oímos contar sencillamente que a razonamientos dispuestos previamente para controversia en un certamen, y por eso mismo, para inspirar confianza al vulgo, es más útil la retórica que la dialéctica, según ya dejamos demostrado en otro lugar.

Capítulo VI. Del ingenio

Al poder o fuerza general de nuestro entendimiento se ha llamado «ingenio», porque se expresa y manifiesta por ministerio de sus instrumentos. Se halla en nuestro cuerpo la inteligencia como aquel que encerrado en una habitación no tiene otra abertura para mirar afuera que una ventana de cristal, ni puede ver sino lo que éste permite: si está limpio, verá con mayor claridad; si cubierto de polvo y moho, confusamente. Está del mismo modo que el sabio en casa del necio, llevado como en angarillas por los sentidos; y semejante al encerrado en una habitación, sabe que hay un cristal que le impide percibir las cosas con absoluta distinción y claridad. Pues así está en el cuerpo nuestro espíritu, que aunque conducido por los sentidos, corrige a su vez a éstos.

Refutando San Jerónimo a Joviniano emplea, para explicar la relación de nuestra inteligencia con los sentidos, el símil de uno que va a caballo; a pesar de llevar éste al jinete, es sin embargo gobernado por él. Y la diferencia entre el hombre y el animal es que aquél remedia la imbecilidad de los sentidos, sus frecuentes errores y engaños mediante la razón, mientras que el segundo, privado de ella, nada entiende de tal corrección. Está nuestra inteligencia separada de la materia de suerte que se eleva sobre ésta y sobre todo cuanto a ella y a la imaginación pertenece; si bien nada puede hacer mientras se trate de cosas concretas y corporales, sin el instrumento material, según antes dijimos. Esta es la causa de que sus actos se retarden muchas veces, siempre que se manifiesta poco dócil el instrumento de aquella facultad; y la inteligencia, por su parte, gustaría ocuparse en pensamientos selectos y excelentes, pero a menudo se lo impiden sus órganos, que la llevan a pesar suyo desde aquellas excelsas contemplaciones a conceptos jocosos, a tonterías y asuntos totalmente ligeros, a los cuales se prestan como instrumentos fáciles de manejar.

Los órganos de la función racional son ciertas emanaciones finísimas y en extremo luminosas del cerebro que hacia él exhala la sangre del corazón; constituyen los órganos interiores de todos los conocimientos; y cuando se evaporan con frialdad cerca del corazón por una sangre también fría, resultan débiles y lánguidos los actos mentales; de ahí resultan hombres obtusos y torpes, como ya quiso expresar Virgilio en sus Geórgicas:[2]

«Sin has ne possim naturae tangere partes,
Frigidus obstiterit circum praecordia sanguis.»

En cambio, si aquellas exhalaciones son cálidas, también los actos resultan prontos y vigorosos.

De aquí dimana que el estado y hábito del corazón influya no poco en el pensamiento y la inteligencia; por eso se llama a los hombres «cuerdos», o al contrario «no cuerdos» o insensatos; y a Publio Nasica, que era sumamente

---

2   Libro 2, verso 483.

sabio, se le puso el sobrenombre de (corazoncito). A veces hasta se ha tomado el corazón por la inteligencia misma, y así leemos en las Sagradas Escrituras: «Del corazón provienen los pensamientos; a Dios se le llama con el nombre especial de «observador de los corazones»; y en ese órgano reside la fuente y origen de todas las acciones del alma.

Mas la función central reside en la cabeza. No entenderá la mente, no experimentará ira, temor, tristeza o vergüenza sin que antes lleguen al cerebro aquellos efluvios procedentes del corazón; prueba de ello es que por mucha sangre que hierva cerca de él no produce perturbación alguna del alma, como sucede en los varones animosos y moderados, en cuyas entrañas hierve la sangre, y con todo no dan señales de estar encolerizados por no haberse recalentado su cerebro. La sangre y los efluvios siguen la índole y la fuerza de las cuatro cualidades principales, según aquella que domine en la mezcla: la pituita engendra humedades crasas y funciones lentas del entendimiento; la bilis amarilla, súbitas y rapidísimas; la sangre, moderadas. En los insanos y furiosos se enardecen todos los líquidos; en los estúpidos se enfrían y condensan; por eso unos y otros son fuertes corporalmente y robustos: los furiosos, prontos para obrar, a causa del hervor que prevalece en la sangre; los pacatos, dispuestos a sufrir, por motivo del frío que es propio de la paciencia constante.

Debidamente atemperados el calor y las humedades, contribuyen a formar un ingenio agudo y sano; la bilis negra contiene los pensamientos que la amarilla revuelve y hace vagar caprichosamente, a fin de que se encaminen a su objeto; sin perjuicio de que esa misma bilis, o sea la materia densa, cuando se inflama, asume más fuego y calor, así es que no anda revoloteando por la superficie de las cosas como la llama sobre la estopa o las pajas, sino que penetra hasta lo íntimo y profundo de ellas.

Auméntase la melancolía con la agitación de los pensamientos o de los afectos cálidos, por lo cual conviene que esté mezclada con otros humores, principalmente con la bilis amarilla, que sirve como de freno para evitar que aquélla, movediza por su índole y naturaleza, se precipite adonde no debe; y dejando sola a la bilis negra, por la desecación de todas las humedades, invade tumultuosamente el cerebro, condensa y oscurece los espíritus, de donde provienen los furiosos y maníacos. Luego se rechupa el cuerpo y se debilita, como pasa también en todo pensamiento vehemente, y es fuerza mental, a causa de que con aquella acción del cerebro y de los efluvios, por obra admirable de la naturaleza, sube el calor desde el estómago y órganos vitales a la cabeza como auxilio para el sitio donde principalmente se trabaja. De ello resulta la crudeza y abundancia de los humores nocivos, la debilidad de los nervios y, en último término, la decadencia y malestar de todo el cuerpo.

Mas si está mezclada la bilis negra con los efluvios sutiles y claros, engendra habilidad en la razón; en el juicio, la prudencia y la sabiduría. Tales ingenios profundizan, construyen y descubren muchas cosas con gran lucidez; y a ello se refiere la frase de Platón, tomada de Demócrito Arderita: «No hay ingenio excelente sin manía», esto es, sin el furor que es efecto de la bilis negra; y se parece al del vino, en que produce sus resultados según el cuerpo a que se aplica, como ya explicó Aristóteles circunstanciadamente en sus *Problemas*.

Son, pues, todos ellos instrumentos de la inteligencia; y así como un artífice cuando dispone y prepara sus instrumentos no puede ocuparse en su obra, la facultad racional, ocupada completamente al principio, durante la infancia en sus líquidos y efluvios, no puede aplicarse a sus funciones, porque hay tanta mezcla y confusión de cosas en aquella adaptación, que hasta la razón misma se confunde y se ve abrumada para realizar su cometido, como habiéndose perturbado alguno de sus centros. Además, aquel movimiento y agitación de la materia no deja que se impriman en la fantasía las imágenes de los objetos: y de igual modo que en la infancia no emplea la razón sus órganos por no estar aptos todavía, lo mismo sucede en la senectud decrépita, porque ya cesaron de serio, deteriorados y corrompidos por el uso excesivo.

Nace de tales humedades y efluvios, no solo tanta variedad y diversidad como hay de ingenios, sino aun tal oposición como la que existe en el semblante humano, materia de que ya traté en la obra *De tradendis disciplinis*. Unos tienen energías de ingenio capaces de producir trabajo con constancia; tales son los melancólicos o flemáticos, a lo cual también contribuyen condiciones análogas de lugar y de tiempo, v. gr., cuando la frialdad no ha debilitado por completo la fuerza del calor, ni la oscuridad amenguado la luz; por eso son aquéllos a propósito para las artes manuales, en que es preciso experimentar con paciencia y no desesperarse porque se frustre la labor, arrojándola lejos con enfado; otros tienen pocas fuerzas y débiles, no pueden permanecer largo tiempo trabajando, como los biliosos y calientes de sangre, los habitantes de países cálidos y algunos durante el verano; ésos se distinguen por el primer impulso, no por la constancia; otros rehúsan poner atención en el trabajo, a causa de su cuerpo pesado y grueso, quienes, por falta de costumbre o de ejercicio, algunos no toleran que se les obligue, ni son capaces de ejecutar cosa alguna por mandato ajeno, sino que, libres de suyo y sujetos solo a la inclinación de su espíritu, emprenden fácilmente por sí mismos grandes obras y no hacen lo más pequeño por imposición extraña. Los hay que avanzan rápidamente, mas no mucho trecho, cambiando en extremo durante la marcha respecto de como eran al principio; otros caminan lentamente y llegan lejos; muchos necesitan descansar a menudo y tomar nuevos alientos; por eso los que se cansan pronto y sienten como una oscuridad que se extiende por el entendimiento, quitándole su vigor, conviene que empiecen siempre con el ánimo fresco; así los vergonzosos, timoratos e iracundos; asimismo cualquier pasión movida del alma ofusca el ingenio como una niebla. Hay en cambio quienes no se perturban, constantes de suyo, a cuya mente viene en seguida cuanto es preciso, tanto para interpretar como para responder; todo parece que se les presenta a la mano, y de ellos puede decirse lo que Augusto de Vinicio: «tienen el ingenio al contado.»

Algunos son muy perspicaces para una cosa y se confunden como agobiados por la abundancia cuando se presentan muchas; otros se dirigen rectamente al núcleo de un objeto y le examinan con gran agudeza y sutilidad, pero no miran lo que tiene alrededor, a la izquierda o a la derecha; éstos, aun siendo despejados, carecen de prudencia y de juicio.

Ciertos ingenios cambian para mejorar, como los coléricos cuando se apaciguan; otros, para empeorar, como los flemáticos, en los cuales se extingue el calor por predominio de su humedad fría; por eso se embrutecen los que parecían de mucha cordura en el primer período de su vida; cámbiase también durante el curso de su temperamento, e igualmente por las circunstancias, de localidad, régimen alimenticio, de ocupación o por ociosidad. Hay quien sufre frecuentes cambios, como los ingenios inconstantes; otros lentamente y a grandes intervalos, en el tránsito de una edad a otra, en la juventud, en la vejez, tras una enfermedad grave. Aquellos que tienen efluvios sumamente tenues les conviene engrosar mudando de sitio o de régimen; por lo cual ya dijimos que era útil a los biliosos y sanguíneos la melancolía. Lo admirable es que haya ingenios adecuados para todo, además de para una cosa sola, como aquel personaje de Horacio, bien conocido en Argos:

«Qui se credebat miros audire tragaedos:
celera qui vitae servaret munia.»[3]

Respecto de la materia, también es grande la variedad; aquellos cuyo ingenio penetra hasta lo profundo de las cosas, tienen gran valor para los asuntos de mucha gravedad e importancia; los que se los que se mueven como revoloteando por la superficie, son gentes sutiles, decidoras y sofistas sin solidez alguna; se fijan en ciertas minucias que no eran precisas para nada, y que otros desdeñan con razón; tienen el filo del escalpelo, no el del sable, y cortan fácilmente un cabello; pero se embotan al tropezar cualquier objeto duro. Unos se distinguen por sus estudios; otros, por la prudencia en la práctica de los asuntos; quiénes, en las artes manuales: entre los primeros son unos poetas por naturaleza, otros aptos para aprender idiomas, aunque refractarios —y poco felices para las demás enseñanzas—. Se ve que algunos han nacido y están como formados para hablar; encantan con su lenguaje sencillo, carente de toda retórica; se expresan muy artísticamente, sin emplear artificios; otros tienen aptitud propia para las matemáticas, éstos para la medicina, aquéllos para el derecho civil, algunos para investigar los misterios: «Tal es la distribución de los dones de Dios, y nadie puede alabarse de haberlos alcanzado todos, como tampoco quejarse de no haber recibido ninguno.»

---

3   Epist., lib. 2. Epist. 2 versibus 229 et 231, et seq.

Capítulo VII. Del lenguaje

Acertadamente llamó Demócrito al lenguaje «el arroyo de la razón»; para los griegos la voz λογοσ significaba a la vez lenguaje y razón. Opino que, no solo debe entenderse con ese nombre aquello que expresamos verbalmente, sino también lo que se escribe, porque el lenguaje fluye como de una fuente de la inteligencia entera: las simples palabras, de la inteligencia simple; las compuestas, de la fantasía; las adecuadas y conexas, de la razón que une y separa; y el lenguaje total, de la razón que discurre y del juicio que acomoda las cláusulas. Por eso debe advertirse que aquellos en quienes la razón domina poco, como los niños y los fatuos, expresan todas sus ideas con palabras simples e inconexas, vicio que se observa igualmente en los idiomas rudimentarios.

Aun cuando las palabras provengan del alma, no están allí compuestas como se componen al exterior; muchas cosas simples se expresan en composición; y otras que se hallaban expresadas afuera simplemente no las recibe así el alma, sino que añade a ellas algo que la fantasía acumula y pinta con rapidez.

Faltan palabras a muchas personas; necesitan un largo rodeo para expresarse las que son torpes, tienen fantasía cohibida y el recuerdo lento y débil, por lo cual explican con dificultad lo que sienten. Los que poseen razón y juicio prontos, aunque sin eficacia, podrán ser locuaces, pero de ningún modo elocuentes. Entiendo por elocuencia la expresión cabal de cuanto ha concebido la mente, por medio de palabras adecuadas; esto consiste en el conocimiento perfecto de la lengua, cualquiera que sea, en la conexión congruente del lenguaje y en los raciocinios empleados; lo cual supone un juicio agudo en extremo, y a la vez sólido y circunspecto. Así dijo Cicerón de Lucio Catilina: «hombre de bastante elocuencia y de poca sabiduría.»

Muchos hay que tienen facundia para narrar y son notoriamente principiantes en cuanto a los argumentos, como también al contrario. A menudo los tardos y escasos de palabra manifiestan gran ingenio porque piensan lo que van a decir y se enteran de las circunstancias presentes de lugar, tiempo, personas y otras análogas; mientras que los listos y versátiles, como nada tienen que desarrollar en su pensamiento, son de extraordinaria verbosidad; sueltan cuanto y como les viene a la boca sin que la razón ponga freno alguno en su pensar desordenado.

A veces también ingenios excelentes y clarísimos, con aptitud para penetrar perspicazmente en lo íntimo de las cosas y con una amplia complexión de pensamiento que abarca muchos y graves asuntos, resultan como infantiles por no hallar palabras adecuadas para expresar tantos objetos. En cambio, aquellos que hablan de las cosas que les son usuales en la vida, hallan palabras y giros fáciles y abundantes para expresarse. El lenguaje necesita a su vez de enseñanza y ejercicio; por eso no es extraño que personas despejadas y de muchos y extensos estudios, en ocasiones parezcan niños que apenas han aprendido, o han ejercitado poco su idioma.

La memoria ayuda muchísimo a la facultad de hablar; los que la tienen aprenden fácilmente las lenguas y se expresan con expedición como quien dispone de un depósito que facilita benévolamente cuanto sea necesario. Por eso se ha incluido con razón el conocimiento de los idiomas entre los ejemplos de personas de mucha memoria, como Cleopatra de Egipto, Mitrídates del Ponto y Temístocles de Atenas.

Todos entendemos mejor que hablamos una lengua cualquiera, porque al hablar buscamos para expresarnos medios que a menudo se nos ocultan y no aparecen a pesar de nuestras pesquisas; y para entender nos basta con que conozcamos lo que se nos presenta; trabajo más fácil que el anterior.

Hasta hay quien no entiende al oír cosas que él sabe decir: y es que cuando hablan, buscan y forman tranquilamente los vocablos, mientras que cuando oyen, el lenguaje avanza con más rapidez que su atención, haciendo confundir el entendimiento. Pertenecen principalmente a este número los que han aprendido una lengua por la lectura más bien que de viva voz.

Más extraño aún es que algunos desconocen en la lectura aquello mismo que saben decir y que entienden cuando lo oyen a otros. Consiste eso en que leen con atención débil, y en que ésta adquiere calor y excitación cuando hablamos o escuchamos; al pasar a la lectura se amortigua aquélla y se entorpece la inteligencia.

Hay quienes hablan mejor que escriben, como decía Cicerón de Galba, circunstancia que atribuye a personas que, aunque de ingenio, son poco doctas, y que pasado el calor del hablar, no teniendo en su auxilio el arte, se hallan incapaces de escribir. Los doctos, en cambio, tienen habilidad a falta de ardor interno; mas ella no sirve a su vez de mucho cuando decae el vigor del ingenio, como sucede a la persona instruida en estado de fatiga, de enfermedad o de perturbación. Otros, habiendo aprendido algo de los doctos, no saben bien por qué se dice cada cosa, y puestos a escribir, queriendo expresarse con mayor corrección y pulimento, se desvían del sentido recto de las palabras yendo a parar a un lenguaje defectuoso e indocto.

Como el lenguaje nace de la razón, es tan natural como ésta en el hombre; pues dondequiera que está el manantial, allí está también el arroyo que forma. Mas no existe un lenguaje fijo por naturaleza; todos son artificiales, por lo cual hay diversas lenguas, cuyo estudio corresponde a otro lugar.

Todo lenguaje consta o de palabras escritas o de voces pronunciadas, nombre que también se aplica a la escritura. La voz es un sonido como todos, pero más adecuado y peculiar, que el animal emite por su boca para significar alguna cosa. El sonido articulado y distinto es solamente propio del hombre, y a imitación suya decimos que también producen voces las avecillas y los instrumentos músicos; mas esos sonidos se emiten sin criterio ni inteligencia. En el hombre son las voces signos del alma entera, de la fantasía, de los afectos, de la inteligencia y de la voluntad; en los animales, lo son únicamente de sus instintos, lo mismo que sucede en nosotros con ciertos vocablos deformados, que los gramáticos llaman interjecciones. Cosa admirable es que una tal diversidad de sonidos de la voz humana pueda abarcarse en tan pocas letras, de las cuales se ha formado tanta variedad y abundancia de palabras, de clases de lenguaje y de idiomas.

Capítulo VIII. De la manera de aprender

Entiéndese por doctrina o enseñanza «la transmisión de aquello que uno conoce a quien no lo conoce»; y por disciplina, «la recepción de lo transmitido»; solo que la mente de quien recibe se llena, y la del que transmite no se agota, antes bien, aumenta la erudición cuando se comunica, como crece el fuego con el movimiento y la agitación. En efecto: excitado el ingenio y discurriendo por los objetos referentes al asunto del momento, acaba por hallar y formar otros; así, aquello que no ocurre a quien está en quietud, viene a las mentes del que enseña o diserta, a causa del calor, que decimos aguza el vigor del ingenio; por lo cual nada hay tan conducente para obtener una gran erudición como el enseñar.

Es la disciplina de dos clases: una, la colocación en nuestra alma de cualquier cualidad, como al transmitirse un idioma nuevo, según ocurre en los inventos humanos; otra, el sacar al entendimiento de la potestad al acto, como sucede en las ciencias y artes, cuya materia es natural, pues, según queda dicho, las semillas de todas ellas están infundidas naturalmente en nuestra mente, como las de las plantas en la tierra; de tal suerte, que quien enseña no hace cosa distinta de lo que el Sol al sacar los gérmenes de las semillas, las cuales ciertamente saldrían por sí mismas; pero no tan felizmente ni tan pronto.

Enseñan los animales a sus pequeñuelos para que ejecuten con más rapidez lo que desde luego harían ellos por sí, como el ave a volar a sus polluelos, el gato a cazar los ratones, con objeto de verlos muy pronto semejantes a sí mismos, esto es, perfectos en su especie. Nosotros enseñamos a los nuestros para que hagan tal como queremos lo que nunca harían o lo harían de distinta manera; y nuestra enseñanza casi no es otra cosa que acostumbrarles a hacer alguna cosa material, como hablar, correr, mover el cuerpo o alguna de sus partes de un modo dado. En una palabra: el animal es enseñado para sus fines por magisterio de la naturaleza; nosotros necesitamos del ejercicio propio y de la advertencia ajena para sacar lo que tenemos dentro.

La marcha del aprendizaje va desde los sentidos a la imaginación, y de ésta a la mente, como pasa en la vida y en la naturaleza; así, va el proceso de lo simple a lo compuesto, de lo particular a lo general, como es de observar en los niños que, según ya dije, expresan primero las partes separadas de cada cosa, después las juntan y combinan; además, nombran las cualidades generales con un nombre particular; llaman, v. gr., a todos los artesanos como al primero que conocieron; todas las carnes son para ellos buey o vaca, si es así como oyeron decir cuando empezaba a formar las palabras. Después induce la mente lo universal de lo singular, y vuelve a su vez desde aquello a esto; por eso son los sentidos los primeros maestros, en los cuales está como encerrada la inteligencia; de ellos el principal es la vista que, según Aristóteles, es la que nos manifiesta mayor número de especies, y es autora de la investigación de la ciencia, como ya escribió Platón perfectamente. De esa vista primera vino la admiración; de ella, la observación, la investigación y el deseo de la sabiduría.

Después de obtenido el conocimiento de las cosas y de constituidas, las artes, el sentido del oído nos enseña nuevas cosas, más elevadas y con más rapidez, pues recibimos en muy poco tiempo lo que en mucho tuvo que preparar el que nos enseña. Por eso le llamó con razón Aristóteles «el sentido de la disciplina»; y los animales que carecen de él no son capaces de ella; y muy de admirar es que haya habido un sordomudo de nacimiento que aprendía las letras, como afirma bajo su palabra Rodolfo Agrícola, por haberle visto, como se consigna en sus escritos terminantemente.

Verdad es que, en los estrechos límites de nuestra mente es admirable la extensión de fuerzas que posee, y vemos cuán paternalmente obró Dios poniendo al alcance del hombre todo lo que era necesario para aprender.

Nada hay más útil que aprender muchas cosas, ni más fácil que oírlas. En ciertos hombres, su inteligencia, dispuesta y hábil por naturaleza, con pequeñísimo auxilio ajeno, se amplía y dilata maravillosamente; hácese maestro y educador propio; ni los sentidos, ni a veces una persona docta, pueden enseñarle como se enseña él mismo, y de aquí los llamados αυτομαθειζ.

Tienen en primer lugar ingenio feliz aquellos que conciben fácil y debidamente las imágenes de las cosas y de cuanto está comprendido en el espacio o el tiempo y a quienes los griegos llaman ενφαντασιωτεζ según nos dice Quintiliano. Son muy aptos para describir y narrar, por lo cual hallan fácilmente argumentos eficaces; luego los que discurren rápidamente, ya de modo natural, ya por el arte, inducen con rectitud y conjeturan hábilmente, en cuyo número están los dialécticos naturales, y principalmente aquellos que averiguan con gran ingenio el primitivo origen de una cosa; tales fueron Aristóteles y Galeno; también los que sin enseñanza alguna traen a su mente cuanto les es preciso, a los cuales coloca Hesiodo el primer grado de excelencia, como dice Tucídides que fue Temístocles.

Los ingenios grandes y más distinguidos en cualquier esfera de la disciplina y del conocimiento lo son por beneficio de la Naturaleza; van dirigidos como por impulso innato hacia lo más grande e importante y adquieren en su mente una imagen exactísima del objeto a modo de canon, al cual adaptan como a una norma cuanto ellos y los demás hacen en aquella esfera; por lo cual perciben y juzgan perspicazmente sus propias obras y las ajenas, ya erróneas, ya bien hechas.

A estas formas llama Platón ideas, o sea los modelos más verdaderos y exactos para hacer las cosas; si las ayudan la enseñanza, y práctica ajenas, no cabe decir cuánta es la magnitud y excelencia de los ingenios que las poseen, De gran auxilio sirve cultivarlos constante e intensamente; leer con atención y diligencia las obras de los que lograron tan excelso bien, pues algo nos queda de aquel asiduo roce.

Contribuye asimismo a tal rapidez y agudeza de mente la meditación y la práctica de cualquier disciplina, por las cuales crece aquélla; porque no se sabe tanto lo que recibimos por una tácita contemplación como lo que se nos transmite por el ejercicio y el uso; así, en las maneras de los actos y obras externas, en la virtud, en la música, en la elocuencia, en el arte fabril y el pictórico y demás de este género. Y el provecho en ellos es tanto más grande si se persevera en la obra sin molestia ni incomodidad del espíritu. Hay que continuar y persistir en el trabajo; lo que no sale bien por un medio, intentarlo por otro; conviene luchar con la obra, no enfadarse con ella.

En las ciencias contemplativas sirve de meditación y de ejercicio el pensamiento tácito y el pesar las cosas, lo cual nos hace penetrar más profundamente en el conocimiento del asunto que las discusiones y altercados o que más a menudo oscurecen que aguzan el juicio. Los ingenios medianos, no dotados por la naturaleza de aquellas normas, por más que se auxilien con lecciones de las grandes inteligencias, no lograrán tanto como ésta, que parecen inspiradas por grandioso numen; falta en efecto, a aquellos primeros lo que más vale, o sea el modelo para hacer perfectamente una cosa.

No basta al maestro saber bien aquello que profesa, si no puede explicarlo con soltura y no agrega a esto arte y habilidad. Con tales cualidades un discípulo dócil llegará a obtener pronto gran instrucción. Contribuye a la docilidad una atención diligente, cuando se pone el alma entera en lo que vemos y oímos, sin desviarnos en otra clase de pensamientos. Aprovechan asimismo con rapidez los que reúnen los datos individuales y reflexionan sobre ellos; además, aquellos que no se avergüenzan de aprender; por eso «los soberbios» se cierran el camino de la enseñanza con esa mala pasión. «Es la arrogancia un gran obstáculo para todo aprovechamiento» dijo Bion; e Isócrates: «Si tienes deseo de aprender, en breve serás eruditísimo.» Pertenecen igualmente a ese grupo los que creen que no han adelantado mucho con instruirse, y de ellos dice atinadamente Séneca: «Pienso que muchos hubieran podido llegar a sabios si no hubiesen creído que ya lo eran.» Es menester, sí, que se pare quien estima que nada le queda ya a que dirigirse, y si ha llegado al extremo, que descanse.

Hay quienes van por delante del que enseña; otros le siguen, toman bastante de la enseñanza y con ello se satisfacen. Tales son los que teniendo inteligencia no quieren o no saben investigar con ella, ya por ser lenta la marcha de su razón o porque no dominan el impulso de la mente, sino que divagan a capricho por doquiera. De los que van delante, lo hacen rectamente quienes disfrutan de razón y juicio; otros, en cambio, con ineptitud, por ser más bien a propósito para conjeturar.

El receptáculo y como tesoro de lo que enseñan los maestros es la memoria, donde se conserva todo lo aprendido. Sería inútil el trabajo empleado en los estudios de no haber sitio en que se contenga lo que hemos adquirido. Si todo esto se derrama es lo mismo que echar agua en un tonel agujereado, como cuenta la fábula de las hijas de Danae. La infancia es la edad más a propósito para recibir lo que se enseña, a causa de tener entonces libre y expedita la memoria, sin que la estorben otros pensamientos y cuidados que no dejan paso fácil a la enseñanza que se presenta, según sucede en la mayor edad. Además, los niños no consideran como trabajo el estar sentados, atender, leer y escribir, aprender y ejercitarse; por eso se cansan menos; mientras que a los adultos causa fatiga el considerar cuánto trabajo tienen.

Con razón llamaban los griegos παιδομαθεσ es decir, instruidos desde la infancia, a los que sabían bien alguna cosa; aunque el viejo, en vez de esta facilidad de aprender, dispone de un juicio más seguro y de un saber reunido mediante la experiencia; esto es, tiene maña en lugar de fuerza.

Otra de las obligaciones del maestro es la de enmendar y corregir, cosa no menos útil que la explicación ligera de los preceptos; mucho más si conoce por qué aprueba o desaprueba en cada caso, y si sabe enseñar y quiere explicar cuidadosamente las razones de su censura. Así podemos evitar lo que es perjudicial, marchamos por donde vemos que el maestro nos precede y guía; y si es de criterio sólido y acertado, se obtiene de la corrección más provecho que de todos los restantes ejercicios de la escuela. En efecto: la comparación de cada paso que damos con lo hecho en la época anterior y lo que hacen los demás pone de manifiesto nuestros adelantos, lo que se ha conseguido, lo que nos falta. Después se agrega a todo ello los instrumentos, que forman no pequeña parte del artífice.

Dio la naturaleza al hombre el más excelente de todos los artistas en el mundo, un instrumento externo con el cual no es comparable ningún otro, a saber, la mano; de cuya aptitud, comodidad y utilidad sería obra larga el disertar, y además ajena a este tratado. Ella hace la vez de palabra, como puede verse en los mudos y en las gentes de idioma extraño, a quienes entenderíamos difícilmente sin la gesticulación de las manos; bien es verdad que la pericia y habilidad del artífice auxilia y rige el uso de un instrumento tan apto y conveniente; hasta pudiera decirse que a él se debe la excelencia del instrumento mismo. Así lo demuestra la experiencia diaria: cuanto mayor ingenio y arte tiene una persona, tanto más bellas y perfectas obras es capaz de crear con pocos y ligeros instrumentos, aun los menos a propósito; y no es creíble, de no haberlo visto, lo que puede hacer un hombre que tiene cortada la mano derecha, con la izquierda; y hasta con los pies, si carece de manos; «llevar la comida a la boca, cortar, coser, tejer», cuando la necesidad aguija el esfuerzo mental, como sucede en los ciegos y los mudos.

Nada hay más parecido a la inteligencia que los ojos del cuerpo: así como la mente especula con auxilio de la instrucción, mira el ojo con el de la luz; y de igual modo que una luz brillantísima oscurece la vista, soportándola, sin embargo, poco a poco unos ojos fuertes, mientras que los débiles y enfermos quedan con ella como agobiados, así soportan la instrucción los grandes y sólidos ingenios; los pobres y pequeños no son capaces de ello, sino que con ella se quiebran y desploman como bajo un peso excesivo, como los ojos pierden la facultad de ver ante un resplandor vivo. Como son muy pocos los dotados de ingenio firme y sólido, en todos los oficios y artes de la vida son muchos los que progresan en sumo grado y con rapidez; al paso que son escasísimos los que se distinguen por una excelente erudición, y ésos adelantan con gran lentitud y poco vigor.

Aquel mismo ingenio de orden inferior, acostumbrado a dirigir sus esfuerzos hacia el fulgor de la ilustración, se embota de suerte que ni aun mira a la ciencia en sí, y después de convertirse a otros objetos, tampoco se halla apto y acomodado, como si estuviesen sus ojos deslumbrados por un fuerte resplandor. Hasta los mismos que han sido enseñados perfectamente y con resultado, si se trasladan de pronto a esas interioridades de la vida que parecen colocadas en un sitio oscuro, se quedan como ciegos, de igual modo que quien pasa súbitamente de un lugar con mucha luz a otro que está en las tinieblas. Hay muchos que no teniendo en cuenta esta circunstancia se admiran de que personas doctísimas no demuestren tanta aptitud para la administración pública o la particular como otras indoctas que están ejercitadas en ella.

La marcha en la instrucción es lenta; se llega a la meta despacio; en cambio, en otras ocupaciones de la vida, la mayor parte de las gentes progresan mucho en muy poco tiempo, y pasan por más despiertos y dispuestos para todas las profesiones. En realidad, los estudios para la sabiduría están en lugar arduo; oprimen y debilitan las inteligencias, hasta que una vez acostumbradas, respiran y recobran fuerzas, pues son por naturaleza fuertes y robustas. Pero las demás artes y conocimientos se hallan contenidos en muy reducidos límites, y el llegar a ellos nada tiene de difícil; por eso los indoctos manejan con toda felicidad sus negocios; mientras que la sabiduría los tiene muy apartados; y más bien no existen sus límites, y hay que andar por largo tiempo antes que adelantemos algo en tan amplia carrera.

Mas cuando un hombre instruido, ya repuesto y con los recursos alcanzados por el estudio de las ciencias consagra su atención al gobierno de la vida —siempre que sea de buena fe, cosa que pocos pueden obtener de sí mismos, por creerlo cosa de pequeña importancia— pero al fin a ello se dedica, aventaja muchísimo a todos los demás, y manifiesta evidentemente cuánta distancia hay entre la ignorancia y la cultura.

Capítulo IX. Del conocimiento o la noción

El conocimiento primero y más sencillo viene de los sentidos; de éste nacen todos los demás, unos de otros, y así crecen y se aumentan según vemos no solo en las artes y enseñanzas, sino en el curso mismo de toda la vida. De los diversos objetos, unos caen bajo nuestros sentidos, y son aquellos que están al exterior, obvios; otros se hallan ocultos. A su vez los obvios están presentes unos, otros ausentes.

Conocen las cosas presentes los sentidos; las que no lo están, la imaginación; luego viene la reflexión que investiga el interior de la mente y refleja a ésta como en sí propia para que reconozca su contenido, apreciando su cualidad y cuantidad. Por último, la razón saca de los objetos concretos y obvios los recónditos y carentes de cuerpo, de lo particular lo general; todo ello lo comunica a su entendimiento, y después a la contemplación, si está libre. Y así como los ojos corpóreos necesitan una luz exterior para ver, el ojo mental también necesita una interior para conocer y entender.

Las cosas son, o de índole mudable y temporal, o inmutables y perpetuas. Para ver estas últimas es menester una luz sobrenatural cuyo conocimiento se llama sabiduría; lo que ésta comprende de carácter pasajero y variable, como es lo que conocemos de objetos particulares, y aun de los generales, pero que no conservan constancia perenne, es lo que Marco Tulio llamó cosas opinables, y su conocimiento es la verosimilitud, u opinión, según dicen otros autores que traducen el concepto griego δοξα. Ejemplo de conceptos universales, entre otros, son: «El hijo es amado por su madre; tal enfermedad se cura con esta o la otra hierba; los que se hallan afectados de tal pasión desean o repugnan estas cosas o aquéllas; con el actual estado del cielo suceden estas cosas»; todo lo cual admite alguna excepción y variedad, por más que haya siempre una gran diferencia entre lo particular y lo general de cualquier género que sea; pues de esto último se pueden establecer reglas y preceptos de los cuales se forme algún arte o enseñanza, mientras que de las cosas particulares, como infinitas que son, y de infinita variedad, no es posible formarle, pues no es dable al ingenio humano alcanzar aquello que carece de número. Por eso aconseja Platón acertadamente detenerse cuando se descienda por las formas últimas de las cosas antes de llegar a lo indivisible. Mas volvamos ya a nuestro asunto.

Se compone el tercer grupo de aquello que en la naturaleza mudable es perpetuo y constante, como las cosas que vemos persistir siempre las mismas y de igual modo, tales como las de este mundo celeste y sublunar que son propias de un género y forma determinada. De ellas tenemos una noción infundida por la naturaleza, según antes se dijo: muchas las infiere la razón, y a ese conocimiento se llama ciencia; en segundo lugar está cierto vastísimo resplandor de la luz natural aumentado con la habilidad, la enseñanza, la meditación y el ejercicio. Entre la multitud de aquellos conocimientos primeros naturales, los más próximos a éstos, es decir, los que de ellos provienen por trámite rapidísimo y evidente, al desarrollarse sucesivamente se envuelven de pronto en tinieblas, no de parte de los objetos, sino de nuestras inteligencias, que abrumadas por la pesada carga del cuerpo, ya sufren retardo en su marcha, ya se perturban t alucinan por interposición de alguna nube. Así, pues, la formación del conocimiento y de la claridad para alcanzar la verdad consiste en nuestra mente, no en las cosas; pues hay quien se ofusca ante las más claras y se ve rodeado de tinieblas en medio de la luz meridiana, por ignorancia o por torpeza. Otros, en cambio, ven las más oscuras distintamente por voluntad de su ingenio, ya natural, ya cultivado.

Por lo mismo, cuanta más luz, más ciencia, y cuanto menos, más duda. Si no hay luz ninguna o tan poca que equivalga a no haberla, se expone la ignorancia a manera de densa oscuridad en noche nublada y sin Luna; allí falta toda ciencia, toda verosimilitud y hasta ambigüedad; luego no son éstas causa del error, sino la niebla que va mezclada con la luz; y si ésta nada alumbra cuando se interpone la sombra de un cuerpo, es imposible que la ciencia produzca ignorancia, la pericia el error ni el resplandor la oscuridad.

De igual modo que cambia la cualidad de la luz y su fuerza por interponerse una masa, de suerte que unas cosas reciben más claridad, y otras menos, así reina sorprendente variedad en la iluminación de nuestra mente por las muchas cosas que se interponen en esta vida; de suerte que los hombres infieren, juzgan y resuelven de muy distintas maneras acerca de lo que es bueno o de lo verdadero. En efecto: las condiciones diversas de constitución corporal, edad, estado de salud, robustez, costumbres y pureza, estado actual de ánimo, propias de las cualidades temporales, son producto también de las circunstancias del lugar y tiempo. Influyen asimismo los actos y exterioridades, aunque éstas varían por razón del individuo, de las costumbres, afectos del ánimo, la torpeza o viveza mental, la agudeza el embotamiento, la enseñanza, la escuela o partido tradicional, y también una persuasión anterior, los hábitos, la costumbre y autoridad ajena. De aquí proviene tan grande y tan frecuente variedad y aun oposición en lo que sentimos y afirmamos, no solo los hombres unos respecto de otros, sino hasta cada uno consigo mismo; hasta el punto de que en un momento ulterior se condena y suprime una determinación previamente adoptada y resuelta.

Capítulo X. De la reflexión

Sigue a la acción el descanso: así como es la razón una especie de escrutinio y elección de juicios, es la reflexión una inspección sosegada y firme de todo aquello que la razón ha reunido y grabado, después que el juicio lo recibió y aprobó. No hay en la reflexión raciocinio alguno; en ella son ya todos los conocimientos ciertos y demostrados; así como todo deleite nace de cierta proporción y congruencia entre el objeto y la facultad correspondiente, y nada hay más congruente con la inteligencia que la verdad, también en la reflexión existen grandes deleites para nuestra mente, y de ellos forma parte a la vez la contemplación de la verdad y del entendimiento.

Son, por su parte, las verdades sumamente gratas, por su carácter de absolutamente ciertas y depuradas, cuando se ofrecen en unión de sus orígenes y causas primeras. Mas si esto no llega a conseguirse, viene en segundo término aquello que más se acerque y más semejante sea a la verdad; nadie tiene un espíritu tan rudo e inclinado a la tierra que no se excite con estas palabras: «Le manifestaré la causa de esto»; y tan innato es por naturaleza en el hombre el deseo de conocer las causas de las cosas, que bien pudo el poeta escribir aquella frase feliz:[4]

«Qui potuit rerum cognoscere causas.»

----

4   Virgilio, *Geórgicas*, lib. 2, verso 490.

Y las inteligencias, a su vez, se complacen con la semejanza y la proposición: las más altas y eminentes, con las cosas de mayor excelencia, y siguiendo detrás las otras, según la esfera de cada una, hasta llegar a las ínfimas y más despreciables, que se ocupan en lo más vil y trivial.

Es tan grande este placer de la reflexión para los espíritus elegidos que una vez le gustaron que no es de extrañar que solo por él hayan renunciado muchos gentiles a todas las cosas humanas, aunque parezca esto increíble o absurdo a quienes jamás saborearon tales dulzuras espirituales. Por eso la contemplación más dichosa habrá de ser en el cielo, la de Dios, ser el más grande y excelente que cabe pensar, alejada toda niebla, manifestada la suma verdad, no con verosimilitud, sino con la mayor de las certidumbres, viendo y conociendo las causas de todas las cosas en el mismo autor de ellas, emancipados a la vez nuestros entendimientos de esta cárcel oscura y tenebrosa, no existiendo ya distinción alguna ni diferencia de juicios, de suerte que convengan unos con otros, o, mejor, existiendo un juicio igual para todos.

Los que trabajan tan solo para saber, permanecen en la contemplación misma reflexiva, sin buscar aplicación alguna al exterior; los que se ocupan en lo que ha de hacerse para el bien, se manifiestan fuera; y allí, aquello que tiene preceptos fijos y constantes e invariables, o muy generales, se comprende en un arte. Es, por tanto, el arte «la colección de fórmulas generales que le encaminan hacia un resultado». Pero aquello que cambia con las circunstancias o por la diversidad de asuntos —y se llamó por lo mismo πολυδασειζ—, es decir, según los lugares, tiempos, personas o relaciones análogas, es propio de la circunspección o prudencia, a la cual muchos llaman juicio; bien que en los nombres de estas cosas comete graves errores el lenguaje usual, lo que hemos lamentado repetidamente.

Capítulo XI. La voluntad

Todo conocimiento ha sido otorgado para desear el bien; el sensible para el bien sensible, el mental para el inteligible; en suma, a fin de que desee el bien una vez conocido, y al desearle le siga hasta unirse y concordar con él mientras sea esto posible. Solo así, y no de otro modo, será tal bien para el conocimiento y su contrario un mal, para que le rechace, le evite y no se adhiera a él.

La facultad que realiza este fin es, en los brutos, un apetito sensual; en el hombre, la voluntad. Es ésta, por tanto, «aquella facultad o fuerza del alma por la cual deseamos lo bueno y aborrecemos lo malo, con la razón por guía»; esta guía en los animales es la Naturaleza. Hay, pues, en la voluntad dos actos: la propensión o adopción del bien y el odio al mal. Privación de ambos fines seda cuando la voluntad inerte no se inclina a ninguna de las dos partes.

Es por sí la voluntad reina y dueña de todos sus actos, pero no tiene de suyo luz alguna, sino que va ilustrada por la inteligencia, o sea por la razón y el juicio, colocados a su lado como un consejero y guía, no para imponerse a ella y torcerla, sino para dirigirla e indicarla lo que es mejor. Por eso nada apetece o rechaza la voluntad que no haya sido previamente demostrado por la razón; y en tanto, el acto voluntario, aunque producido por la voluntad, es juzgado y aconsejado por la razón; es, por decirlo así, engendrado por ésta y dado a luz por aquélla. Así, es la razón maestra y preceptora, pero no señora de la voluntad, a quien quiso su autor hacer libre, con pleno derecho y propiedad; y aunque obedezca siempre a la razón, no está obligada a un determinado acto, sino que sigue el que mejor le parece de cuantos se ofrecen. Es, por tanto, libre la voluntad para elegir entre un acto y su omisión, puede querer o dejar de querer, pero no decidirse entre dos actos contrarios; porque como esta facultad no puede querer sino aquello que se presenta bajo alguna forma de bien, ni aborrecer más que lo que la tiene de mal, resulta que, ante una especie cualquiera de bien, puede la voluntad no quererle, pero no lo contrario, esto es aborrecerle u odiarle; y viceversa si se ofrece una especie de mal, puede no aborrecerle, pero no quererle, esto es, unirse con él y amarle.

De muchas maneras se demuestra esa libertad y poder de la voluntad. Primero, porque antes de la deliberación es libre, puesto que puede dar cuenta o no a la mente del caso en cuestión, y dentro de la deliberación misma, puede mandar que se aplace el asunto o que se suspenda total- mente y se dirija el pensamiento hacia otro objeto, del mismo modo que un príncipe puede ordenar a su Consejo delibere respecto de un asunto cualquiera o que se suspenda y aun quede suprimida toda deliberación.

Además, después de adoptada una resolución, puede la voluntad contenerse y dejar de apetecer lo que dictaminó por bueno la consulta. Esta misma corresponde a la voluntad, porque no vamos, a modo de los animales, arrastrados por un impulso fijo e inmutable de la naturaleza, sino averiguando la razón adonde hay que dirigirse y de donde desviarse, sopesando lo que hay de bueno o de malo en cada cosa.

Igualmente puede la voluntad ordenar una nueva deliberación y que en vez de conformarse con la anterior se investigue lo posible hasta hallar algo mejor y más conducente. En efecto: siendo tantos los objetos que se presentan a nosotros para elegir, aun cuando la razón demuestre con poderosos motivos que uno de aquéllos es el bueno y aconseje adoptarle, si se ofrece otro que tenga algún aspecto del bien, aun sumamente tenue, puede la voluntad inclinarse a él y abrazarle con esa sola pequeñísima sospecha, mientras rechaza al otro que posee una muy excelente forma y sustancia de bien. Para ello tiene, a la verdad, un gran asidero por el hecho de que todas las cosas humanas están entremezcladas con bienes y males, no solo de parte de nosotros mismos, que constamos de elementos tan distintos, sino también por las múltiples circunstancias referentes al alma, al cuerpo y al exterior, que hemos de tener en cuenta.

En medio de tal variedad de objetos, ninguno vendrá a deliberación en que la facultad de la razón no halle cosas buenas y malas que aconsejar o disuadir, según los diversos sitios, épocas, personas, cualidad respectiva y demás circunstancias. También sucede a menudo que la voluntad, para manifestar su soberanía, rechaza y desdeña cuanto se le presenta, así como aquel príncipe que, no queriendo parecer gobernado por otro poder alguno, desecha todas las indicaciones de los consejeros, resultando aquello que dijo el poeta en su Sátira:[5]

«Sic volo, sic jubeo: sit pro ratione libido»;

---

5   Juvenal, *Sátiras*, 6, verso 223.

bien que esto mismo no sucede sino bajo alguna forma de bien, pues nada puede apetecer ni ejecutar la voluntad sino bajo la condición de haber hallado en ello algo de bueno la razón; y aquélla aprueba este juicio para que así quede a todos patente su poder y su libertad; cosas a que, en el ejemplo del príncipe, éste da más importancia que a los consejos útiles que oye sobre un asunto. Asimismo, algunos jóvenes alardean de ser libres no obedeciendo los preceptos de nadie; antes bien desdeñan con impertinente resistencia cuanto les aconsejan prudentemente sus padres o sus maestros.

Esto en cuanto a la libertad de obrar interiormente; respecto de la externa, no es menos evidente, porque, aun después de aprobada la determinación, puede no ejecutarse, y hasta cesar de actuar, estando ya comenzada la acción, o no realizarla en las proporciones o con la presteza debidas. Nada de esto ocurre en los animales, cuya facultad natural obra siempre con la extensión y rapidez que permiten las fuerzas que se les concedieron: el que obren algunas veces más enérgica y velozmente que otras no significa que atenúen o aumenten sus esfuerzos mediante un acto voluntario, sino por virtud de estímulos provenientes unos de afuera, por circunstancias de lugar o tiempo, otros internos, por hábito corporal o afecto anímico, los cuales excitan y aguzan sus energías, aumentándolas en cantidad y vigor, como sucede al fuego cuando se le echa aceite, se sopla sobre él o se coloca debajo madera seca, pues se hace más vivo una vez que domina la resistencia del frío o de la humedad; pero siempre arde en relación con las fuerzas que tiene en el momento; lo mismo que hace o padece la bestia que va movida como por un resorte o impulso ciego.

Hasta se da igual caso entre los hombres, cuando uno ha degenerado hasta descender a la naturaleza e índole del animal, y se arrebata a ejecutar actos sin deliberación alguna. Y en cambio hay animales naturalmente dispuestos para fingir y disimular, como la zorra, el gato que acecha al ratón; precauciones que se originan del miedo a sufrir o a perder algo. En efecto: si al bruto que se lanza sobre su presa amenaza algún peligro, el ímpetu primitivo se contrarresta con otro opuesto; no es que haya deliberación, sino un obstáculo al primer movimiento, lo mismo que un dardo disparado se detiene y rechaza por el adversario, siendo, por último, el más fuerte quien arrolla consigo al que intenta resistir.

En el hombre, cuando luchan obstinadamente dos afectos contrarios, aunque en medio de aquel ardor se halle cohibida la mente, no falta del todo la deliberación; y el que resulta vencedor no triunfa sin tener alguna razón, por exigua que sea, tal, sin embargo, que parezca en el momento muy valedera para el afecto vencido, y muy digna de que uno se someta a ella. Y en esto consiste la ignorancia del pecador, que estima ser bueno al presente lo que apetece, no pensando que existe otro mejor en el mismo momento, y siendo incierto el bien futuro que espera habrá de compensar este mal de ahora.

Un gran don de Dios es la libertad de la voluntad, por la cual nos hizo hijos suyos, no siervos, y puso en nuestra mano «formarnos como quisiéramos con auxilio de su favor y gracia». De no ser así no habría diferencia alguna, en cuanto se refiere a la excelencia de la virtud, entre el hombre y las bestias, si obrase en nosotros una potencia natural tan necesaria e inevitable como en ellas. Mueven, sí, nuestra voluntad los mismos resortes que al juicio como en cierto contacto, de igual modo que cuando se tira del primer anillo de un collar se tira también del segundo y de los siguientes a causa del enlace en que están. Hay asimismo instigación de parte de las inteligencias superiores, de los ángeles buenos y malos, de Dios principalmente, único que puede obligarnos, como de quien hemos recibido no solamente la libertad, sino el ser mismo. La voluntad, cuando va impulsada por una fuerza y poder mayores, se eleva sobre su facultad por cima de su naturaleza, cosa tanto más evidente, tratándose de Dios, y realiza obras que ella misma admira después de hechas, aunque si se detiene a observar, comprende bien que ha sido conducida por una potencia superior.

No falta quien afirme estar sometida totalmente la voluntad del hombre al cielo y a los astros, por los cuales somos completamente impulsados y obligados, cuanto más guiados por sus avisos e instigaciones: tales son los astrólogos, que en esta cuestión opinan como suelen hacerlo los que se consagran en absoluto a un arte cualquiera, o que de él obtienen una gran reputación o provecho. Pretenden ellos que todas cuantas cosas existen en el mando entero vayan a parar a la ciencia que cultivan y se encierren en los límites de la misma; pero esto lo hacen, no tanto por excesivo amor a ello como por el suyo propio; creen saber y poseer aquello que es, no solo lo principal de todo el orbe, sino casi lo único.

En realidad, el cielo, como cosa inanimada, no puede mover o impulsarnos más que mediante lo que es semejante a sí mismo, es decir, por la constitución del cuerpo; ahora bien: si las facultades del cielo para actuar son naturales, dentro de una misma facultad y causa natural no pueden existir efectos contrarios; y como vemos que bajo cualquier astro que sea, la voluntad del hombre, por más que sea solicitada por esto o aquello, se aplica sin embargo a cuanto le place —cosa que pugna con la acción natural, la cual produce por necesidad algún determinado efecto, y nada hay más ajeno y distante de la necesidad que la libertad—, resulta que si en los cielos y los astros reina la necesidad, y en la voluntad humana la libertad, según queda demostrado, aparece patente que son entre sí cosas muy diversas y contrarias el cielo y la voluntad del hombre.

Hay también quienes dudan, ante la presciencia y providencia divinas, de que pueda coexistir con ellas nuestra libertad: ¿es posible que pueda nuestra voluntad libre cambiar lo que Dios ha previsto como venidero y hacerle que se engañe o mienta?

Pero reparemos que esa presciencia divina no me priva de la libertad más que la presencia de cualquiera que me esté mirando cuando ejecuto un acto. Tampoco su providencia, puesto que aquélla es la inteligencia divina que conoce todo previamente, o mejor dicho, «que sabe lo presente», porque nada hay pasado ni futuro para ella; y la providencia es la voluntad que gobierna todas las cosas con su infinita prudencia; y como esa voluntad divina quiso que fuesen libres las voluntades de los ángeles y las nuestras, debemos concluir que lo que hacemos libremente lo hacemos por ella, esto es, por su mandato y bondad.

Pudiera Dios engañarse o mentir si para él hubiese algo venidero o algo pasado, como sucede en nosotros; pero siéndole presente toda la eternidad, nadie pone en cuestión su verdad y sabiduría.

Hay en la voluntad dos actos: la aprobación y la reprobación, de los cuales salen las acciones exteriores. La aprobación, que se aplica al bien, produce la ejecución para alcanzarle; la reprobación, para el mal, produce el resurgimiento para dominarle o el retraimiento y la huida para evitarle.

Muchos aprueban mediante juicio y voluntad, sí, pero lánguida e inerte, que no trasciende fuera, y de ellos dijo Salomón: «el perezoso quiere y no quiere.» Aquí se da otro acto de voluntad que impide realizarse el primero; o sea, la dificultad de ejecución, que juzga un mal la voluntad, y la opone al bien que a ella misma había agradado. Y es para muchos un motivo de admiración pensar por qué nuestra voluntad se enardece y estimula por lo prohibido más que hacia las cosas lícitas y permitidas.

¿Es que, en la generalidad, por el hecho de no prohibirse las cosas vulgares y comunes, y sí las raras y preciosas, surge la sospecha, en cuanto una cosa se prohibe, de que es muy apetecible, y con ello se excita el deseo?

Otros se dejan llevar por la curiosidad de saber, y no dudan de que es cosa digna de conocerse cuando se dificulta su noticia: ¿será entonces que para aquellos que saben lo que es y cómo es la cosa prohibida se presenta el deseo libre con menos intensidad, como sucede al viento esparcido por la llanura, que si se halla apretado en angosturas hácese potente, coge fuerzas e ímpetu; sucediendo esto mismo en la voluntad, que si está suelta es lenta, y si forzada, se vuelve vehemente y violenta?

Las cosas que son en nosotros naturales no atienden a la voluntad; por ejemplo, el sentirse bien o mal de salud; en otras muchas, aunque también recibimos de la naturaleza su facultad respectiva, nacen los actos de la voluntad; así el poder oír, hablar, el comer, son dones de la Naturaleza; pero el oír o no oír, hablar o dejar de hablar, comer o no comer, son actos relativos a la libertad.

Si la voluntad es la soberana de los actos humanos, en su potestad está el obrar bien o mal, la virtud y el vicio, la alabanza y el vituperio, el premio y el castigo.

Capítulo XII. Del alma en general

Explicados ya del mejor modo posible los actos del alma humana, réstanos averiguar cuál es su esencia, cosa que en el fondo ignoramos; mas como formada por Dios para unirse con Él en la felicidad eterna, no es posible definirla mejor que afirmando ser de la sustancia misma divina, tan capaz de participar de la divinidad y de unirse con ella, que su conocimiento engendre el amor; y uniéndose de tal suerte que alcance la suma beatitud perpetuamente.

Podemos, pues, decir que «alma humana es el espíritu por el cual vive el cuerpo a que está unido, apto para conocer y amar a Dios, y unirse por lo mismo a él para la bienaventuranza eterna». En efecto: así como nuestra alma desciende de lo más elevado hasta lo ínfimo que es el cuerpo, en virtud del amor a ella de Dios, su autor —quien por ese descenso quiso comunicarle su felicidad, y a todas las cosas con que se conexiona—, también ella a su vez se levanta y retorna a su origen mediante el conocimiento y amor divinos. De tal modo viene de lo más alto a lo más bajo; elévase luego de esto a aquello, proceso que se manifiesta igualmente en la vida entera, pues el hombre vive al principio como una planta, después como el animal, luego ya con vida humana; cuando llega a depurarse y se levanta sobre las cosas terrenales, se convierte en ángel, y, por último, unido a Dios, hácese también un dios en cierto modo. Es así nuestra progresión ascendente de la materia a los sentidos, de los sentidos a la imaginación y a la fantasía, de ésta a la razón, a la reflexión, y últimamente al amor. La descendente se verifica del todo al contrario; y lo mismo se pervierte el alma cuando cede el juicio ante las pasiones, o la razón se somete a la fantasía, que le sucede al cuerpo si intentara andar con los pies extendidos a lo alto y la cabeza en el suelo.

El alma es una sola en cada hombre, aunque dentro de su esencia están sus diversas funciones públicas o privadas, como son para el hombre las artes o las ciencias. Si se ocupa de lleno en alguna obra, difícilmente puede emprender otra; así, cuando se halla pesarosa, no es capaz de reflexionar; cuando piensa o medita intensamente algo, cesa de ver; y si pone gran esfuerzo en entender, averiguar o admirar una cosa, no juzga, como sucede ante un objeto nuevo; pero cuando se pasa esa admiración o investigación, aparece de nuevo el juicio, según vemos ocurre al desaparecer la novedad.

Por lo mismo, las obras de los ingenios de la antigüedad que resistieron el tiempo, esto es, el juicio y críticas de muchas gentes, se prefieren con razón a las modernas, en las cuales estorba al juicio la novedad. Igualmente son de admirar aquellos que pudieron dedicarse al mismo tiempo a muchas cosas mentales, como el dictador César, y los capaces de llevar su atención desde los objetos exteriores a los pensamientos más íntimos, como cuenta

Séneca que solía él mismo hacer en el baño y en el teatro ocupándose en asuntos de interés público, y refiere también de Plotino Porfirio. Así pasa en los dolientes o enfermos; cuando el alma consigue apartar su atención de las molestias del momento, las siente menos. Todo ejercicio vehemente y sostenido del alma debilita los órganos, cosa que también sucede a todos los demás artífices; por eso observamos que se cansa la vista cuando mira con mucha fijeza, y el oído cuando escucha intensamente. Sucede esto con más razón cuando la materia en que se opera es dura e impenetrable, como al escribir en un papel áspero se embota la pluma, y el cuchillo al cortar un nudo en la madera; por eso un objeto sensible inadecuado estropea el sentido, según los peripatéticos, como difícil y excediendo de la fuerza del órgano; y lo mismo sucede en los actos de inteligencia que se fatigan y embotan con objetos arduos, como los ojos mirando al resplandor.

Como nuestra alma es acción no puede cesar en ella enteramente, a no ser por oponerse con gran esfuerzo una facultad, esto es, por algún obstáculo que se opone de parte de los órganos, v. gr, la masa que abruma el útero, el mareo en la embriaguez, los vapores contrarios en la estupefacción, impedimentos todos que como algún otro análogo son de índole violenta y opuestos a la naturaleza del espíritu, que al cesar la resistencia de la facultad vuelve en seguida a su actividad. Para ello ningún auxilio exterior necesita, sino únicamente para quitar el obstáculo; una vez desaparecido éste, en manera alguna puede el alma pararse, es preciso que piense en cualquier objeto y trabaje con él. Si alguien se empeña en que cese, como son todos los que no quieren pensar en nada absolutamente, es lo mismo que si impedir arder al fuego que ha prendido en material combustible; de lo cual resultará una de estas dos cosas: o apagarle o que su fuerza arrolle el obstáculo todavía con pujanza más violenta. Sucederá que, o bien se destruya la vida en tan extremada lucha, o en vez de reprimir un pensamiento solo, se originará un gran tumulto de pensamientos y de visiones, en una palabra, la verdadera locura.

Capítulo XIII. Del sueño

Después de la acción tratemos del descanso, esto es, del sueño, que es un reposo y cese, no ciertamente de toda el alma, sino tan solo de los sentidos.

Ese es propio de los animales, pues reparemos que todos ellos, unas veces se sirven de sus sentidos y otras cesan éstos en absoluto de funcionar, como en fiesta o vacación; este estado se llama sueño, y el anterior, vigilia.

Concedió el sueño la naturaleza porque la acción finita de los sentidos necesita algún reposo; por ser preciso el sueño a todos los animales le tienen, como benévolamente dispone la naturaleza para las cosas precisas; aunque en unos este descanso es más breve, y de mayor duración en otros.

Proviene el sueño de la evaporación del alimento, por escaparse los efluvios que rodean los nervios hasta impedir la función de los sentidos, que durante la vigilia están en libertad, y como atados en el sueño. Aquel vapor sube al cerebro, donde adquiere materia húmeda y fría, y con ella se humedece y condensa más; luego se difunde por todo el cuerpo a manera de nube. Dormido el animal se desploma, incapaz de sostenerse, pues acometidos de sopor sus nervios, cuyo origen está en el cerebro, dejan de realizar sus funciones los sentidos y miembros todos. Ya en estado de pesadez el cerebro, se verifica un rápido cambio en el ser durmiente; invade el sueño principalmente la parte anterior de la cabeza, que es la más húmeda, y por eso aparece con preferencia en los ojos, que tienen cerrados durante el sueño todos los animales, excepto la liebre y algunos hombres; en aquélla se atribuye al miedo el no cerrarlos al dormitar, y se quedan rígidos cuando ya duerme. Después aquella humedad oprime los músculos de las mejillas, y para desecharla se verifica el bostezo.

También agobia y oprime el sueño el sentido común, situado en la región anterior de la cabeza. No es, por tanto, el sueño un estado de estupefacción del animal, como pasa en el desfallecimiento del espíritu, o en una enfermedad, sino el descanso de los sentidos externos, por evaporación del alimento que cuece en el estómago, hallándose el cerebro como amarrado e impedido. En el sueño reposan tranquilamente los órganos; pero en la estupefacción o desmayo una violenta opresión invade la mente y el alma entera.

El cuerpo se restaura con el sueño, como la planta con el saludable riego; porque en la vigilia se agotan los efluvios trabajando, y durante el sueño son llamados adentro y se refrigeran; allí se verifica su concentración, y así se reparan de nuevo para la labor de la vigilia. Por eso el que duerme siente más frío exterior, y en las extremidades del cuerpo, que estando en la vigilia;

además, las cosas creadas y frías son soñolientas; las primeras de suyo, las últimas por su crasitud y densidad.

El descanso, la soledad y el silencio invitan al sueño, porque entonces reposa la bilis y se refrescan los humores; durante el sueño es más favorable la digestión a causa de recogerse el calor adentro, como sucede en invierno, y porque mientras se descansa cumple mejor que estando despierta sus funciones la facultad vegetativa del alma. El que no duerme es solicitado por la acción de los sentidos, y se fatiga; así es que entre las facultades del alma obtiene preferencia la nutritiva.

Plinio llamó con acierto al sueño: «Retirada del alma al centro de sí misma»; ya el sueño penetrando por causa del cansancio, pues los nervios fatigados ceden en seguida a la humedad del sopor, y también porque hay más frío cuando se debilita y consume el calor con los ejercicios, cosa que puede igualmente aplicarse al cansancio del alma, como en los estudios, en la tristeza, después de pasar miedo; lo cual sucede por el trabajo y flojedad consiguiente del cuerpo a consecuencia de los estados mencionados del espíritu. Si el cuerpo está seco y ardoroso no se duerme tan fácilmente, como pasa en las enfermedades; así es que los niños necesitan dormir mucho, y los viejos no tanto, aunque están llenos de humedad fría, por faltarles calor que haga hervir a ésta mediante la evaporación e irrigación.

Por eso son soñolientos los biliosos cuando tienen humedad abundante, esto es, si hay mucha evaporación por el exceso de humedad, la cual tiene debajo un fuego más fuerte; ni hay cosa que haga temperamentos biliosos como el sueño, según cuentan de Alejandro de Macedonia.

La índole de las cualidades del cuerpo tienen las de lugar y tiempo: así, en época de lluvia suele ser más largo el sueño; lo mismo en las comarcas húmedas, y también cuando participamos de un banquete abundante.

La cesación del sueño puede ocurrir por causa interior nuestra o proceder de fuera. Despertamos espontáneamente cuando se suelta el vapor como una atadura; igualmente, si se nos pincha o nos excita un dolor corporal, las molestias de cualquier enfermedad o agitación del alma, como el miedo o el deseo; pero quitan antes el sueño los afectos ardientes, como la ira, el amor y el deseo que los fríos, como son el miedo y la tristeza, pues a menudo nos dormimos rendidos por la acción de uno de estos dos últimos afectos;

y a esto se refiere aquel pasaje del Evangelio: «Habiendo llegado adonde estaban sus discípulos, los halló dormidos de tristeza.» Por su parte, el miedo también ejerce coacción con el sueño, le ataca e interrumpe con preocupaciones y cuidados. Afuera ocurren igualmente movimientos, ruidos, punzaduras, pellizcos, heridas; todo ello enrarece la densidad de las humedades; pero mientras no se desvanezca hasta cierto límite la evaporación no cesa el dormitar, esto es, la lucha del sueño con las funciones de los sentidos; no desaparece del todo aquella humedad que sube desde el estómago a la cabeza; aunque esa densidad es la que hasta cierto punto constituye el sueño, y su atenuación, la vigilia, o sea la liberación de los sentidos; alternativa que varía con la cualidad y constitución de los cuerpos, según que necesita cada uno cosas distintas.

Asimismo puede intervenir la voluntad impidiendo en algún modo, con su resistencia, que nos invada el sueño. Se ha concedido éste al animal en razón de la vigilia para que después vele diligentemente y cumpla con más prontitud y cuidado las funciones de la vida. Alguien dijo que la vida es vigilia, mientras que el sueño una especie de imagen de la muerte, como estado intermedio entre una y otra; de suerte que quien duerme no puede decirse que está muerto, ni aparenta vivir. Por eso Nuestro Señor y su Apóstol San Pablo llaman «durmientes» a los que llaman muertos los demás; pues algún día han de despertar y volver a la vida.

Capítulo XIV. De los ensueños

Dormido el cuerpo, no por eso está en sopor el alma, todas cuyas facultades internas siguen realizando sus funciones, a lo cual llamamos ensueño, o sea aquel acto interior del alma que se verifica estando el cuerpo en estado de sueño. No está conforme Aristóteles con que se llame ensueño a todo aquello que se representa al espíritu durante el descanso; prefiere el nombre de fantasmas; pero es esa una cuestión de palabras que no debe preocupar al investigador de las cosas naturales. Mucho más obvio y expedito es referir esas representaciones al orden de los ensueños.

Sueñan, en efecto, cuantos seres tienen sentido interno que pueda ver mientras se duerme las imágenes de las cosas que se han ofrecido a los sentidos durante la vigilia; así es que sueñan casi todos los animales, puesto que la fantasía no cesa de obrar. En el hombre no duerme la inteligencia, mucho menos que el alma en los brutos; antes bien, recogida en el período de sueño, inquiere, investiga, indica una porción de objetos, halla solución a cuestiones que durante la vigilia no encontraba; a veces da el descanso por la noche facundia a muchos que de día carecen de ella.

Mas como la fantasía se halla entonces emancipada de la censura de la razón, saca cosas de la memoria sin medida ni orden, por lo cual vemos en sueños tantos absurdos, necedades e incoherencias, como sucede en una enfermedad que ataque a la cabeza. Claramente manifiestan los ensueños que tenemos dentro algo, distinto del alma vegetativa y de los órganos del cuerpo, que percibe y conoce los objetos ausentes, que en cierto modo ve y oye. Nacen esas visiones de las emanaciones que al cerebro suben del corazón como desde una fuente y cuya cualidad, lo mismo que la de los vapores que de ellos surgen, acusan muy frecuentemente los ensueños, en particular aquellos que en ese proceso se presentan a la emanación ascendente, en la garganta, en el pecho o en otro sitio análogo; y cuando invaden esos hábitos durante el sueño el sentido común, no puede éste juzgar rectamente de los objetos sensibles ni de los actos de los sentidos: por lo cual, si hay algo de pituita húmeda en la garganta, soñamos cosas de agua; si de sangre, sangrientas; si de bilis negra, tristes; si de amarilla, riñas y contiendas. Así es que los médicos diagnostican con precisión la existencia de esos distintos líquidos por los sueños de los enfermos; y a veces, cuando se presentan con alternativa líquidos contrarios, nos parece haber visto cosas contrarias en un mismo sueño.

Con igual inexactitud juzga el sentido común acerca de las funciones de los sentidos corporales; por ejemplo: cuando oímos un pequeño ruido, nos figuramos que son grandes estrépitos; al sentir calor, que estamos ardiendo; si ha quedado alguna humedad en la garganta o en la tráquea, nos parece que nadamos y hasta nos sumergimos en un río profundo; no de otro modo aparecen agrandados las objetos vistos a través de niebla o de un cristal espeso. Como el cuerpo sigue el movimiento del corazón, cuando a éste le empuja hacia arriba algún vapor, soñamos que subimos, ya por escaleras, ya por una cuesta escarpada y penosa; y si aquél se desvanece y el corazón se sosiega poco a poco, creemos bajar; y si de pronto se desvanece y vuelve a su sitio el corazón con rápido movimiento, se nos antoja que caemos por un precipicio, y agarramos convulsivamente las almohadas y ropas de la cama. En cambio si está el corazón lleno de humedad excesiva y densa, experimentamos angustia y creemos soportar un enorme peso sobre el pecho; nacen a veces de estos sueños graves perjuicios para la salud, y en ocasiones hasta la muerte; otras, halla dificultad en resolverse o cambiar de sitio aquella humedad; entonces nos parece que queremos correr o subir, pero nos lo impide deteniéndonos una gran fuerza contraria.

A menudo soñamos lo que hemos hecho o presenciado durante el día; y esto sucede, o porque está fresca y libre la fantasía sin haberse distraído con otras imágenes, como pasa a los niños, o porque nos dormimos ocupados en un pensamiento, el cual se presenta inmediatamente al espíritu, que le absorbe, y eso mismo ocurre en las visiones impresas por una fuerza superior que obra en nosotros, como son los pensamientos fijos y constantes, una pasión enérgica y sostenida: el miedo, el amor, el deseo, la ira o la envidia. Es la fantasía que se apodera moralmente del sentido común y de la atención obligándole a fijarse solo en el objeto que ofrece, como se ve en los amantes y en todos aquellos que están dominados por una fuerte perturbación del alma.

Unos tienen ensueños fragmentarios y descompuestos, mientras los tienen otros plácidos y completos; quiénes temibles, quiénes agradables. Ocurren imágenes claras y como verdaderas, cuando está la sangre depurada de humedades impuras, cual sucede al amanecer ya terminada la cocción durante la noche; por lo cual los filósofos antiguos creían ser más verdadero lo que se nos aparece entonces. Podrá ser más completo y mejor compuesto y detallado, pero no más verdadero, por lo mismo que una fábula puede ser más bella y mejor arreglada que otra, sin ser verdad ninguna de ellas.

Si los vapores son más tenues y templados, va el curso del sueño con mayor integridad y continuación, por correr la fantasía más tranquilamente como reposado arroyo; pero si llevan excesivo ardor, se arrebata la fantasía y corre con exagerada rapidez tras de los fantasmas a modo de rueda velocísima. Proviene entonces una gran mezcla y confusión de tiempos y lugares; de Roma con París, de César con Pompeyo; hacemos de una misma persona rey y esclavo; juntamos y separamos las cosas más absurdas, increíbles y de toda imposibilidad; los sueños así perturbados nos acarrean grave molestia, pues tal confusión repugna, no solo a la inteligencia y al pensamiento, sino aun a la fantasía misma; por eso no queremos dormir de nuevo para no reincidir en aquellas visiones; y tal suele suceder tanto en una enfermedad o dolor corporal, como durante una gran excitación del espíritu; en una palabra, siempre que el cerebro se halla en mala disposición.

A veces vuelve el sueño sobre sí mismo, y creemos que soñamos, o se nos figura que no soñamos: eso acontece generalmente en los que están muy alegres, y temen que sea aquello una vana apariencia, o por lo contrario en los muy tristes, que prefieren sea falso lo que sueñan. Como siguen las visiones en el ensueño aquello que fantaseamos durante la vigilia, ocurre también lo contrario, como en los niños, los enfermos y los de ánimo mal dispuesto: asustados por las imágenes que ven en sueños, creen estarlas viendo después de despertar; por eso gritan, huyen y tratan de ocultarse.

El adormecimiento es un estado intermedio entre el sueño y la vigilia, cuando nos parece soñar lo que en realidad vemos u oímos, si bien débil e incompletamente, y lo mismo en los restantes sentidos; a veces creemos lo oír alguien que nos habla, o ver una vela encendida, percibir los pasos de uno que pasea por la habitación, tocar algún objeto áspero o suave. Tal sucede cuando el sentido común no es por entero presa del sopor, e igual es la causa de roncar estando dormidos; si dicho sentido se despabila un poco, percibe algo sensible, mas no teniendo libertad completa, juzga de ello inexactamente y toma el sonido que oye como si fuese de trompetas o bocinas, como un clamoreo y, finalmente, por furibundo estrépito.

Muchas veces creemos oír que nos hablan, pero sin distinguir ni entender bien la voz; otras, que leemos una carta que no comprendemos enteramente, lo cual nos molesta y disgusta por no hallar resultado a nuestros esfuerzos.

Esto consiste en que la fantasía no toma de la memoria nociones bastante fijas y expresivas, ya porque no las suministra esta facultad, o por prohibirlas aquélla con excesiva lentitud e inexactamente. También ocurre, al contrario, que pensamos percibir por los sentidos externos objetos presentes a la reflexión durante el sueño. De las visiones nocturnas, unas se imprimen en la memoria de tal modo que las recordamos fácilmente al despertar; otras con menos relieve, aunque no podemos recordar algo de ellas, y las hay, por último, tan exiguamente grabadas, que se extinguen por completo, como sucede en los enfermos y los embriagados.

Puede también ocurrir tal condensación y mezcla de vapores y espíritus, que nada soñemos, por hallarse encadenados los instrumentos del centro animal como durante un gran ataque de embriaguez, en un párvulo y aun recién nacido y hasta en el útero —cosa que muchos no admiten—. Ni faltan viajeros que cuentan, al describir lejanos países, que algunas gentes no tienen visiones de noche, y afirman no haber soñado nunca, ni creen que otros sueñan, sino que, más bien, se entretienen en inventar y contar sus sueños, como una fábula para divertirse ellos y al auditorio; y esto sucede porque las cosas presentes al espíritu durante el sueño no se fijan en la memoria hasta el punto de poderse recordar cuando despiertos, por una de dos razones: o la dureza del espíritu, que no las recibe, o la fluidez del medio, que no las retiene; así ocurre a un signo que no queda impreso en la roca ni en el agua.

Cuestión es importante y antigua la significación que puede darse a los ensueños, y preocupa especialmente a las personas meticulosas y perplejas respecto del porvenir. ¿Hay, en realidad, algo verdadero en ellos que revele lo venidero? ¿Podemos saber de antemano lo que ha de suceder por meras conjeturas de aquello que vimos durmiendo?

Mucho se ha discutido, desde bien atrás, en pro y en contra de una cuestión que ni es difícil en extremo ni es oscura. Puede interpretarse de dos modos: son los ensueños o signos o causas de las cosas presentes, pasadas y venideras, como se dice de los astros a los cuales se pregunta el destino.

Pero es indudable que no son causas, sino más bien signos de vapores de humedades, según ya se dijo, como efectos de sus causas y no de otra cosa alguna, y esto, naturalmente, puesto que todas las cosas naturales tienen su término establecido, hacia el cual tienden, ya recta, ya oblicuamente. No se ha concedido a los animales soñar para que, por este medio, se nos descubra lo que está oculto y es abstruso, sino que soñamos, porque la energía anímica, disponiendo de un órgano adecuado, no puede descansar, aun dormido el cuerpo. A veces resultan verdad los ensueños, si bien solo casualmente y como por accidente, no en virtud de una cualidad natural suya; así suele pasar cuando, aterrados por efecto de alguna pasión o, por el contrario, halagados por una esperanza, soñamos con peligros que nos amenazan o con dichas que nos aguardan. Además, cuando abriga el alma un propósito vehemente hacia un objeto solo, éste es el que aparece estando dormidos. Y un último razonamiento, que acertadamente emplea Aristóteles, es que, como soñamos todos los días tantas cosas y tan varias, no se extrañará que alguna vez acertemos lo que va a suceder, o que sucedió ya sin saberlo nosotros; así como el que a menudo hace disparos, tiene que dar en el blanco alguna vez, aunque carezca de toda pericia para el caso.

A veces la inteligencia superior infunde sueños con igual arte y fuerza con que ellos interesan a la fantasía; aquellos que proceden de lo alto, es decir de los santos espíritus, llegan a nosotros avisándonos algún beneficio público o privado, como cuentan las Sagradas Escrituras los sueños de Faraón, de Nabucodonosor y de José. Asimismo, Néstor, según Homero refiere, ordenaba que se observase y estudiase con diligencia el sueño de Agamenón, por ser caudillo del ejército griego, mientras que no creía tan necesario hacer lo mismo con los de los otros jefes.

Infunde sueños el demonio, con falaz intención acerca de cosas pecaminosas, vanas o superfluas, y es señal evidente de que procede de intento dañino al presentarnos como juguetes de esas ilusiones provocativas. En realidad, por su fin puede conocerse de dónde viene el ensueño; por más que, a veces, guiados de natural impulso y cediendo ante un afecto o convicción temeraria, le juzgamos ya celestial, ya contrario a nuestros deseos.

Capítulo XV. El hábito

De las facultades nacen los actos: por eso las tiene el alma, por don de la Naturaleza, para todo aquello que hace. Hay actos que siguen inmediatamente la índole de la potencia respectiva, como hallándose ya ésta madura y dueña de sí, y son, en tanto naturales, de igual modo que las facultades mismas, v. gr., el ver y el oír, una vez que estos sentidos están ya completos, como en el niño y en los perrillos, pasados los nueve días de su nacimiento; actos que no necesitan reflexión ni ejercicio para salir bien, sino que tienen plena madurez y vigor, como amaestrados por virtud de la naturaleza misma.

Otros actos necesitan práctica y ejercicio para producirse pronto y bien, de donde resulta la costumbre de realizarlos, en la cual se reúnen facilidad para obrar y propensión, y viene del vocablo griego εξιζ, que corresponde al «habitus», o sea la inclinación a realizar actos semejantes a aquellos de los cuales se formó. Esta costumbre no se dice solo de los actos, sino también de las pasiones que en que, en cierto modo, son actos en las facultades del animal, porque como ejercen igualmente su actividad padeciendo, aplicamos el nombre de acto a ambas cosas.

Sucede a veces que la índole del acto es natural, pero su forma, atributo o circunstancia son propias del ejercicio: así hemos recibido espontáneamente de la naturaleza el ver, oír, gustar, oler y tocar y, sin embargo, pertenece a la costumbre la facilidad de soportar formas absurdas, repugnantes, y causan miedo, o sonidos estupendos y horribles, sabores ácidos y amargos; de esa costumbre nacen la aptitud y facilidad en el artífice y la correspondiente adecuación en el instrumento: así el pintor o el artesano se hacen más prontos y hábiles con la práctica; el órgano mismo, como la mano; y hasta a veces el instrumento externo, adquiere mayor aptitud, a no deteriorarse la materia con su resistencia, como pasa al pincel, al hacha, la sierra y el cepillo. Lo propio verifica en el alma el hábito: hácese más docto, y los espíritus más dispuestos para una clase de ejercicios; aunque también a veces se deterioran con el uso inmoderado, y llegan a estropearse.

La costumbre arrastra hacia sí el espíritu al cual se adhirió, y forma la llamada propensión. Cuando un hábito se arraiga por el uso continuo adquiere casi fuerza de naturaleza, invitándonos a obrar de igual modo sin dificultad y hasta con gusto; las cosas familiares se nos hacen agradables; y esta costumbre disminuye la sensación de molestia y trabajo, no solo en cuanto a los de índole activa, sino a las pasivas también y a las que son contrarias en nuestro temperamento; así, la enfermedad misma y el dolor son más benignos por la familiaridad con que los sufrimos. De gran sabiduría es aquella máxima de que debemos elegir el mejor método de vida, porque «con la costumbre se hará llevadero», y según Platón es de gran importancia «el modo como se ha formado y acostumbrado cada uno desde la niñez».

Se ha concedido esta raigambre a nuestra alma para bien suyo, como todas las demás cualidades, a fin de suministrarla mediante el uso y el ejercicio cuanto debemos hacer que sea recto y conveniente; pues si la continuidad y el tiempo no confirmasen la facultad de poder seguir obrando en un mismo sentido con mayor libertad y expedición, de saber hacerlo con más aptitud y de quererlo con más gusto, en vano habríamos realizado todo aquel trabajo y siempre estaría nuestro espíritu rudo para emprender acciones insignes, nada haría con brillantez, puesto que no habría aprovechado cosa alguna con el tiempo. Esto por lo que se refiere a lo que hacemos voluntariamente, pues en cuanto a lo que sufrimos a pesar nuestro, bien miserable sería la condición de la vida humana si de ningún alivio sirviese la costumbre, entre tantas cosas ásperas y amargas.

Así como el hábito crece y se afianza con el tiempo, con el mismo disminuye por el desuso, por venir alguna violencia grave, ya en el interior, por un veneno, o cualquier enfermedad, ya exteriormente por una llaga o herida. Asimismo cuéntase de algunos que perdieron durante una enfermedad el conocimiento de las letras, de otros, por el golpe de una piedra o de un palo; pero entiendo que eso se refiere más al hábito del instrumento que al del artífice; pues las víctimas de aquellos accidentes, pasada la convalecencia, recobran su primitiva aptitud, lo cual no sucedería si hubiesen perdido del todo las huellas impresas por la costumbre.

Capítulo XVI. De la vejez
Suministra al alma la naturaleza, cuando se reúne al cuerpo, materia adecuada en forma de miembros; y ya dentro de él, va poco a poco acomodando a ella instrumentos suficientes para llevarla a la perfección, hasta donde la admita y conserve la cualidad y constitución de la materia. Esos instrumentos, una vez llegados a su apogeo, se deterioran con el uso y vuelven paulatinamente al estado de torpeza de la masa primitiva; por último, se estropean del todo y perecen.

La adaptación de los miembros se verifica en el útero; la de las emanaciones y humedades, en la infancia. Es la juventud como cierto estado de vigor y perfección de los órganos; la vejez, su decadencia, y la destrucción e inutilidad de los mismos, la muerte, producida por camino natural, sin violencia. Con razón se ha comparado la edad humana al día y al año: así, la infancia, es el período de la mañana y la primavera; la juventud, el mediodía y el verano; la vejez la tarde y el otoño; por último la muerte, la noche y el invierno.

Es el calor el adminículo e instrumento principal de la vida, que adquiere lentamente fuerzas y robustez para consumir el sobrante de humedad que sacó del útero el niño; de él es un indicio el sueño casi continuo propio de éste. Reducida luego la humedad a una porción que baste el calor actual para alimentarla y sostenerla sin que se agote, crece luego aquel calor, o sea la juventud en el animal; por eso los animales más calientes, si es bastante el alimento dado al calor, prolongan más su juventud. En cambio disminuye el calor cuando se va secando el jugo en el grado conveniente: así en los viejos, aunque abundan por las partes extremas los residuos de humedad que producen las secreciones, como lagañas y fluxión de ojos, mucosidades y destilaciones, son más tardas las interiores, v. gr., los nervios y medulas. En cuanto a la pituita que sale al exterior en los viejos es por haberse debilitado el calor, que a causa de su fatiga no es capaz de cocer aquellas humedades.

Por tanto, consiste la juventud en la atemperación de lo cálido y lo húmedo, mientras que cuando falta uno de estos elementos viene la vejez. Los enjutos envejecen pronto; después, los húmedos y fríos. Son rasgos de la vejez la calvicie, la canosidad, las arrugas. Proviene la primera de la sequía, cuando, agotada la humedad, pierde el pelo su raíz, lo mismo que sucede a las plantas en la arena; por eso mismo se quedan muy pronto calvos los de cabello crespo. Se produce la calvicie en la parte anterior de la cabeza, por ser menos espesa y sólida que la posterior, según afirma en los *Problemas* Afrodisio, o quienquiera que sea el autor de esa obra.

Es causa de la canosidad la pituita; y por eso empieza el pelo a encanecer en las sienes, después en el cogote y pescuezo, por ser estas partes más húmedas que el occipucio. Los niños, aunque más húmedas que los jóvenes, no encanecen, porque las canas se producen por el líquido frío, no por el que efervece por la fuerza del calor.

Son las arrugas señal más cierta de vejez que las canas y la calvicie, pues se producen al contraerse la piel por secarse aquella humedad saludable, lo cual sucede principalmente en las personas cuya constitución ha acumulado mucha bilis, ya amarilla, ya negra; aunque es más bien la última, porque aquélla, pasado tiempo, viene al fin a parar en negra, de igual modo que se inclina a ese lado cada edad según va avanzando, el otoño en el año y la tarde en el día. No solo envejecen pronto los que tienen ese temperamento natural —por ser muy contrario a la juventud— sino asimismo se hacen viejos prematuramente y se llenan de arrugas los que caen bajo la tiranía de la bilis negra, ya por enfermedad, pasión de ánimo, por efectos de localidad o ejercicio, ya por padecer cuartanas, o las angustias del miedo, odio, envidia y en particular de la tristeza; los que habitan sitios oscuros, se consagran a estudios continuos y difíciles o a una meditación intensa.

Capítulo XVII. De la longevidad

La vida es «la conservación de los instrumentos que usa el alma en el cuerpo». Es el principal de ellos el calor, y después, su alimento y conservación mediante la humedad congruente con él. Así, son los más vivaces aquellos seres vivientes que pueden conservar por más tiempo estas dos cualidades.

La razón y causa primera de la longevidad están en la constitución de cada uno, en que sea cálida y húmeda en los nervios, las medulas, los líquidos y las emanaciones. La segunda está en que tal combinación se mantenga el mayor tiempo posible. A ello contribuyen mucho los alimentos, el lugar, el sistema y forma de actos y ejercicios, pues aquellos que comen cosas muy calientes hacen enrarecerse los jugos saludables del cuerpo y evaporarse el calor hasta el punto de que, extenuado el corazón, pierda toda su fuerza, y pronto, por consecuencia, la vida misma; a menos que sea tan abundante el humor flemático que se asimile aquel régimen de vida. Asimismo los que habitan regiones calurosas no conservan fácilmente ese equilibrio de lo cálido y lo húmedo, pues se evaporan demasiado los efluvios y queda el cuerpo como desnudo, de donde se apresura la vejez y la muerte. Igualmente los habitantes de lugares húmedos y pantanosos se inficionan con muchas enfermedades de distinto género, por abundancia de pituita.

Son las enfermedades un camino abierto para la muerte, siempre que infesten los centros vitales, pues algunas no son de las que abrevian la vida. En los sitios frescos y secos se conservan los cuerpos más puros por lo mismo, más vigorosos y con mayor longevidad, pues el calor, por antítesis, se conserva en clima algo fresco, en invierno más que en verano. La sequía del cielo y del suelo dispersa las humedades pútridas; de este carácter es la vivienda en las colinas, en sitios elevados y planicies constantemente surcado de vientos frescos; allí, el aire libre limpia los cuerpos y no deja que se consuman; allí se hace también más lozano y despierto el espíritu de los animales.

También el ejercicio moderado provoca y aumenta las fuerzas, porque excita el calor y vigoriza los nervios; así es que tienen vida más larga los ocupados que los ociosos; si bien un trabajo excesivo debilita las fuerzas y quebranta el cuerpo. Los seres masculinos de todas las especies, como tienen más calor, son por naturaleza más vivaces que sus hembras; pero el uso venéreo exagerado les abrevia los años, y éstas viven más tiempo; así dijo con razón Hipócrates: «Comida, bebida, sueño, Venus, ejercicio, todo debe ser moderado.»

Los animales pequeños y de menos calor son de vida más corta que los grandes; así, por ejemplo, las abejas viven menos que los perros y las ovejas; y de éstos, los que han obtenido calor más fuerte, tienen vida más duradera; v. gr., las abejas más que las avispas; éstas más que las moscas, y éstas, que los mosquitos. Además, los animalillos de cuerpo exiguo no resisten el vigor de los elementos: calor y frío, humedad y sequía; lo mismo que las hierbas por su escaso calor y poca materia; mientras que los árboles, de masa más compacta, resisten muchos veranos e inviernos; en particular las palmeras, porque es el más caliente de todos los árboles.

Como está más condensada la materia de los árboles que la de los animales, son aquéllos más duraderos que éstos; pues no por ser unos cuerpos más sanos que otros se prolonga más su vida, ni perecen más pronto los afectados de enfermedades, sino que consiste, por lo regular, en la cantidad de calor y humedad correspondiente, tanto para la generalidad como respecto de los individuos.

Capítulo XVIII. De la muerte

Destruidos o deficientes los instrumentos, cesa la vida y viene la muerte, lo mismo que deteriorados o perdidos el martillo, yunque, tenazas y otras herramientas de una fábrica, cesa ésta y el fabricante queda ocioso. Es, pues, la muerte, «la falta de los instrumentos del alma, por los cuales se prolonga la vida». Sepárase el alma, no por desproporción alguna entre ella y el cuerpo, como tampoco los había unido mutuamente ninguna proporción o correspondencia. Entre mi y la pluma con que escribo no existe proporción alguna, a menos que se pretenda haber congruencia entre el artífice como tal y el instrumento hábil de que se sirve, cosa que no discutiré.

Consiste la vida entera en lo cálido, según hemos dicho repetidas veces, y a causa de lo cálido también en lo húmedo. Es natural la muerte cuando, secándose la humedad, que es el pábulo del calor, decae éste y se extingue, por último, como una lámpara privada de aceite.

Es la muerte violenta la que llamaban los gentiles «realizada contra lo decretado por el destino», cuando se quita la humedad por algún accidente o se extingue el calor a causa de una opresión ya interior, como por veneno, hartazgo o exagerada ingestión de bebidas, del mismo modo que si se echa demasiado aceite en una lámpara, o ya exterior, v. gr., la compresión de los vapores que refrigeran el corazón en la arteria o en la boca, como cuando se cubre de pronto y se abruma el fuego con piedras o con mucha ceniza.

Es necesario para la vida animal la mezcla y como moderación de todas las cualidades, unas por sí mismas, otras por las demás; si falta una de ellas, no puede desarrollarse la vida. La principal de todas es la cálida y la húmeda, situada en la sangre, agotada la cual perece el animal en brevísimo tiempo. Entre los miembros los hay principales, sin los que no puede conservarse el animal: de ellos es el más esencial el corazón; es el primero que vive y el último que muere; como, a su vez, son los ojos los últimos que empiezan a vivir y los primeros que mueren. Van después los que están cercanos al corazón: el hígado, los pulmones, el diafragma y, por último, todos aquellos que llamamos órganos vitales, y asimismo el cerebro y la cabeza. Otros miembros son menos importantes y como de orden inferior, cortados los cuales, permanece, sin embargo, la vida: tales son las manos, brazos, pies, piernas, ojos, nariz y orejas. Entre los animales, los insectos viven aun después de cortados, como los gusanos, abejas y avispas, cualidad que tienen común con las plantas; pero la muerte del animal se diferencia de la del hombre en que el alma de aquél, lo mismo que el vigor de nuestros sentidos, perece totalmente en la muerte, mientras que nuestra alma sobrevive a su cadáver. Por eso podemos definir la muerte del hombre: «Es el acto de desunirse o separarse el alma del cuerpo.»

Pasemos ahora a tratar de esto.

Capítulo XIX. De la inmortalidad del alma humana

Ya los sabios de la antigüedad discutieron si nuestras almas sobreviven a la muerte del cuerpo y están emancipadas de la fuerza ciega del destino: problema aún más intrincado y difícil, de un lado, por la ignorancia de los hombres; de otro, por la perversidad o el vicio de quienes, atribuyendo todo a los sentidos corporales, concluyeron que el alma nada sabe fuera de lo que cae bajo el dominio de ellos. Enfrascados otros en sus deleites y placeres, desearían que todo acabase a la vez que esta su vida corporal, sin que hubiese un juez que nos pidiese cuenta de ella.

Tratándose de cuestión de tal importancia para toda la vida, para la religión y hasta para la felicidad de los hombres, o para su total desgracia, la examinaremos algo más despacio. No se debe tocar con ligereza lo que es peligroso dejar sin resolver.

Si solo damos crédito a los sentidos y no pasamos de sus estrechos límites, como pretenden los que juzgan harto groseramente de las cosas, ni atribuiremos alma a los irracionales, porque no la vemos ni percibimos con ninguno de nuestros sentidos, ni creeremos que existen «efectos» o «formas» en los seres naturales; sin admitir, por último, nada fuera de esta masa sensible que vemos y palpamos, lo cual es contrario a toda doctrina científica y totalmente ajeno y distante del sano entendimiento humano.

Cuando un niño muy pequeño, por ejemplo, ve a su padre que tiene un arma, y luego ésta misma puesta en pie junto a un árbol, cree que es éste su padre, se acerca y le habla, sorprendido al ver que no se mueve ni le contesta, pasa de la admiración al miedo, a la cólera y, por último, se echa a llorar.

De igual modo que los niños, las personas necias toman por seres vivos las figuras pintadas en un cuadro o en un tapiz, las incitan a hablar y ofrecen cosas para que coman. Pues eso mismo piensan también los animales al juzgar verdaderas las cosas fingidas, y no se diferencian mucho de los niños y de los tontos, por no decir de los animales, aquellos que se guían solo por los sentidos, afirmando ser un hombre aquel cuerpo inerte, y sin embargo no sospechan que lo es un cadáver que ven tendido en el suelo.

No reparan que esos mismos ojos y esos sentidos corporales, incapaces de ver ni percibir lo que hay en un sitio cerrado, solo pueden saberlo por lo que aparece fuera, el fuego, por el humo; un ser vivo, por la voz, o uno muerto, por el hedor.

¿Cómo no distinguir la inmensa diferencia que hay entre los hombres y los animales? Aparte otras pruebas de menos valor, un hombre practica muchas artes manuales, produce obras tan diversas y admirables de invención y ejecución, recorre con su pensamiento todo el mundo, disfruta de razón y de lenguaje, en todo lo cual resplandece cierto poder e imagen de la inteligencia divina. Y si por la semejanza del cuerpo hacemos al hombre igual a las bestias en el nacer y el morir, es necesario que le juzguemos superior por su grande y evidente diferencia mental; si renunciamos al gran beneficio de la inmortalidad, habrá que renunciar también al ingenio, a la razón y al entendimiento que nos hacen inmortales; y si vemos en el hombre señales que atestiguan su origen celestial y divino, es de esto una consecuencia cierta el que haya en él algo más grande y superior a lo que puede verse con los ojos o tocarse con las manos.

Dicen algunos que nadie ha vuelto del otro mundo para decirnos cómo son allá las cosas, y qué sucede; tal es el argumento del vulgo, que cree haber discurrido con esto algo ingenioso; pero sucede en ello como en todo lo que le atañe. Porque nadie haya ido a las Indias ni haya venido a nuestro país ningún indio no vamos a negar que existan Indias e indios: y si de tantos millares de años hasta hoy no hubo quien navegase hasta aquel nuevo mundo, ni de allá hacia nosotros, ni de una y otra parte se tienen noticias, ¿por qué extrañarnos que tampoco se haya establecido comunicación continua entre las almas emancipadas de sus cuerpos, y nosotros, seres corporales? Al cabo, entre nosotros y aquellos hombres remotos, aunque largo, intrincado y difícil, hay algún camino, y es posible construirle y lo está, pero es imposible por leyes naturales establecerle entre el hombre y los cielos o el infierno; no cabe correspondencia alguna entre lo corporal y lo incorpóreo, ni seremos adecuados a la condición de aquellos seres mientras estemos encerrados en un cuerpo corruptible.

Además, las almas de los muertos gozan de bienes mayores, o sufren males peores para que tengan tiempo o gusto de pensar en las cosas terrenas, o sea en bagatelas; en suma: unos no quieren y otros no pueden vernos de nuevo. Si, por ejemplo, a uno le nombran magistrado en su ciudad, seguramente no querrá volver a la isla donde estaba desterrado; y si otro está preso en la cárcel y encerrado en un calabozo, no puede, aunque lo desee. Adondequiera que dirijamos la mirada, arriba, abajo, alrededor nuestro, todo nos enseña, demuestra y proclama que el alma humana es inmortal; la índole y lo necesario de las causas, la proporción y semejanza, la vida, la conveniencia, la dignidad del hombre, la bondad de Dios y nuestra utilidad por razón de ella.

En principio no nos son conocidas por sí las esencias verdaderas y propias de todas las cosas, sino que permanecen recónditas en lo más íntimo de cada una, adonde no penetra nuestra mente, encerrada en esta masa corporal y en las tinieblas de la vida. Es nuestra razón quien indica, principalmente por los actos, qué es y cómo cada objeto; pues, según ha dicho acertadamente Aristóteles, toda cosa se presenta lo mismo en el ser que en el obrar; es decir, que sus obras y acciones declaran su cualidad, cuantidad y la razón de su esencia. Por tanto, estudiemos, en primer lugar, las acciones propias del alma.

Es la primera de ellas el conocer, que en cierto modo significa coger, comprender, concebir, nombres con que designamos también el conocer. Pero no existe facultad alguna cognoscente que conozca aquello que no tenga cierta correspondencia con ella misma: el conocimiento es a modo de una imagen de las cosas que se manifiestan en el alma como en un espejo; ahora bien: éste, siendo cosa corporal, no puede reflejar lo espiritual, o lo que pertenece a otros sentidos distintos de la vida; ni tampoco ofrecer lo que tenga proporciones mayores que el espejo, como una montaña entera que se halla próxima, a menos que se aparte más lejos para que resulte la proporción con la distancia; ni igualmente aquello que no se le presenta desde enfrente.

Nuestros sentidos externos como propios de la extensión, y dotados de cantidad, no perciben lo que carece de ella ni lo que tiene masa de mayor amplitud que el alcance de ellos, ni lo que está ausente. Los sentidos internos no perciben lo espiritual, a saber, a los ángeles y a Dios; así, la inteligencia, que es quien los concibe, conoce y comprende, única de los seres sublunares, es como aquéllos un espíritu, y quien entiende la inmortalidad de aquéllos tiene también que ser inmortal; en otro caso, no concebiría de manera alguna lo que la excediese infinitamente en amplitud.

Se demuestra todavía con más claridad por el hecho de que no podemos comprender con nuestro pensamiento, agobiado con tal magnitud, aquella parte de la eternidad inmensa anterior a nosotros, mientras que concebimos y entendemos fácilmente la que ha de seguir por siglos infinitos; de donde aparece notorio que la primera es más vasta que nuestra alma, la cual no tiene con ella proporción ni analogía alguna, pero sí con la segunda, que no es adecuada a aquélla, y lo es a ésta.

Del mismo razonamiento se infiere sin dificultad que las almas de las plantas y de los brutos son creadas y dispuestas por virtud y potencia de la materia; la nuestra es peculiar creación de Dios en el cuerpo sobre las fuerzas de la materia de éste y de su naturaleza; porque nada es capaz de superar y rebasar aquello de que ha recibido su esencia y su vigor; en otro caso, no lo recibiría de éste, sino de algo anterior y ulterior hacia lo cual tendiese. Nuestros sentidos internos y externos, como también los animales que están dotados de ellos, ninguna otra cosa conocen que lo propio de esta naturaleza que vemos, y no se elevan más allá; pero nuestra alma, no satisfecha con el cielo, los astros y los ángeles, llega hasta el mismo Dios, y no puede ya pasar adelante. Esto demuestra que las almas de los brutos son engendradas por esa naturaleza, sobre la cual no pueden elevarse, y que la nuestra lo ha sido por Dios, que está por encima de la potencia de ella.

Acontece con nuestras almas lo que con el agua de un manantial, que sube tan alto como el origen de donde procede, y no más, y así como se detiene por bajo del conocimiento de Dios, y aun mucho más abajo, también los sentidos se paran en punto muy inferior a las obras de esta esencia, no penetran en su intimidad, sino que se ejercitan siempre en la superficie más exterior.

Tal parece dio a entender claramente Moisés al describir el origen del Mundo, al afirmar que todas las cosas fueron creadas por solo el mandato de Dios; al llegar al hombre, no atribuye a la Naturaleza el poder de crearle, sino a Dios únicamente: «Hagamos al hombre a nuestra imagen y semejanza», y a continuación: «Inspiró Dios en la faz de Adán la respiración de la vida», significando con ambas frases, tanto el origen propio de Dios, como la inmortalidad de las almas. Con todo, para que nadie sea inducido a error, aunque la creación del alma por Dios sea obra que excede las fuerzas de la Naturaleza, ya elemental, celeste o angélica, así es, real y naturalmente, es decir, en virtud de ley dispuesta y establecida por Él mismo, como todas las demás cosas, pues no siempre que Dios forma un hombre hace un nuevo «milagro», o sea algo diverso o contrario a la ley prescrita; por más que no falta quien así lo califique, sin dificultad de mi parte: Mercurio Trimegisto (si fue él efectivamente), dijo, con razón, que el hombre es un gran milagro.

En la materia adecuada y ya dispuesta, infundió Dios un alma sobre las facultades de la materia misma y las de la naturaleza formadora, aunque según ley por Él establecida. Así es que concedió alma aun a los engendrados en adulterio y en repugnante incesto, pues aunque lo son contra el bien y la religión, no es contra aquella ley, como sucedería si se concediese igualmente a los deshonestos y otros seres análogos. El ser nuestra alma creada, no por facultad de la naturaleza, sino solo por la bondad de Dios, es una verdad que, además, importa al género humano que lo sea; por eso no admite duda alguna, pues siendo obra peculiar y propia de Él, a Dios, no a la naturaleza, debe el hombre la parte principal de sí mismo; a Él reconoce por único Padre de su alma, para ofrecerse y consagrarse a Él únicamente, sin que ningún otro tenga derecho a participar en ella más que Dios único, uno y omnipotente autor de los espíritus.

En nuestro cuerpo y en todos sus sentidos reclaman gran parte de la potestad los padres corporales; además, los hijos, la propia Naturaleza, la Patria, los parientes; pero el alma es solo de Dios, que manda se le reserve a Él únicamente para nuestra felicidad. Si, pues, el alma es producida, no por la naturaleza, sirviente y obrera de Dios, sino por Él mismo, es una consecuencia de ello que nada haya en la naturaleza que pueda extinguirla, sino solo Dios, y no puede creerse que este hubiera de formar por sí lo que más tarde había de destruir, cosa que no tendría objeto, pues mejor fuera haber concedido a la naturaleza el poder de crear y aniquilar el alma humana, como la de los demás animales, y no reservarse una obra especial para someterla después a la ley y condición común.

Esto, por lo que se refiere al conocimiento; en cuanto al apetito, se puede afirmar lo mismo, pues todo conocimiento se ha otorgado a los seres animales, como hemos demostrado, y otros autores también, en muchas ocasiones para desear o evitar algo. Nuestros sentidos conciben el ser actualmente lo mismo que los animales; en cuanto a la cualidad de éstos y de sus afectos, podemos conjeturar con mucha certidumbre por los sentidos mismos, ya externos, ya internos que tenemos, comunes y enteramente iguales a los suyos.

Tienden los animales solo al momento actual, pues el instinto de conservación les viene, no del conocimiento de las cosas, sino por obra de la naturaleza; por eso la facultad de procrear no pertenece a la función principal, la cognoscente, sino a la vegetativa, o sea la ínfima, mientras que el hombre conoce ser él interminable porque desea lo que es conveniente y bueno para sí: siendo, en tanto, natural este apetito, y por lo mismo de algo que nos es congruente y adecuado; no concedido en vano, sino para que pueda satisfacerse, luego alguna vez ha de ser satisfecho plenamente. De otro modo, sería ociosa y estéril, y además cruel, la concesión de un beneficio tan grande.

Un indicio de que existe ese deseo de la esencia eterna, el cual nunca desaparece, es el ansia de inmortalizar nuestro nombre por los siglos venideros, tan innata en el corazón humano que aun los mismos que creen que acaba todo con la vida, a pesar de esto aspiran a la fama, y hasta después de sepultados quisieran oír hablar bien de ellos; como aquel Epicuro, heraldo de la impiedad, encargaba en el testamento que se celebrase su natalicio dando a sus discípulos un banquete el día vigésimo de la Luna.

Aquel deseo natural de verdadera inmortalidad, depravado y corrompido por las tinieblas del entendimiento y por innobles deseos del alma, degeneró en esta otra ambición de fama al modo de una semilla buena cuando cae sobre tierra mala. Las pasiones mismas declaran cuál es la naturaleza de nuestro espíritu y de los sentidos, la diferencia entre aquéllas y éstos, así los internos como los externos. En efecto: cuando empieza el alma a pensar en su muerte, los sentidos internos y la fantasía, si creen que ha de ser larga esta vida, no se conmueven mucho por aquella otra muerte, y hasta quitan toda importancia a tal pensamiento. El alma, en cambio, se envuelve en esas tinieblas y se llena de confusión hasta el punto de que nada teme y rehuye más. Los mismos víctimas de los mayores males, y que en un ciego arrebato desean su muerte y total aniquilamiento, si lograsen volver en sí algún tanto, tranquilizarse y pensar en la muerte del alma, seguramente desecharían su intención primera y temblarían ante la idea de morir, juzgando que es un mal más grande que todos los que padecieron antes. Y, al contrario, cuando se piensa en la muerte inmediata del cuerpo, todos los sentidos se conmueven de pronto; pero el espíritu, si está sano y tranquilo, permanece inmóvil, ridiculiza y corrige ese error y ese miedo de los sentidos.

Presenta Platón en la apología de Sócrates a éste, el más perspicaz de los filósofos, hablando acerca de su muerte a los jueces de Atenas; y como la multitud se guía por los sentidos, dejaba en incertidumbre la inmortalidad del alma, sirviéndose del dilema siguiente: «Si el alma no muere, me esperan bienes mayores; si perece, ningún mal sufriré.» Pero estando en la cárcel, rodeado de sus discípulos, expertos en la ciencia de las cosas, y deseosos de saber cada vez más, no puso en duda aquella cuestión, sino que se esforzaba constantemente en convencerlos y persuadirlos con muchas razones de que nuestras almas quedan sobreviviendo a su cuerpo.

De esto se deduce con evidencia que la muerte del alma es contra su propia naturaleza, y que teme y repugna hasta el mencionarla; que la muerte corporal para nada afecta al espíritu, sino que es solo del cuerpo y de aquello que le es anejo, es decir, de los sentidos internos y externos. Otra prueba es, el que el alma con malos hábitos del cuerpo, como perturbada por las pasiones, envuelta en fantasmas, indocta, viciosa, culpable e impía, se quebrante más con el recuerdo de la muerte corporal que si es sobria, está sana, serena, tranquila, docta, inocente y piadosa. Solo falta ver de cuál de ellas es más cierto el juicio y más verdadero, de la perturbada o de la tranquila, de la enferma o de la sana, de la indocta o de la instruida, en buen estado corporal o piadosa y santa.

Del género de placer que experimentamos se infiere también la esencia del alma humana. Son, pues, los placeres más grandes, dulces y duraderos cuanto mayor analogía tienen con la facultad que se deleita, y más afinidad y proporción con ella las cosas que producen el placer, y cuando se va a juzgar de alguna especie o forma; para resolver se toma el modelo de las cosas que están mejor dispuestas dentro de ella, es decir, buscando la naturaleza pura y verdadera de cada especie.

Ciertamente, hay hombres de índole tan brutal que se dejan llevar solo de los placeres de los sentidos; mas nosotros debemos mirar a las almas superiores y de mayor nobleza, que se deleitan más con los sentidos interiores que con los externos, con el pensamiento antes que con la fantasía, y dentro del pensar con la reflexión principalmente, y de las cosas que reflexionan toman con mayor gusto y conservan más tiempo las de orden supremo, carentes de materia corpórea, las que son eternas. Son las que el alma desea con más ardor, las conserva y se cansa menos en examinarlas y contemplarlas; son estos objetos espirituales y sempiternos más análogos al alma que los corporales, y ésta más conforme y partícipe de la naturaleza y cualidad de las primeras que de las últimas; en aquéllas descansa perfectamente como en algo que tiene su propia semejanza y proporción, de igual modo que los sentidos externos se dejan llevar de las cosas materiales, no pudiendo aspirar a conocer las demás, ni aun por conjeturas. Ahora bien: si el alma fuese mortal como los sentidos, se apasionarían igual que éstos las almas más excelentes y casi divinas por las cosas perecederas, con placer firme y verdadero.

Pero nuestra misma estructura corporal, la cara levantada hacia el cielo, declaran que somos de origen celeste, dirigidos siempre a lo alto, como la patria hacia la cual caminamos; el cuerpo mismo manifiesta el modo de ser del espíritu; está también elevado, pero mucho más sublime que aquél, va éste subiendo gradualmente de las cosas inferiores, sin reposar hasta llegar a los ámbitos celestiales y divinos, donde por fin se detiene y descansa; así, por el movimiento y la quietud, propios de todos los seres de la naturaleza, se evidencia cuál es su natural sitio. Los demás animales, entre ellos los terrestres, van siempre mirando a la tierra, donde está su bienestar; mientras que el nuestro, si no estuviese en aquella eternidad celeste, nada significaría tener el hombre su cabeza levantada y los ojos dirigidos al cielo. A no ser que, en medio de tantas calamidades como esta vida ofrece, la vista de aquel lugar maravilloso y apartado de toda miseria nos haga más penosa la vida y aumente en nosotros el deseo de aquella felicidad, tanto más vehemente y vivo cuanto mayor ingenio y erudición se tiene, o cuanto más agobiado se halla de las molestias y contrariedades de la vida... No es difícil que algunos hombres, semejantes en esto a las bestias, pasen por alto tales razones, ya por la torpeza mental, ya ofuscados por su suerte próspera.

Por el modo de nacer a esta vida mortal puede también comprenderse el de renacer en la inmortalidad. Así como en el claustro materno se forma y dispone el hombre para la vida presente, en ésta se dispone para aquella otra, ante la cual la luz nuestra de ahora es noche oscurísima y tinieblas, y de igual manera que al acercarse el tiempo del nacimiento decae la vida uterina, y parece que se muere el niño cuando en realidad va a vivir, así el hombre, al salir de esta vida para nacer en otra, muere en este mundo y empieza a vivir en otro, tanto más excelente cuanto es mejor esta luz que la del útero. Así, en éste nos preparamos para la vida del cuerpo, y en el cuerpo, para la del espíritu. Asústase el alma partir de esta vida, por motivo de la gran mudanza que se efectúa, y se afecta lo mismo que el niño que va a nacer si se le diese algún sentido para conocer y pensar; pues lo mismo el niño que nace que el hombre al morir pasan ambos a una nueva luz y vida, a un aspecto de las cosas que causa admiración; uno y otro, asustados por la novedad, no querrían salir de su escondite a no empujarlos la acción de la naturaleza,

No hay duda alguna de que la muerte humana tiene gran afinidad y seme-janza con el nacimiento, a causa de la imperfección que tiene el niño en el útero, y el hombre en esta vida; pues si el niño fuese perfecto y acabado en todas sus partes dentro del claustro materno, no tenía para qué nacer, y cuando se le ha dado el sentido, y la facultad de conocer, que no puede ejercitar en el útero, sale a esta luz dilatada, donde puede sentir y conocer.

Hasta aquí todas las cosas nos son comunes con los animales; mas como éstos cumplen en la tierra con todas las funciones y facultades de que los ha dotado la naturaleza, aquí es donde viven y mueren; al paso que el hombre a quien se concedió el alma, de la cual nada o muy poco usa en esta vida, tiene seguramente distinto nacimiento en otra donde cumplir sus funciones espirituales. Ya explicaremos esto en los libros de *La Verdad de la fe cristiana* e igualmente trataremos la cuestión de que si es el alma mortal, todo pertenece a esta vida, y en vano ha sido creado el hombre, a causa de no responder a ningún fin propuesto, o a uno que no sea digno de su excelsitud, con lo cual en vano habrían sido formadas por Dios todas las cosas; ni tendría objeto el crearlas si habían de suprimirse a poco de aparecer, ni habrían de servir al hombre solo para beber, dormir, divertirse, sin diferenciarse de los animales en nada, siendo antes bien más infeliz que ellos, puesto que nunca podría alcanzar aquello que para él es más importante y apetecible, como declaran Aristóteles y Teofrasto y si para nada es traído a la vida el hombre a cuyo servicio están todos los demás cuerpos de que él solo puede, quiere y sabe usar, mucho menos lo serán las cosas que han sido creadas para su bien; inútil, por tanto, la creación entera, e indigna de la majestad y de la sabiduría inmensa de Dios, cosa que no cabe pensarse; nula sería igualmente la providencia de quien gobierna el mundo; pues tan conexas y unidas se hallan en nuestra creencia y convicción estos tres preceptos: la religión, la providencia divina y la inmortalidad de nuestra alma, que de ningún modo es lícito separarlas y disociarlas una de otra; si alguien intentase destruir uno de ellos, de hecho perjudicaría la fe en los otros dos.

Si el alma no es «inmortal», no habría premios ni castigos para las acciones buenas y las malas, pues en el transcurso de esta vida vemos tan mezclados y confundidos nuestros actos que toda ella no es más que un mero fraude, en ese caso no existe «cuidado» alguno para nosotros de parte de Dios: y si no nos «cuida», ¿para qué hemos de «servirle»?. La «religión de Dios y la piedad» serían creencias vanas y necias. Y vemos, sin embargo, que todos los hombres y las diversas naciones, por bárbaras que sean, ajenas y opuestas a toda civilización humana, se inclinan por naturaleza a profesar alguna religión, alaban y aprueban la modestia, la moderación, la gratitud, la piedad, la mansedumbre, la paciencia y la equidad; así no pueden menos de ser buenas estas virtudes, y preferidas a sus contrarias; hecho que no tendría explicación si no fuese Dios nuestro testigo y juez; ellas son, antes bien, las que atestiguan que estamos bajo su cuidado, y que debemos esperar en otra parte el premio de nuestra virtud, y si está en otra vida ese premio y el fin del hombre, allí vivirá de cierto el alma, y recíprocamente, si el alma vive allá, allí está también el fin del hombre, o sea lo que toca a lo último y más perfecto, que por eso se llama fin.

Y si damos alguna autoridad al sentir de la mayoría de los hombres, y a los más sabios, tenemos como prueba, a más de ese asentimiento tácito del género humano, otra declarada y manifiesta en el hecho de que, no solo entre las gentes doctas y de culta civilización, sino entre las más incultas y bárbaras, como los getas, escitas, indios, y lo mismo en los más apartados del remoto Nuevo Mundo, existe la firme creencia de que las almas de los hombres emigran desde aquí a otros lugares adecuados a las acciones que en esta vida realizaron. En cambio, los menos conocidos de aquellos que cultivaron la ciencia, y los que colocaron su bien supremo en los placeres, afirmaban ser mortal el alma; son los mismos que negaron de raíz toda religión, el culto a los dioses, su bondad, la providencia y hasta a los mismos dioses. Una vez trastornada la fe con estas perversas doctrinas, no podía quedar incólume la «inmortalidad» de las almas, que está unida y combinada con la causa de la «providencia» y de la «religión». Pero los filósofos más sabios y virtuosos nunca afirmaron la mortalidad del alma, como si la condenasen a perecer: tales eran Ferecides, Siro, Pitágoras el más antiguo investigador del pensamiento en Grecia, su discípulo Sócrates, Platón, Cenón el estoico y otros muchísimos que de ellos surgieron como de un manantial.

Según declara Sócrates en el *Fedón*, es innato en los hombres el deseo de saber, el cual en esta vida apenas se satisface en muy pequeño grado o, más bien, en ninguno; por lo mismo arguye que, indudablemente, habrá de cumplirse en alguno, pues nada natural es inútil y superfluo. Así como fuera en vano dotar de vista a los animales si no les fuese posible ver cosa alguna por tener que vivir siempre de noche y en medio de tinieblas, sería ridículo y vano también el deseo de la verdad si nunca hubiésemos de conseguirla. Con tal firmísima persuasión pierde importancia aquel pasaje de Teofrasto en que se quejaba de «haber la naturaleza concedido a los animales una vida larguísima, sin que les interese vivir mucho, mientras que la del hombre, a quien tanto importaría prolongarla para conseguir la sabiduría, su bien supremo, es tan breve que, cuando empezamos a saber algo, nos morimos». Ante la sabiduría y bondad divinas no cabe, pues, esa queja, sensata por otra parte.

En nuestra actual vida bastante dilatada para que aprendamos lo que es conveniente saber aquí; en la otra tendremos abundancia de sabiduría hasta la saciedad. De poco serviría cuadruplicar nuestra vida, ni aunque durase quinientos y hasta mil años, porque no adelantaríamos gran cosa en el curso interminable del saber cuyo fulgor no soporta nuestra mente, oprimida en las estructuras del cuerpo y en la oscuridad, lo mismo que sucede a los ojos de la lechuza ante la luz solar, símil empleado por el maestro Aristóteles; si bien un tan gran filósofo como él no debería insistir en esa acusación a la naturaleza, esto es, a Dios sapientísimo y óptimo, sin aprender de ella misma, que existe otro lugar, donde se halla esa sabiduría, cuyo grande y vivo afán ha infundido la naturaleza en el corazón humano y que allí habrá oportunidad para satisfacerle.

Es Aristóteles, de cuyo íntimo pensamiento aquí no juzgamos, oscuro, resbaladizo, astuto en esta cuestión como acostumbra. Dice, con efecto, en un lugar: «Si puede la mente entender sin la fantasía, puede separarse de ella; en otro caso, no puede»; no reparando, a pesar de su gran ingenio, en que el alma dentro de su cuerpo todo tiene que entenderlo solo corporal-mente, o sea mediante los instrumentos corporales, que son los sentidos externos, y a la imaginación interior sucede como a los que miran a través de un cristal, que no pueden ver sino lo que éste permite. Pues en otro lugar dice que «la muerte se separa del cuerpo por los sentidos, como lo inmortal de lo perecedero». A esta máxima de los filósofos más eminentes, y aun propia de la Filosofía entera, se adhiere el bueno con todo su ser; pero los perversos y desesperados desean por conveniencia que el alma sea mortal; los buenos desechan y repugnan esta idea por perjudicial. Si alguno, como poco antes decíamos, da en pensar que todo absolutamente termina con la muerte y se hunde en perpetuas tinieblas, toda persona buena y de corazón noble la aborrecerá; ni bastará resignación alguna ni ánimo para dejar de temer la muerte y de rechazarla por todos los medios, así como para espe-rarla con la mayor impaciencia y para soportarla cuando la haga irremediable la necesidad. En medio de grandes sufrimientos, cuando se desea la muerte y se la invoca como un puerto de refugio contra las tempestades, sobreviene algún alivio e intervalo en los dolores; cuando uno está con ánimo excitado, llama a la muerte, y al apaciguarse un poco la excitación, se consuela a sí mismo con la esperanza de que, o cesará el dolor, o de que el tiempo y la costumbre de sufrir le hará más benigno. En todo caso, esa luz es cosa grata de algún modo hasta a los más desgraciados. ¿Cómo no ha de serlo a quienes no sienten molestias corporales ni contratiempos en la vida?

Esto sin contar la desesperación de un varón justo al considerar que todos sus buenos pensamientos y obras no han obtenido premio alguno en esta vida, y aun al contrario, como sucede más frecuentemente, reciben, en vez de beneficio, mal pago, la pobreza, ignominia, dolores, enfermedades, martirios y el suplicio; en suma, que no existe recompensa alguna para la virtud después de la vida, y que el virtuoso no recibirá más de lo que recibiese el ímprobo y el criminal.

En cuanto a la fama del nombre, ni se logra siempre ni es justa, puesto que otorga gloria y alabanza a las acciones perversas; a la virtud y honradez, desdén y, lo que es más indigno, la infamia. Además, no se aplica con igual extensión a la diversidad de inteligencia, costumbres y pareceres de todas las naciones, una vez que en algunas se juzgan bellas y laudables cosas que en otras no lo parecen; ni es tampoco duradera la fama ante el tiempo que todo lo consume; tampoco aprovecha a los vivos, pues Aquiles o Sócrates no disfrutan de su gloria y a Catilina o Tersites no les causa daño su ignominia.

A un hombre de ciencia, después de haber escrutado con todo el esfuerzo y propósito de su inteligencia los cielos, los astros y los elementos; discurrido por el estudio de las plantas, animales, el hombre, los ángeles, hasta el rey de la creación; estudiado los hechos de la más remota antigüedad, todo lo que en el mundo ha acontecido, nada más amargo cabe anunciarle, ni que menor consuelo admita, que en medio de tanta hermosura, de un espectáculo tan risueño y admirable, ha de extinguirse la mente que contemplara tales maravillas, el receptáculo y tesoro de todas ellas; que en adelante cesará de percibir cosa alguna, que no ha de estar en ningún otro sitio, lo mismo que el abyecto espíritu animal, vil y torpe, incapaz de toda elevación. Nadie habrá que después de pensar esto no tema la muerte, aun aquel que se halle sufriendo los más graves males de la vida.

Y, por lo contrario, ¡qué gran consuelo para el bueno y el sabio en todas las circunstancias de la vida el saber que hay un lugar de reposo, no de privación y ausencia de todas las cosas como imaginaron algunos necios, pues lo que no existe no puede reposar, sino lugar de felicidad dispuesto por un Dios justísimo, omnipotente y óptimo para aquellos que han aportado su buena voluntad, con toda verdad y con su alma, para vivir bien y santamente!

Lo dicho hasta aquí respecto a la opinión unánime de los hombres y a la autoridad de sus juicios se dirige a poner en claro que la naturaleza y la verdad se hallan del lado en que están los buenos y los sabios, o sea al nuestro, siendo el criterio de éstos más recto e íntegro que el de los malos y los insanos. A ese juicio de los hombres más importantes y de la mayoría del género humano se agregan la justicia, la probidad, la religión y las virtudes, todo lo cual tiene su fundamento en la inmortalidad del alma, siendo necesario que se incline la verdad hacia la parte a que ellos se inclinan, y así sucederá, más bien que hacia los delitos, los pecados, hacia la maldad y la impiedad, que son el más seguro cortejo de la mortalidad del alma.

No es muy de extrañar que al definir y establecer la naturaleza del alma ciertos falsos filósofos, pequeños según los llama Cicerón, y poco conocidos, y aun otros de más renombre, hayan desvariado tanto en las cosas que caen bajo nuestros sentidos hasta afirmar que es de color negro la nieve que ven blanquísima, y frío el fuego, la cosa más ardiente que tocaron. Es en verdad la cosa más triste en los asuntos y opiniones de esta vida, y que debemos deplorar con sinceras lágrimas, el que para afirmar la verdad y lo bueno no son bastante competentes y dignos de fe todos los autores, mientras que cualquiera es suficiente para la falsedad y el mal, de suerte que no resulta calumniosa la frase del juglar: «Para lo malo está siempre pronta la sospecha».[6] Cierta es también la afirmación de Ovidio:

«Quod nos in vitium credula turba sumus.»

Es en realidad nuestra índole mala y oscura; somos propensos a lo falso y lo malo, como algo semejante a nosotros mismos. Y no son pocos los que se burlan de Epicuro y refutan a Plinio, llamándolos ignorantes, cuando hablan de cosas propias de la naturaleza o de la vida, y, sin embargo, se adhieren a

---

6   «Piensa el ladrón que todos son de su condición.»

ellos y los alaban cuando niegan la providencia y la religión. ¡Hasta tal punto invaden su mente las tinieblas de los vicios y del pecado!

Hay quienes dicen que es innato en la vida creer que el alma es inmortal, y que existen los dioses, porque ni habría de conservarse entre los hombres una sociedad perfecta ni obrarían cosa alguna buena a no estar contenidos por el miedo de que hay una vida futura, y en ella dioses vengadores que se llaman θεουσ; por ese miedo, es decir, casi δεουσ. Y qué, ¿sería necesaria una mentira tan grande para que quisieran los hombres obrar bien? ¡Oh mísera condición de la virtud, si no ha de poder persuadirse al hombre más que por una gran mentira, no habiendo dos cosas tan amigas y conformes entre sí como la virtud y la verdad, al fin hermanas, creadas por Dios, utilísimas para las inteligencias humanas, y agradabilísimas para las sanas!

Imposible que un Dios potentísimo, sapientísimo y óptimo hubiese creado la especie humana con la base y condición de no ser movido a obrar bien por la verdad, sino por la mentira. Imposible que tan gran artífice hubiese tomado para perfeccionar su obra, no un instrumento de su propio fondo y abundancia, sino la mentira, que es de su enemigo el diablo; la más ajena de Dios, que es verdad pura.

No quedaría ya más sino que aquel que hubiese aprendido la mentira mediante su ingenio o por la enseñanza, como los que esto afirmaron y los aleccionados y aconsejados por ellos, se librasen del miedo que antes los ataba, y lo mismo el más docto y perspicaz que el más perverso, ya sin amenaza, no temiesen a los dioses, sino solamente las penas de las leyes. De esa manera, cuanto más se acerca a la perfección humana por el cultivo de la inteligencia y de la instrucción, tanto más dispuesto e inclinado estaría a la maldad y a los pecados, pues que se le habría revelado el secreto de que son cosas fingidas cuantas se nos preceptúan acerca de la verdad y la honradez. Creencia ésta que constituye la más grande corruptela del alma humana, nos aparta de la perfección y es máxima que a sí misma se refuta, puesto que cuanto más perfecto, más imperfecto es, peor cuanto mejor, cuanto más hombre y más veraz, más semejante a la índole de las bestias y a mayor distancia del hombre.

He aquí la suma de argumentos que obran a favor nuestro, es decir, de la verdad; porque nosotros nada somos, y la verdad es fortísima, provista y acompañada de fuerza extraordinaria.

¿Esperamos quizá llegar a ver salir las almas de los cuerpos moribundos, como el humo de la llama?

Ni aun entonces faltaría quien dijese que padecía ilusiones, que se presentaban a sus ojos imposturas, como cuando veían blanca la nieve y ardiente el fuego. Nada bastará en realidad a quien se obstinó interiormente en no creer; no se tramita ya el asunto ante el tribunal de la razón, sino de una pasión malévola y pertinaz. Para corroborar esta convicción nuestra, que tenemos por tan clara y cierta como lo que tocamos con las manos y vemos con los ojos, han expuesto los filósofos, además, innumerables argumentos; si solo la décima parte de ellos estuviese a favor de los adversarios, nadie soportaría la impertinente insolencia de éstos, quienes, destituidos ahora de toda razón, juicio y entendimiento, nos desprecian y se burlan de nuestra verdad como de una tontería porque tenemos fe en los corazones, mientras que a su favor solo tienen ese «tal vez no es así; sospecho, creo que no es eso.»

Todos estos motivos y pruebas me llevan a pensar que esta máxima de la inmortalidad del alma, siendo de tanta importancia, y fundamento de toda probidad y de la religión entera, no ha sido incluida entre los artículos de la fe para que pueda ser entendida por la ciencia, la cual sería inasequible si necesitase más argumentos que los que hemos expuesto en la cuestión.

«Parece —dicen algunos filósofos— que el alma es inmortal para las creencias religiosas, y mortal a la luz de la naturaleza.» No hay afirmación de más ignorancia ni más absurda; aquí no discutimos lo que parece, sino lo que es realmente; no investigamos la luz de la te ni la de la naturaleza, sino la verdad misma, que no es doble, sino única. Y ¿qué es aquella luz? No es otra que la razón humana; ni se han invertido más demostraciones ni de mayor fuerza para las verdades que creemos saber en virtud de causas naturales ciertísimas a nuestro juicio y evidentísimas. Pero aún pudieran aducirse otras muchísimas para esta que defendemos, y es indudable que alguno las habrá aducido, pues la verdad es obra de inmensa extensión; aquí solo van expuestas las que nos han ocurrido al pensamiento.

No quisiera terminar este libro sin preguntar esto:

«¿Por qué se admiten como verdades indudables todas las demás que se afirman del alma sin otra prueba que muy escasas y muy ligeras conjeturas, mientras solo se tiene por poco firme esta de la inmortalidad, rodeada y defendida de tanta multitud de razones? Por más que consideremos también como firmes e indudables aquellas primeras, lo que nos interesa es declarar como cierto que existe alguna fuerza enemiga del hombre, que se propone controvertir esa verdad tan necesaria para nosotros, y de cuyas perniciosísimas tinieblas nos proteja Dios, luz inmensa y verdadera.

Libro tercero

Viene a continuación la parte del alma referente a las pasiones, que es difícil en extremo por la diversidad de éstas, y a la vez necesaria para poner remedio a los grandes males que causan y medicina para las gravísimas enfermedades que son su resultado.

No estudiaron esta cuestión con bastante diligencia los pensadores de la antigüedad, según vemos por sus escritos. Los estoicos, a quienes sigue Cicerón por confesión propia, pervirtieron todos sus razonamientos con las argucias que empleaban. Aristóteles, en su *Retórica*, solo trata de esta materia por lo que se puede referir al orador político; pero aquí nos proponemos explicarla con la mayor prolijidad y exactitud posibles.

Creó todas las cosas el Rey de la naturaleza, a fin de que participasen de su esencia, para ser, y de su beatitud, para el bienestar, según las facultades e índole de cada cual. Para adquirir y conservar aquellos dones, otorgó las facultades correspondientes; para el ser, la propensión a librarse, mientras uno pueda, de todo influjo corruptor; y para estar bien, el deseo de lo bueno y la aversión a lo malo. Por eso también se agregó el conocimiento, tanto sensible como interior para juzgar, y este juicio ya para impulsarnos, ya para retraernos. En cuanto a la retracción en sí, o retirada, se concede en vista de algún bien, pues consiste en apartarse de lo malo hacia lo bueno; así es que todo cuanto hacemos es por causa del bien, semejantes en esto a nuestro autor, que es óptimo: huimos, con efecto, del mal por el bien, y deseamos éste por sí mismo; si bien en la elección de él se nos ofrecen grandes errores en la vida.

Es bien simplemente aquello que simplemente aprovecha; es bien para cada uno lo que aprovecha a éste. Frente a él se halla el mal, que es aquello que perjudica. Como el bien es uno por su naturaleza, lo es igualmente para nosotros; es decir, aquello que es tal, en verdad, y por cuya participación nos hacemos buenos y, en tanto, felices. Pero la ignorancia ciega acumuló en nosotros muchas clases de bienes: en el alma, en el cuerpo y en él exterior, los cuales no cabe aquí enumerar, porque ya lo hicieron muchos autores y también nosotros en otro lugar.

Los actos de estas facultades otorgadas a nuestra alma por la naturaleza para seguir el bien y evitarnos el mal, se llaman pasiones o afectos, por las cuales nos inclinamos hacia el bien, o contra el mal, o nos apartamos de éste. Entiéndese aquí el bien y el mal, no lo que realmente lo sea, sino lo que cada cual cree que es para él, pues lo que pensamos ser bueno o malo toca al juicio, y en esto cabe gran engaño por la multiplicidad de opiniones y las densas tinieblas que reinan en nuestros juicios; por más que aquí tenemos ciertos gérmenes de verdad infundidos, naturalmente, como antes se dijo, aunque de carácter muy universal, como lo son ambos dones de Dios: «es un bien la conservación de sí propio y el vivir con beatitud.»

Mas como hay que descender desde la cabeza hasta las diversas partes, vienen al punto muchas caídas y grandes precipicios. Hay, asimismo, ciertos movimientos del alma o, más bien, ímpetus naturales que surgen del cuerpo impresionado, v. gr., el deseo de comer en el hambre, el de beber en la sed, la tristeza en la enfermedad o bajo la presión de la bilis negra, la alegría en la sangre líquida y pura que rodea el corazón, la molestia con una herida. Todos esos movimientos preceden al juicio; todos los demás, por prontos y velocísimos que sean, siguen a la resolución del juicio.

No se movería, en efecto, el alma, si no prejuzgase la bondad o malicia del objeto de su acción, y lo mismo sucede en los animales, cuya pasión no es producida solo por la imaginación, sino que se agrega un acto estimativo que en ellos hace veces de un cierto juicio. Pero las agitaciones de nuestro espíritu son muy violentas y no dejan tiempo para nuestra percepción y estudio de ellas; por lo cual parece que en ocasiones ese movimiento del alma precede al juicio; vemos, sin embargo, que a medida que cambian las enseñanzas y doctrinas que aquélla recibe, cambian también las pasiones; aumentando o disminuyendo, o desaparecen en absoluto y pasan al dominio de otras —ya dijimos en el libro anterior cuáles son las que mueven al juicio y le convierten a diversas resoluciones—; de consiguiente, sirven para concitar y para aplacar los movimientos anímicos. No siempre, con todo, es menester para excitar la pasión un juicio determinado en virtud de un cúmulo de razones; bastan para moverla, y es lo más frecuente, las representaciones de la imaginación.

Así, con solo que la fantasía arrastre consigo, en su peculiar ímpetu, una forma de opinión o juicio de que es bueno o malo el objeto que se la presenta, caemos en toda suerte de perturbaciones de ánimo: tememos, nos alegramos, lloramos, nos entristecemos; por lo cual es evidente que aquéllos convergen hacia la parte del cuerpo en que domina preferentemente la fantasía. Por eso achacamos a todas las pasiones que actualmente sufrimos las mismas cualidades que tiene la naturaleza corporal: son cálidas unas, frías otras; éstas húmedas, aquéllas secas, y otras mixtas de las anteriores; pues el temperamento del cuerpo humano se forma de esas mismas cualidades, y, según la índole y naturaleza de cada pasión, se produce fácilmente y se aumenta en su semejante corporal, y no así en la contraria.

Estos temperamentos unas veces se excitan y aguzan; otras, por el contrario, se contienen y refrenan, ya por agentes internos, ya externos; son los primeros las pasiones mismas: la tristeza, por ejemplo, los hace fríos y secos; la alegría, cálidos y húmedos, puesto que aquéllas no solo reciben sino que conservan la naturaleza del cuerpo; de éste son, v. gr., la comida y la bebida, la edad, las enfermedades; factores que obran no perfectamente ni para todo, sino la mayoría de las veces, y cambian a menudo en el cuerpo, por lo cual también cambian las pasiones, en particular para aquellos que se dejan llevar de ellas, no gobernándose con el timón de la razón y de un juicio cumplido.

A esto se agregan los pensamientos constantes, los estudios vastos y difíciles que hacen melancólicas a las personas; el criterio que tenemos de las cosas, como Demócrito, que se reía siempre de las perpetuas tonterías humanas, o Heráclito, que no cesaba de llorar en vista de la desdicha de los hombres. Exteriores son el tiempo natural, v. gr., las cuatro partes del año, las horas del día y el nuestro propio, o sea el estado de nuestros asuntos o el de los públicos, la localidad, general o particular, todo lo cual quedó explicado en otro lugar prolijamente. En la última se comprende la habitación, vestido, compañías; los negocios y actos que nos proponemos ejecutar, según que sean vehementes y penosos o agradables; ya los molestos o arduos, como los tranquilos y fáciles.

No corresponde a las pasiones un solo nombre, porque lo son también aquellas facultades naturales en el alma de entenderse hacia el bien y de retirarse del mal; e igual denominación tienen sus actos, llamados también costumbres, que de ellos se formaron, del vocablo griego es εξουσ decir, el hábito; y así debemos tenerlo en cuenta en lo sucesivo para no caer en error; por más que el sentido mismo indica cómo deben entenderse esas palabras.

Habiendo el alma de habitar en el cuerpo, infundió Dios, artífice admirable, en el ser animal esta facultad de las pasiones que sirviesen a modo de acicates para estimular su alma y no yaciese inerte y agobiada por la masa corpórea, cual asno perezoso, con entorpecimiento, perpetuo, y se adormeciese en su bienestar cesando la actividad que la era conveniente. Con ellas se excita le pronto como quien recibe varios espolazos, o bien es contenida por un freno para que no caiga en el mal; tampoco el hombre carece de tales estímulos y frenos, por el aspecto animal que ofrece, igualmente necesarios por las mismas causas; aunque nosotros aguzamos los primeros y hacemos más pesados los últimos, al agregar el enorme peso de lo superfluo a la necesidad simple y ligera.

Así como los movimientos del mar se deben, ya a un viento suave, ya a otro más fuerte y, por último, a una vehemente que en horrenda tempestad levanta hasta su fondo mismo con la arena y los peces, sucede en estas agitaciones anímicas que son algunas de ellas ligeras, que podíamos llamar comienzos de movimiento, otras más potentes y otras que quebrantan toda el alma y la expulsan del lugar de la razón y del asiento del juicio constituyendo verdaderas «perturbaciones» e «impotencias», en que el alma apenas es ya dueña de sí misma sino que cae bajo potestad ajena, y «ceguedades» en que nada acierta a ver. Puede llamarse mejor a las primera, «afecciones»; a las demás, «conmociones» o excitaciones, correspondientes al nombre griego παθρ, o sea «pasiones», pues en realidad padece el espíritu entero con ese a modo de golpe y agitación que, si llega a ser más violenta, se llama «confusión».

Las pasiones que han llegado a dominar con el uso se llaman con razón enfermedades y vicios del alma, por lo cual pertenecen más bien al género de malas pasiones, que se tratan en otro lugar. Hay también pasiones en transición, como el pudor que viene de la vergüenza; el miedo, de un ligero ruido; otras, como el temor, la reverencia, permanecen y se confirman con la duración; en suma, persiste toda pasión arraigada por la costumbre en virtud de la repetición de actos o impuesta por alguna acción vigorosa y continua. Algunas son infundidas por la naturaleza y por la constitución corporal, y pasan a ser facultades naturales a causa de un prolongado hábito. Como las pasiones van unidas en parte a la carne animal, y a ella se adhieren, cuanto mayor es la infección del juicio por contacto del cuerpo, y ya más metido en la carne, con más gravedad y en mayor número surgen, perturbando y pervirtiendo, no solo los sentidos internos del alma, sino también los externos: tal sucede a los amantes, a los encolerizados, a los miedosos, que creen oír lo que jamás existió. Por eso dijo el poeta:

«Omnes
Qui amant, ipsi sibi somnia fingunt.»[7]

Y cuanto más puro y elevado es el juicio, tanto menos pasiones admite y más leves, pues examina con mayor cuidado lo que hay de verdadero y bueno en cada objeto, y por lo mismo se deja conmover más rara vez y con mayor lentitud. Aquellas agitaciones enormes y completamente confusas provienen, en efecto, de la ignorancia y de la falta de consideración, o también de la falsedad, por creerse que son el bien o el mal mayores de lo que son en realidad, como mirando a través de la niebla del desconocimiento, y no obrando con miras e intención de un bien cualquiera, como es debido, sino habiéndonos propuesto muchos y diversos bienes, fines y medios, que cambiamos en seguida, con inaudita inconstancia, según los sitios y las ocasiones.

Además, sin tener en cuenta el movimiento que se inicia, y sin ser dueños de nuestro poder, nos dejamos llevar de la tempestad misma, no adonde queremos, sino donde a ella le place; y como no miramos y comprendemos las cosas con un prefijado propósito mental, sino por arbitrio de la naturaleza, nos conmovemos en el grado que ésta puede; porque los actos naturales no están reducidos a los límites de nuestra voluntad, sino graduados por el mayor esfuerzo y potencia de cada facultad.

Todo ello es muy de otra manera en el sabio, que no se engaña al elegir el bien, y se propone siempre alguno determinado, y para alcanzarle toma pocos caminos, pero explorados y seguros. No consiente que le gobiernen los negocios, sino que los gobierna él mismo; se mantiene en su derecho, y

---

7   Virgilio, *Églogas*, 8, vers. 8.

potestad, para que cuando surja una pasión por las fuerzas de la naturaleza, la contenga al instante con el freno de la razón, y la obligue a ceder ante el recto juicio.

Capítulo I. Enumeración de las pasiones

Todo movimiento del alma es con respecto al bien, o al mal, como contrario a él: es, por tanto, o hacia el bien, o fuera del mal, o contra éste.

El bien, y lo mismo el mal, es presente, futuro, pasado o posible; la ausencia del bien se tiene por un mal, y viceversa. Una vez conocido el bien, inmediatamente agrada, y es como la primer aura del movimiento que surge, y se llama gusto; confirmado éste, conviértese en amor. El movimiento del bien presente que hemos alcanzado es la alegría; el del bien futuro se llama deseo, el cual se halla dentro de los límites del amor; el primer movimiento del mal es el enojo, contrario al agrado, y confirmado, se convierte en odio; el del mal presente, tristeza; el del venidero, miedo. El movimiento contra el mal presente es ira, odiosidad, indignación; contra el mal futuro, confianza y audacia.

Bajo el amor están el favor, el respeto, la misericordia; bajo la alegría, el deleite; bajo el deseo, la esperanza; bajo la tristeza, el pesar. La soberbia es un monstruo, mezcla de muchos sentimientos: alegría, deseo, confianza. Todas estas pasiones se extienden también al pasado; así, amamos, odiamos o compadecemos a los que vivieron mucho antes; se extienden también a las cosas posibles, y las ocurridas en cierto modo, v. gr., en las fábulas que sabemos son falsas, lo mismo a las futuras que aparecen cual presentes —por eso odiamos hoy al antecristo— y las que parecen venideras, como si una fábula contase que habría un hombre eminentísimo por su valor y la magnitud de sus hazañas, le amamos ya desde luego; a lo pasado como futuro; por ejemplo, cuando leemos la historia, nos tienen suspenso el espíritu la esperanza y el temor de cómo quedarán en definitiva las cosas.

Observamos que siendo las pasiones movimientos del alma, ya en acto, ya en potencia y facultad, no se tienen por tales la ecuanimidad, la tranquilidad del corazón, la mansedumbre, la seguridad, pues que no son movimientos. Tampoco se llaman pasiones las obras, ni nacen del juicio, contra lo que opinaron los estoicos, sino que son naturales, según el estado individual del alma, el llanto en la tristeza, el sobrecogimiento en el miedo; los transportes y las gesticulaciones en la alegría inmoderada. Por su naturaleza son las pasiones unas poderosas, como el amor y el odio; en otras influyen exteriormente causas agregadas, esto es, que vienen de fuera; pero todas ellas adquieren su fuerza principal de la constitución del cuerpo, según decíamos antes.

Así como unas brotan fácilmente de otras, las hay también que son cohibidas y refrenadas por las demás: del amor nace la malquerencia, el odio y la ira, como si alguien aborrece y daña a un ser querido para nosotros; de la ira, el deseo de venganza y la alegría de haberla logrado. Si uno ama algo, desea que venga, y espera apoderarse de ello; teme que no se acerque, y al llegar se alegra; si no llega cuando pensaba y lo esperaba, cae en tristeza.

En cambio, una gran alegría se desvanece con la tristeza; la envidia, con la misericordia o el miedo; ante una tristeza que nos oprime desaparece otra; ante el miedo, el dolor o la aflicción, como sucede en una lucha o un altercado presente; así corre un cojo cuando el enemigo le acosa. Son, pues, estas oscilaciones a modo de olas; la que sigue, unas veces aumenta la anterior, otras la disminuye y amortigua; lo mismo que sucede en una revuelta civil, en que nadie obedece y escucha al mejor sino al más fuerte, o sea a quien somete el espíritu entero a su jurisdicción, según suele hacer el amor reconcentrado. Porque aquello que uno cede por miedo al vencedor, o a un ladrón, su fortuna, su mujer o sus hijos, lo hace a causa de que se ama a sí mismo más que a todo ello, pues quien no es así prefiere morir en el acto a sufrir cosa parecida; y quien persigue tenazmente y recibe con mala voluntad al enemigo por el odio, al adversario por la ira, al aborrecido por la malquerencia, lo hace también aunque sea con gran contrariedad, porque se ama a sí mismo con toda vehemencia y en ello se obedece, condesciende consigo y se sirve con sinceridad; mientras que quienes no se aman tan tiernamente a sí propios, son menos pertinaces en la dureza de sus actos, no se dejan llevar con tanto ímpetu a satisfacer los deseos de su alma.

Capítulo II. Del amor

Juzgada por buena una cosa, y tan pronto como se ofrece a la voluntad, la mueve ésta y atrae hacia sí mediante cierta conformidad natural como la que existe entre la verdad y el entendimiento, entre la hermosura y los ojos. Este movimiento de la voluntad que se manifiesta en una especie de alegría, en el desarrugar la frente y sonreír, con lo cual significa que la gusta aquello por ser bueno, se llama agrado: y le revelan también los irracionales con signos exteriores, saltos, gritos desordenados y caricias. El hombre, a su vez, con la placidez del rostro, la desaparición del entrecejo, la alegría y la risa. En suma: tanto el hombre como los animales ante la presencia de lo bueno, deponen su fiereza, si la tienen, y comienzan a ablandarse.

El amor no es otra cosa que el agrado confirmado, y se puede definir «la inclinación o movimiento de la voluntad hacia el bien», pues la voluntad camina, en efecto, hacia lo bueno, de donde nace el deseo de unirse con él.

Si apetecemos el bien por nosotros mismos, esto es para nuestro bienestar —aunque en realidad solo juzgamos buena una cosa en cuanto nos aprovecha—, ese amor se llama deseo o concupiscencia, la cual tiene dos partes: cuando apetecemos un bien que todavía no poseemos, refiérese a lo futuro, y entonces se llama anhelo; mas si se refiere a cosas que ya tenemos en nuestro poder, recibe el nombre de apetito, de conservación o de retención. Esta es la manera de amar las cosas que creemos útiles o agradables al alma, al cuerpo, a los bienes; y hasta muchos aman a Dios con esta clase de amor, por ser autor y dispensador de los bienes todos. El verdadero y legítimo amor es el que se tiene a las cosas por sí mismas, por su propia bondad, sin consideración alguna a nuestro provecho particular: tal es el recíproco entre amigos, y muy especialmente el que profesa un padre a un hijo. Del amor nace la amistad, cuando el objeto de nuestro afecto nos corresponde con el suyo, reciprocidad que acusa también benevolencia.

Este bien hacia el cual se dirige el amor no es solo del tiempo actual, sino que igualmente se remonta al pasado con respecto a las personas de insigne virtud que más admiramos; extiéndese al porvenir y hasta a las cosas fingidas y fabulosas, por imaginarlas verdaderas, como poco ha decíamos.

La bondad se infiere de las obras: así conceptuamos por buenos a quienes cumplen bien sus deberes para con Dios, la patria, los padres, el monarca, el dueño, los amigos, los hijos, parientes, aliados, conciudadanos y extranjeros. Esta serie de obligaciones se extiende muy vastamente en el género humano, pues, como dijo muy bien Cicerón: «Ningún miembro de la vida, ya pública, ya privada, puede carecer de obligaciones.»

Tiénese por buenos varones a quienes han procurado provecho, le procuran ahora o en lo sucesivo a más gentes, y siendo uno mismo el más querido para sí, ama a quien le hace beneficios, o los hace a los que uno ama sean hijos o íntimos amigos, pues el amor todo lo hace uno. De aquel que nos produce provecho, o a quienes con nosotros se hallan unidos por cariño, pensamos que cumple perfectamente con su deber, y es persona buena porque ama lo que es digno de amarse, como cada uno cree serlo; y no desearía conservarse y ser protegido si no tuviese ese sentimiento respecto de sí propio.

Hasta el que se trata con violencia a sí mismo lo hace por amor a sí, para librarse de males que le acosan o amenazan. De este amor a nosotros mismos proviene el que tenemos a nuestros hijos como parte del propio ser, a nuestros semejantes y a nuestras obras. La semejanza es, con efecto, causa de amor, como a otro yo, pues en cierto modo produce la identidad; por lo cual todos los animales se juntan naturalmente a los seres semejantes a ellos; los niños abrazan y besan los espejos donde ven su imagen, por creer que hay detrás algún otro niño semejante a ellos. Se comprende cuán grande debió de ser el amor que inflamó el alma de Adán al ver por primera vez a Eva, en quien le parecería mirarse a sí mismo bajo un nuevo aspecto.

Para granjearnos amor es más poderosa la semejanza de las almas que la de los cuerpos; si bien aquélla proviene de la constitución misma corporal y además de la análoga proporción del temperamento, de iguales estudios científicos, de las convicciones, régimen de vida y costumbres; también la práctica y la costumbre adaptan un alma a otra, de donde nace la amistad entre consanguíneos, deudos, conciudadanos, condiscípulos, consectarios, íntimos y domésticos.

Entre algunos hombres existe una admirable conformidad de espíritu que une inmediatamente sus voluntades en cierta armonía misteriosa, hasta el punto de que amamos de pronto a quien jamás habíamos visto, y al contrario, aborrecemos, en virtud de una oposición y desigualdad internas, a personas del todo desconocidas y no podemos avenirnos de modo alguno a querer sinceramente a otras, aun beneméritas para nosotros. Fúndase ello a veces, no tanto en la analogía del temperamento corporal como en cierto recíproco contraste entre las almas para constituir la armonía que resulta, verbi gracia, entre los sonidos del acorde musical o la proporción de los humores en el cuerpo sano, de tal modo que no se busca uno a otro por la semejanza, sino por la proporción para realizar esa conjunción armónica y ese sonido agradable, equivalente a querer o no querer una misma cosa nuestras almas. Así sucede que, a menudo, hombres de muy diversos ingenios y con una constitución corporal absolutamente contraria, sostienen mutua amistad firmísima, defecto del cual dice Plutarco con gran razón: «No se sabe de dónde ha venido, ni cómo nos ha invadido.»

Así como por las obras juzgamos de la bondad interior, pensamos que es la cara una imagen del alma, y por eso amamos naturalmente a quien es hermoso; un cómico dijo: «El rostro hermoso es una tácita recomendación»; esto, a menos que sepamos que se trata de un alma mala, al modo como un huésped deforme puede alojarse en un bello edificio. Es más recomendable, no tanto una cara hermosa como una gentil y agradable, en que se reflejan modestia y compostura; señal ésta más cierta de un espíritu bien formado.

Hay, además, otras causas por las cuales la belleza atrae el amor como el ámbar las pajitas, y que podemos transcribir de Platón y de los platónicos: así como el mundo se hizo, por virtud del amor, de algo informe, no solo cosa formada sino hermosa, igualmente el amor difundido por el mundo va empujado hacia la hermosura, de cuya fuente se deriva, siendo ambos conformes entre sí. Aparte de esto, toda belleza es como un rayo y vestigio de la inmensa hermosura de Dios; por eso la recibimos como un bien, la admiramos, y del mismo modo que la belleza divina produce amores verdadero su imagen produce la imagen de éstos.

Es natural que la belleza de los cuerpos represente y en cierto modo ofrezca ante nuestra vista la de las almas con su cadencia, elegancia, proporción y armonía. En efecto: la perfección interior produce la externa; aquélla se llama bondad, ésta hermosura, que parece ser como una flor de la primera y de su propia semilla, como significa el vocablo griego καλοκαγαθια. Por eso, nuestra alma tiende hacia la hermosura cual a cosa semejante; en ella ve expresado corporalmente, con gran admiración y dicha, lo que ya Dios la otorgó espiritualmente; así es que se adhiere al ser semejante a sí misma, y desprecia lo que presenta deformidad, como cosa desemejante y ajena. Porque hay en nuestra alma una figura de bondad y belleza, o al contrario, de malicia y deformidad pintada por obra de la naturaleza, del arte o de la costumbre; y una pintura exterior del objeto que corresponde con aquella interna, si conviene con lo bueno y bello que en nosotros hay, es amada; pero se rechaza si conforma con lo malo y lo torpe. De aquí tanta variedad y divergencia como existe en los juicios acerca de lo bueno y lo malo, de lo hermoso y lo deforme. Esa correspondencia entre almas y cuerpos puede comprenderse por la obra y su imagen, dadas en el espíritu del artista.

Pensemos también que la bondad del autor de todas las cosas fue la que le movió a realizar la creación de obra tan grande, y que la belleza no es sino un rayo de esa bondad difundido por todo el mundo; según que uno ha recibido más de ella, más digno de amor es. Padre del amor es, pues, la bondad; así que la belleza y el amor parecen engendrados por un mismo padre; de ahí que no sea una sola la causa de la hermosura. El primer rayo emanado de la creación cae en «la mente», adornándola con la inteligencia y la reflexión, que es la belleza suprema; el segundo va dirigido al «alma», ilustrándola con el conocimiento; el tercero, a las «formas» de los grados inferiores para fecundarlas con las semillas de propagación de la especie; el último, ya de índole grosera, toca a «la masa de la materia», a la cual dibuja y pinta con variedad de formas. Tales son las cualidades y órdenes de toda hermosura, reflejos de la inmensa luz divina.

A los dos grados del amor asciende la inteligencia; pero la imaginación se detiene en los últimos, y de éstos provienen los amores corporales y el deseo de engendrar en lo hermoso, o de ello, para que salga una forma semejante a lo hermoso, hacia lo cual se dirige la pasión. La finalidad última y suprema del amor es hacer de muchas cosas una; de diversas, la misma; así, quien desea o, hace bien al ser amado, parece que verifica esto mismo al amante, y tanto más si es por causa de éste mismo, como sucede en la reco- mendación. Por igual motivo amamos también a quien sabemos es querido de aquellos a quienes queremos, pues el amor, como unitivo y copulador de suyo, adondequiera se dirija, siempre junta y acopla; así como, al contrario, el odio desune, separa y disocia. Mas debe cuidarse que lo amado no sea de tal naturaleza que se quiera ser el dueño único de ello, pues entonces hay rivalidad, y tras ella, la malevolencia. Frecuentemente se toma por verdadero amor la concupiscencia; yo amo, v. gr., a mi médico por causa de la salud; después que me la ha devuelto, le amo de veras y con el alma como a un varón bueno. Cuanto más importante para mí y más frecuente es el bien que he recibido, con mayor vehemencia surge el amor.

Por tal razón, el amor más grande y ardiente es hacia Dios en aquel que contemple debidamente a ese Ser beneficientísimo. Todo amor que tiene su origen en la debida gracia es tanto más ardiente cuanto menos remunerados quedamos, o cuanto menos le deseé y esperaba aquel a quien aprovecha. Son los primeros en este caso los padres en la humanidad, aunque excediendo Cristo a todos ellos. Hace las veces de beneficio el apartar y rechazar el mal; como hace las veces de éste el impedimento u obstáculo del bien.

No es el amor puro y verdadero mientras no esté libre en absoluto de toda mira utilitaria; y así como se ama a la persona benéfica, también ama el bienhechor a aquel a quien favoreció como si fuese una obra suya; por ejemplo, el padre a su hijo, el maestro a los discípulos; y aun sucede a menudo ser más ardiente el amor de quien favorece y ayuda que el de aquel que ha recibido el beneficio, pues el del primero es por bondad, y el del otro, por necesidad; en aquél están el honor y la gloria, como en quien es mayor y más poderoso; en éste, como inferior, una cierta vergüenza, digámoslo así. Tiene, por tanto, el bienhechor más firme y valioso el principio del amor, que es su voluntad y su bondad, pues el amor, como del bien, va más fácilmente al bien que desde la necesidad a éste. El benéfico obra así porque quiere hacerlo; el favorecido, porque necesita; por eso es exacto el dicho vulgar, «el amor, aunque de naturaleza ígnea, baja, no sube»: así, ama más el padre al hijo, el maestro a su discípulo, el tutor al pupilo, que al contrario.

El amor más grande y ardiente de todos es el de Dios a nosotros; por eso le llamó sabiamente San Juan, no amante, sino «el amor mismo», y del propio modo Dionisio en los Nombres Sagrados. Podemos afirmar con fe y con razón verdadera que el autor de todas las cosas lo ama todo según la grandeza de su bondad, que lo hace y perfecciona todo, que todo lo contiene en sí y lo convierte hacia Él.

De todo cuanto produce el amor, nada más fuerte y poderoso que el amor mismo; ninguna cosa es susceptible de conciliar nuestro cariño como el que recíprocamente nos profesan; ni hay filtro alguno más seguro ni de más poder. No consiste en las palabras, como dijo el poeta en aquel conocido epigrama:

«Marce, ut ameris, ama»,[8]

siempre que sea con verdad y de buen grado, pues el amor fingido ninguna fuerza y nervio tiene, como tampoco calienta el fuego pintado en un cuadro, ni ruge y se enfurece un león de mármol. Tal generación mutua del amor recibe su germen como en un secreto contacto de la naturaleza, y mediante un vínculo de todas las cosas entre sí que creyeron hallar ciertos filósofos, de suerte que tocada una cosa cualquiera se mueven las que son análogas y semejantes a ella, como sucede en las cuerdas de la cítara. Se explica también por el hecho de que al saber que alguien nos ama, desde luego le juzgamos por bueno y creemos justo que se deba amar recíprocamente a una persona buena. Por eso muchas veces no es correspondido el amante, si el ser amado no sabe que lo es. Los platónicos buscaron más en lo alto las raíces de este afecto, diciendo que su principal origen está en la semejanza, porque como a quien más se quiere naturalmente es a sí propio, esa semejanza o naturaleza idéntica en varias personas hace como otro ser igual a nosotros; si alguien es semejante a mí, necesariamente lo soy yo a él, y la misma circunstancia que le induce a amarme me obliga también a corresponderle.

Además, el amante graba y esculpe en su alma la imagen del amado, y la lleva en ella como en un espejo en el cual se mira y reconoce el amado mismo, viéndose obligado a amar a aquel dentro del cual cree que vive, al modo como los niños suelen besar su imagen en un espejo.

El amante prescinde de sí si se entrega y esclaviza en obsequio del amado; éste se apodera y cuida de aquél como una cosa suya querida. Si pudiésemos ver nuestra voluntad, en ella juzgaríamos acerca del amor; mas como está cubierta de tantas y tan fuertes envolturas que no es capaz de penetrar en ella el examen de nuestros ojos ni el de la inteligencia, juzgamos por las obras, según sean grandes, frecuentes, desinteresadas y espontáneas; y

---

8   «Ama a quien te ama, y responde a quien te llama, y andarás carrera llana.»

si a veces no es posible ejecutar actos, con un consejo sano y oportuno puede declararse la intención de un afecto en que aparezca la voluntad; así nos aborrecen aquellos a quienes aborrecemos, nos aman nuestros seres amados; enójanse aquellos con los cuales nos hallamos enojados; se alegran con nuestra alegría, se entristecen con nuestro pesar y vierten lágrimas que son manifestación elocuente del estado interior de su voluntad.

De consiguiente, juzgamos dignos de nuestro amor y amistad a quienes nos halagan, alaban todas nuestras acciones y les parecemos seres justos, como dijo el poeta cómico:

«Obsequium amicos, veritas odium parit»,[9]

es decir, a aquellos que procuran distraernos y apartarnos de cosas tristes; aborrecemos y evitamos, en cambio, s los que nos censuran, nos llevan la contraria y nos avergüenzan. En aquéllos se revela un afecto idéntico al nuestro; en éstos, uno contrario y repulsivo; tal sucede s quienes prefieren lo aparatoso s lo útil, los vanos deleites al provecho sólido y permanente, como los jóvenes y personas habituadas a los placeres, para los cuales es más agradable la celestina, el bufón o el tahúr y el que sabe corromper las buenas índoles, que las personas más prudentes y sabias —como prefiere el puerco el cieno a la mejorana.

Hácense de todos amar las virtudes sencillas y apacibles: la equidad, la modestia, la moderación y la frugalidad por su misma condición inofensiva, o porque nos inclinamos generalmente a lo que es inferior a nosotros y nos molesta lo superior, en virtud de una especie de independencia que, naciendo en una naturaleza depravada, como en tierra viciosa, degenera en arrogancia. Las personas modestas, dulces, blandas y halagüeñas nos parece que son excelentes, dignas de estima y simpatía; muy al contrario de lo que nos pasa con los rígidos censores. Entre aquellas virtudes apacibles está la sobriedad y la taciturnidad, por eso las amamos; no así a los habladores y versátiles, ni a los que pugnan por enterarse de la mala situación de los amigos, no para socorrerlos, sino por afán y curiosidad de saber, y

---

9   «Lo que se gana regalando, se pierde corrigiendo. Mal me quieren mis comadres porque les digo las verdades; bien me quieren mis vecinas porque les digo las mentiras.»

aun las más de las veces para tener de qué charlar con otros, y ejercer su mordacidad, según el dicho de Horacio:

«Percunctatorem fugito, nam garrulus idem est».[10]

Acuden con diligencia para averiguar las desgracias, mientras ven la prosperidad con indiferencia. Asimismo preferimos la amistad de aquellos que olvidan fácilmente las injurias o las perdonan, a la vez que se nos hace odioso el que pone empeño en recordarlas; buscamos por amigos a quienes no echan en cara los beneficios, al que sabe guardar a los suyos fidelidad y benevolencia, por lo cual Dionisio, tirano de Sicilia, deseaba ser el tercero en la amistad de los pitagóricos Damon y Pitias, cuya lealtad, cuando para alguno de ellos había peligro de muerte, ensalzaron los autores de la época: pues así como nos es agradable recordar las vicisitudes ya pasadas, mucho más lo son los nombres de aquellos que no nos abandonaron entonces, sino que nos favorecieron en lo posible, y de aquí el proverbio: *Amicus certus in re incerta*.[11] Con ese motivo decía Nuestro Señor a sus discípulos: «Vosotros sois los que permanecisteis a mi lado en mis aflicciones.» No podemos amar a quienes tememos como personas poderosas que no son igualmente buenas. La prudencia sin justicia es sospechosa; se considera como astucia y engaño.

La confianza en alguna cosa brota de la misma raíz que el amor, es decir, del concepto de bien; por eso uno y otro afecto se ayudan mutuamente.

Es el amor un sentimiento cálido y nace con facilidad en los temperamentos y disposiciones cálidas, y lo mismo en circunstancias de lugar, tiempo y acciones de ese mismo carácter. Pero la mayoría de las personas cálidas dejan el amor por motivos fútiles, ya porque se enojan a menudo, o ya porque se presentan dominantes otros afectos que ahogan el amor como espinas: tales son la envidia, la ira, la soberbia, que vencen a los otros. Si la sangre es delgada, y enrarecidos los vapores, con el mas leve movimiento se extingue la llama que prendió en materia ligera; cuando es ésta densa y

---

10 *Epistolarum*, lib. 1, epist. i8, verso 69.
11 «Échate a enfermar verás quién te quiere bien, quién te quiere mal. En el peligro se conoce al amigo.»

fuerte, que, no cede con facilidad a los cambios, domina el amor vigorosamente con sus temperamentos cálidos, aparte el peligro que ofrezcan otros afectos muy ardientes, como la ira, la arrogancia, el odio. Los templados y sanguíneos son menos propensos al enojo, y por lo mismo conservan el amor con mayor firmeza y fidelidad; pues en ellos, aunque no es tan ardoroso, tiene en cambio más fomento. Pudieran aquéllos compararse a la estopa éstos a la leña, por ser en los primeros mayor el ímpetu, en los últimos la perseverancia; asimismo a los amigos jóvenes, aun de amistad vulgar, cada uno de los cuales no vacila en ofrecer su vida por el otro, cosa que apenas se atrevería a hacer un padre por su hijo único; con todo, la estopa es aquella llama súbita y arrebatada, al par que el amor paterno es más grande, firme y duradero. Así, pues, los temperamentos fríos aman con mayor lentitud y más apaciblemente; pero una vez prendido el amor en ellos aman con más ardor y constancia, como en materia densa y seca, que sirve de fomento fuerte y permanente para el fuego, semejante al hierro.

Capítulo III. Los deseos

Es el deseo un apetito del bien que creemos conveniente para nosotros, ya con el fin de alcanzarle si no le tenemos, o para conservarle si le disfrutamos. Los bienes se refieren, unos, al ser; otros, al bienestar; pertenecen al primero las necesidades propias para conservar y propagar la vida, que llamamos naturales: comida, bebida, medicinas, fuego, casa y vestido, y que más bien reciben el nombre de apetitos que el de deseos. Hacia ellos va impelida nuestra alma por un tácito estímulo natural; cuando recibe su excitación, rebasa el juicio sin escucharle, como sucede con la sed y con el hambre, que por eso se llama «mala consejera», y en los caprichos de las embarazadas, llamados «picazas».

Para nuestro bienestar buscamos comodidades: manjares bien preparados, vino o cerveza, tejidos de lana y lino, con otros elementos exteriores, ya animales, ya del hombre mismo; además, placeres y deleites de todos nuestros sentidos que se apetecen sin límite. Por nuestra parte inventamos otros diversos, como la nobleza, honores, fama, dignidades, riqueza y gloria, y no ciertamente en corto número, sino que los aumentamos todos, en proporciones enormes, de donde proviene un cúmulo interminable de deseos, que hizo exclamar con razón a Plinio Segundo: «Ningún animal tiene apetito más grande de todas las cosas que el hombre, siendo así que necesita muy pocas.»

Infundióse en el hombre el deseo para apetecer y seguir lo que juzga bueno para él, y para que, una vez conseguido, lo conserve. El bien verdadero del hombre, el más firme, es Dios; por eso llega hasta desearle; y como es inmenso, también lo es la extensión de nuestro deseo, que no puede satisfacerse sino en Dios mismo, donde se detiene y reposa. Cuanto más conveniente nos parece un objeto, tanto más vivamente es apetecido y con mayor diligencia conservado. Ahora, en cuanto al concepto de lo conveniente, divergen los pareceres humanos: el espíritu del joven tiene como preferible el placer; para el hombre maduro son los honores; para el enfermo, la salud; para el viejo, el sustento; para los soberanos, la gloria, y para cada cual según son sus afectos corporales o espirituales. Los de temperamento cálido tienen diversos deseos, vivos, vehementes y elevados que quisieran satisfacer en seguida, como dijimos hablando del amor. Los fríos tienen menos deseos, y más apacibles, aunque pertinaces; se dirigen generalmente a uno solo, aquel que eligieron o que inflamó su alma.

La confianza disminuye los deseos; el temor, los acrecienta; aquellos que están seguros de que no ha de faltarles lo que necesitan, no tienen ansia por adquirir ni por conservar; así los jóvenes, los hombres animosos y los ebrios, cuya sangre afluye al corazón en abundancia y con ardor. Lo mismo los que han pasado necesidades y los que no saben cómo se consiguen o se pierden las cosas provechosas. Quienes temen que les falte, buscan y guardan con avidez, como los inválidos, los enfermos, las mujeres, los ancianos, y, por último, todos aquellos que tienen junto al corazón la sangre escasa, tenue y tibia. Tienen éstos, naturalmente, la angustia y preocupación de no carecer, y no en virtud de motivo alguno o de suposición de que padecerán necesidades, sino por el miedo que oprime su corazón.

A una juventud suntuosa y dispendiosísima sigue a menudo, una vejez en extremo parca y sórdida; los que de sanos y fuertes eran liberales, cuando enfermos se fijan en las cosas más despreciables; no quieren alimentos saludables si cuestan más de lo que pensaban; los sobrios y avaros vuélvense generosos al sentir los efectos del vino.

Aparte de todo ello, quien ha logrado con dificultad lo que posee, lo guarda con tesón, ya por el miedo a emprender de nuevo el trabajo, ya porque lo adquirido penosamente es más apreciable, como lo comprado a mucho precio, v. gr., su dinero para el mercader diligente y laborioso, para la madre su hijo y para nosotros Cristo, que nos redimió a costa de toda su sangre. En cambio se descuida aquello que nos ha venido fácilmente, como son las herencias.

Para conseguir las cosas que deseamos se ha concedido al hombre el cuidado, la solicitud y la astucia; para conservarlas y custodiarlas, el miedo, la cautela y también audacia frente a cualquier daño que se presente. Han recibido los deseos sus nombres especiales, según los objetos en que recaen: del dinero, avaricia; de los honores, ambición; del gusto, gula; del amor, sensualidad, y otros infinitos que varían según las gentes y el idioma, siendo abundante el griego en tales nombres. Para la vida usual son los más principales aquellos en que interviene un vicio, o bien una virtud, como en el dinero, honor y dignidades, que pertenecen a la justicia; en el gusto y tacto, que se refieren a la continencia; en el conocer y saber, a la curiosidad. En cuanto a otros indiferentes, v. gr., el deseo de caballos, la afición a la caza, a los espectáculos, etc., son infinitos, por lo cual no caen bajo los preceptos del arte, ni tiene importancia el enumerarlos prolijamente.

Capítulo IV. De ambos géneros de amor indistintamente

Tratemos ahora del amor en general: en cuanto al deseo, es un amor falso y fingido, que a menudo imita y representa al verdadero con sus actos. Todo amor se engendra del bien, y hacia él tiende; la naturaleza misma del bien hace que deseemos unirnos a él por su conformidad con nosotros, de donde nace el deleite y la dicha; por eso el término último del amor es la reunión hasta llegar a la unidad, si pudiera ser. Cuanto más estrechamente se junta y en la esencia misma, con mayor verdad y perfección consigue el amor su fin, afirmándose con la disolución de su propia naturaleza.

Discreta y oportuna en extremo es la fábula inventada por Platón cuenta que habiéndose Vulcano presentado a dos individuos, muy estrechamente unidos entre sí por amistad, complacido al ver sus recíprocas muestras de cariño, los indujo a que le pidiesen un don digno de la munificencia de un

Dios; ellos le contestaron. «Vulcano, artífice de dioses, te rogamos que con esas tus herramientas y en ese horno, nos fundas de nuevo a ambos, y hagas de los dos uno.»

Únense los hombres en vista de los bienes que les son comunes: aquellos para quienes han de ser provechosas o nocivas unas mismas cosas, con el fin de alcanzar las primeras y evitar las últimas, con tal de que no se estorben mutuamente, porque entonces pronto se enojarían y separarían; los que tienen enemigos comunes y dan lugar al antiguo proverbio «las cosas malas ligan a los hombres», los que van embarcados en la misma nave, o habitan una misma ciudad, los que confiaron sus mercaderías al mismo barco. Amamos las cosas por su precio, pues estimamos en más los bienes más grandes y las mayores utilidades, prefiriendo la que nos parece de más valor, y, por tanto, es querido, en primer lugar, quien nos la proporciona. Para el joven son bienes principales las satisfacciones y placeres del cuerpo; para los vicios, la opulencia; prefieren éstos la salud, otros los honores, la fama, el prestigio y la gloria. Así, para el ciudadano romano fueron más dignos de estima y más gratos los que ensancharon las fronteras del imperio que aquellos que educaban en la virtud a sus propios hijos; el vulgo prefiere las virtudes de provecho general, como es la liberalidad, la tolerancia, la sencillez, a aquellas otras recónditas, aunque respetables y dignas de admirarse como la grandeza de alma, la constancia, firmeza y santidad e integridad de vida.

Por lo mismo fueron más simpáticos para el pueblo romano Pompeyo y César que Marcelo y Catón, si bien fue éste más venerable; y nosotros distinguimos con nuestro aprecio las virtudes que aprovecharon a otros por su semejanza con las que nos traen beneficio, como son el haber cumplido sus deberes con la Patria, con los padres, parientes y amigos; el haber mantenido su palabra, aun con el enemigo, como Atilio Régulo. En cambio aborrecemos a los que menosprecian sus obligaciones, a los olvidadizos, ingratos, impíos e inhumanos. El Rey Alfonso de Aragón, habiéndose hecho odiar de muchos nobles napolitanos, y muy principalmente de los partidarios de Anjou, empezó a ser querido cuando supieron que, estando de caza en un bosque, ayudó por su propia mano, a un carbonero a sacar a su amo del barranco en que había caído.

No interviene la razón solamente en la estimación del amor, pues el precio es unas veces constante y fijo, otras inclina nuestro ánimo en el momento por parecernos bien entonces, o de utilidad, o en virtud de algo que nos hemos imaginado en ello. Así, importándonos mucho más la salud que un manjar o una salsa presentada en la mesa, nos vemos impulsados, no obstante, a tomarlos, prefiriendo el sabor a la cualidad, con perjuicio de la salud, bien por no comparar entonces aquellas condiciones encontradas, o esperando que no serán tan nocivos al cuerpo o que hallaremos, si lo son, pronto remedio. De igual manera muchas personas, sin ser malas, pierden el favor divino por algún provecho en negocios humanos, cosa que no harían si bien lo pensasen, pero ya se ofuscan olvidando aquel gran beneficio, o ya confían en que habrán de recuperarle.

Son fuerzas en cierto modo y acciones del amor: primero, ama la voluntad, dueña y directora del alma entera, y ese amor la arrastra hacia su bien; este movimiento es el más rápido de todos, pues nace y corre queriendo y complaciéndose en él la voluntad misma, pareciendo que va impulsada por una pendiente. Por eso es el amor la más poderosa fuente de todas las pasiones y con razón han confirmado los siglos la verdad del axioma: «Todo cede ante el amor como a un vencedor.»

Además, si investigamos prolijamente la cuestión, hallaremos, como ya antes se dijo, que del amor provienen todas las pasiones, pues lo que seguimos y apetecemos es aquello que amamos; huimos y aborrecemos lo contrario, como la enfermedad, por amar la salud; la deshonra, por amar el honor. Por eso los que desconocen los bienes y, por tanto, tampoco los aman, no aborrecen ni temen las cosas contrarias; v. gr., los niños las armas o los precipicios, o aquel sátiro que quería jugar con el fuego que nunca había visto, desconociendo sus daños. Así, no temen la ignorancia los hombres rudos ni las personas depravadas sus vicios, males más graves que los que afligen al cuerpo, porque no saben ni reflexionan cuán importante es la ciencia, la virtud y el bien. Así como surge el amor del juicio de lo hermoso o de lo bueno, cuando adquiere fuerzas confirma, a su vez, el juicio mismo; de suerte que ya no puede resolver otra cosa acerca de aquello que ama, a no ser que se transforme radicalmente y de modo tan rápido que el cambio empeore pronto lo bello o lo bueno; pues si se verifica poco a poco, el mismo poder violento del amor disminuye el efecto de la mudanza. Después que el amor ha extendido con toda amplitud su dominio en el alma, aquel juicio pasa a otras particularidades, hasta llegar a ver el amante en el objeto amado cosas buenas y hermosas que antes no viera, por lo que se llama ciego al amor; y siempre aumenta en su interior, quien ama, las buenas condiciones de lo amado y rebaja sus vicios o deformidades, como dice Horacio:[12]

> «Strabonem
> Appellat paetum pater, et pullum, male parvus
> Si cui filius est;
> —hunc varum distortis cruribus.»

Sé de padres que juran no haber nunca advertido las grandes deformidades de sus hijos, aunque las tenían éstos en los ojos y en la cara; de otros, que decían ser correctísimos y de toda honradez, siendo realmente de perversidad notoria. Así, la aquiescencia respecto de lo que afirma quien es amado, equivale a un juez en el espíritu del que ama, que siempre sentencia a su favor. A veces es el amor absolvente, en cuanto al juicio de otras cualidades; quien ama a su hijo o a su mujer sabiendo bien su deformidad, rudeza o torpeza, como su cariño no toca a estos defectos, sino solo a la persona de la esposa o del hijo, no se enfría su pasión; pero es que interviene la benevolencia que juzga aquéllos tolerables en un ser querido.

Como el amor nace del juicio acerca del bien, en nuestra mano está no admitirle, porque nada hay dotado de bondad o de hermosura tan puras y excelentes que no tenga mezcla de algo que pueda disgustarnos o no convenirnos, por lo cual nos parezca menos bueno, y, en tanto, menos digno de apetecerse.

En este orden solo debemos exceptuar a Dios, a quien si la mente humana contemplase tal como es, cosa imposible de hecho, en vez de como le contempla, confinada dentro del cuerpo, se vería arrastrada a amarle con más poderoso impulso que al conjunto de verdades más ciertas, pues vería el bien sin estar mezclado con mal alguno. Todas las demás cosas llevan por

---

12   *Satyrarumy*, lib. I, Sat. 3, verso 44.

delante o contienen dentro de sí algo por lo cual puedan ser desaprobadas por el examen del juicio o rechazadas por el albedrío de la voluntad; tanto más, cuanto que, aun teniendo cualquier cosa por buena, podemos apartar nuestra atención de mirarla y comprenderla.

Puede ser, en efecto, la voluntad recibir fríamente lo que el juicio propone, o dejar de recibirlo; por eso la frase «puede el amor ser atraído, pero no forzado», confirmada por el dicho de Claudiano: «No obligarás por fuerza a ser amado.» Mas una vez que el amor se ha afianzado en su dominio, y como constituido en posesión de la voluntad, no está dentro de su poder arrancarle cuando quiera, según el dicho de Publio el mimógrafo:

«Entra el amor por arbitrio del alma, pero no sale así», como también lo expresó admirablemente Plutarco: «Amor sensim illabitur, sed ingressus non facile discet dit, etiamisi alatus.»[13] Obliga, en efecto, a pensar inmediatamente en el objeto querido; ese pensamiento le hace familiares cuantas cosas con él se relacionan, y no solo provoca el amor un pensamiento frecuente, sino a la vez el propósito de investigar y conocer todo lo propio del amado.

El santo Apóstol dijo: «Todo lo investiga el amor, hasta las profundidades de Dios.»

El amor del cuerpo quiere unirse corporalmente; el amor espiritual, la unión de las almas, de suerte que haya una sola en dos cuerpos, que es el enlace más grande, verdadero y persistente, del cual nace el querer o no querer una misma cosa, y que el amigo sea otro ser igual a uno mismo: así llamó Horacio a su gran amigo Virgilio «mitad de su alma»; por eso todas las cosas que a un amigo pertenecen las llama suyas el otro; de donde aquella ley de los pitagóricos: «Amicorum esse communia omnia.»[14] Muy a menudo se cuidan las cosas de los amigos con más diligencia que las propias; y nos acordamos de ellos, al paso que nos olvidamos de nosotros mismos.

Es amor el deseo de gozar del bien, de unirse a él, para que quien le ama, con el contacto de lo amado, o sea del bien, se haga bueno. El amor de concupiscencia quiere acercarse y juntarse con una clase de unión que satisfaga el deseo o la captación: bebo el vino o como un manjar; lo que solo

---

13 «Quien en zarzas y en amores se metiere, entrará cuando quiera, mas no saldrá cuando quisiere.»

14 «Las entrañas y arquetas a los amigos abiertas.»

he de oler, no lo aproximo tanto; todavía de más lejos percibimos los sonidos y vemos las cosas; el vestido se aplica al cuerpo o se guarda en el armario; el dinero, en una arca o en sitio donde hay seguridad de hallarle cuando se busque. También hay quien se cree rico por las partidas de su libro de cuentas, por las mercaderías que navegan en los barcos, o están en poder de sus consocios o administradores. No es igual para todos los hombres el concepto de cosas queridas: unas veces se busca lo necesario para vivir, otras lo que nos produzca placeres. Los amigos, cuando es posible, se juntan personalmente, se ven y se hablan, se mencionan o se recuerdan; si no pueden realizarlo en la medida de su deseo, sienten disgusto y tristeza, tanto mayor cuanto más pequeño es el obstáculo que los separa, pues experimentan mayor impaciencia por saber que están más cerca. Y aun los que quieren a personas ya difuntas, comunican con ellas cuanto pueden mediante su continuo recuerdo, visitando los lugares donde solían reunirse, y hasta con la presencia de las cosas que renuevan su memoria, todo lo cual hacemos con los amigos ausentes.

Se ha dado al hombre este deseo de unión en el amor para que quiera juntarse con su verdadero bien, que es Dios, para que, hecho a su vez un Dios, por decirlo así, sea copartícipe de su eterna bienaventuranza. Esa es, en definitiva, la unión cierta, firme y fructífera; precio amplísimo del amor; todas las demás uniones son vanas y sin fruto; tanto, que si uno examina qué es lo que los amigos apetecen en su recíproco amor, verá que nada hay más vacío, esto es, estar juntos, verse y hablarse.

Sirve de tormento el amor con su deseo de goce, no por el amor mismo, que es lo más dulce que puede haber, sino por ese deseo, que si se aplaza en su satisfacción aflige nuestra alma; pero si existe alguna esperanza de gozar, produce consuelo y hasta agrado; pues así como el amor experimenta gran deleite en su goce, no es pequeño el de la esperanza, porque la imaginación nos le ofrece como presente. Así, la mayoría de los que de que desean inventan diversas esperanzas y dan crédito fácilmente a quienes les prometen que se logrará lo deseado: ese es el medio de que se valen los pícaros para engañar a los avaros.

El amor de deseo mira dentro de sí; el de amistad, hacia fuera, a aquel a quien ama; el amante muere poco a poco en sí mismo, mientras que en él vive el ser amado; tal es el dicho del Apóstol: «Vivo, aunque no soy yo quien vive, sino Cristo el que vive en mí.» Deja ya de pensar en sí, de cuidarse, de atenderse; y, en cambio, piensa en lo amado, le cuida y atiende; a esto se llama «éxtasis», cuando el amante, olvidado por entero de sí propio, está todo él fuera de sí, todo él en lo amado, y lo amado en él; porque si esa llama se vuelve y recoge al interior, menos arderá fuera. Así ocurre que quienes se aman vivamente a sí mismos quieren a los demás con frialdad, todo lo refieren a sí propios y a cuanto creen bueno para ellos: placeres, distracción, honor, dignidades, poderío. Los hay que no atienden a su mujer, hijos ni a otras queridas personas, por servir a sus placeres, y es porque se aman ellos con vehemencia, siendo para los otros tibios, y más bien fríos.

El amor de concupiscencia desea bienes al amado, pero por sí propio, v. gr., al vino, dulzura y excelencia; a su caballo, fuerza y agilidad; hermosura y elegancia a su amiga; riquezas al bienhechor; apetece, por tanto, las cosas que juzga buenas para sí. Muy al contrario, el verdadero amor desea y procura todos los bienes al ser amado, por éste, no por sí mismo; jamás es mercenario: no pide para él premio, ni espera cosa que sea contra la condición del amor; si así lo deseese, no le amaría por ser bueno de suyo, sino por conveniente para él. Considera el amor el origen del bien, no el fin de su utilidad, y de ello son un ejemplo evidente los hijos, a quienes aman sus padres solo por ellos, sin mira alguna de sus ventajas, premio o fruto. Tal es el amor de Dios hacia nosotros, y tal debe ser el nuestro a Él, pues no desea el amor la conjunción como recompensa de su acto, sino que es la meta hacia la cual se dirige por móvil espontáneo de su naturaleza. Así como no se ama uno por aprovecharse, sino que se aprovecha porque se ama, tampoco se ama por querer unirse, sino viceversa; ni desea unirse para deleitarse, sino que el deleite viene del contacto con nuestro bien, de su posesión y estrecho enlace. Ese es el fruto del amor, el fin de su deseo, el que acompaña antes de la unión. Cuanto más íntimo, más igualador es el amor; produce la igualdad en cuanto lo permite la naturaleza de las cosas que une: «las más altas —nos dice Dionisio, según Hieroteo— se bajan al nivel de las inferiores; las iguales se asocian entre sí; las inferiores suben a la altura de las más sublimes y excelentes.»

Es en extremo temeroso y lleno de angustia el amor para los seres queridos: el ebrio, porque no perjudique la helada a las viñas; el amante, para que el calor o el frío no causen daño a su amiga; el comerciante teme las tempestades, el amigo por su amigo, el padre por sus hijos, el marido por la mujer, ésta por él. De aquella casta matrona dice el poeta:

«Quando ego non timui graviora pericula veris?
Res est solliciti plena timoris amor.»[15]

Causa, en efecto, molestias todo amor a hombres y cosas humanas, pues ninguna hay respecto de la que no haya mil temores, por más guardada y defendida que parezca contra las vicisitudes de la fortuna. Es, en cambio, agradabilísimo el amor a Dios de quien ningún cuidado ni molestia puede resultarnos; todo en él está seguro, lleno todo de goces y dicha sempiterna. En los demás amores hay mucho molesto: en la amistad sentimos continuo miedo; en el deseo, preocupaciones y ansiedad; en la conservación, cuidados; en el sensual son innumerables las molestias que le asedian. Cuando hay peligro, el amor es cauto y temeroso, si confía poder escapar de él, como vemos en Séneca que dice Tiestes a sus hijos: «Vosotros me hacéis medroso»; si se le presenta una dificultad, se hace atrevidísimo.

Jamás podrá estar ocioso el amor en virtud del estímulo de la voluntad que le instiga a ejecutar actos; siempre está proyectando algo y piensa qué puede ser grato al amado y aprovecharle, no solo a él, sino a quienes desee complacer. Si no puede ser con obras, por lo menos con sus buenos deseos y aspiraciones, con faustos presagios, procura el bienestar del amado, se alegra sí se realizan, y siente que no lleguen a verificarse, o que sea contra su pensamiento.

Del amor de concupiscencia surgen la rivalidad y la envidia, pues muchos apetecen lo que uno solo desea poseer, como sucede con una amiga, con un amigo opulento o con las ganancias. Del amor de las almas nace el candor y la comunicación; quien ama a una persona buena no teme rivales, antes bien, quiere que haya muchos que le acompañen en su afecto; como el que quiere a Dios desearía llevar a todo el mundo a adherirse a este amor,

---

15   Ovidio, *Heroidas*, epist. I, verso II.

y piensa que son bien dignos de lástima los que están separados de él. Aquel amigo que quisiera tener para sí solo el cariño de otro, no ama bien y con verdad sino que desea algo útil para sí, a saber: disfrutar sus conversaciones, la erudición, riquezas, hacienda, la reputación y gloria del amigo. Desea el amante que se presente algo grande y de empeño que redunde en favor del amado, y se alegra de que llegue a realizarse: «Iban los discípulos alegres a presencia de la asamblea porque los consideraban dignos de padecer injurias por el nombre de su Señor Jesús.»

Nada rehúsa sufrir el amor por grave y difícil, por humilde y abyecto que sea, bien exceda de sus fuerzas, bien hiera la dignidad y autoridad de su persona: todo lo cree fácil; todo conveniente, mientras crea que habrá de agradar al amado. Y no es este solo a quien quiere el amante, sino a todas cuantas cosas le son gratas: los hijos, parientes y amigos, hasta los criados y los perros, por lo cual se dijo: «Diligit canem, qui et herum ejus.»[16] Le gusta, en suma, cualquier cosa que refresque la memoria de él, sus vestidos, pañuelos, retratos, los lugares y objetos semejantes; esto, a menos que esté mezclada con el amor la tristeza, pues entonces son tristes los recuerdos del amado, v. gr., el de un hijo que murió prematuramente, el de la esposa, o del marido. Como está en su pensamiento continuamente y le causa perpetuo cuidado, asciende el calor desde el estómago al cerebro; de ahí la crudeza y agotamiento de la sangre, la palidez del rostro y de todo el cuerpo, el ahogo de la respiración, los sollozos del alma por la tensión vehemente, muy en particular ante la presencia o la mención del objeto querido, como si el espíritu se viese aliviado de un gran peso; a menudo saltan también las lágrimas, por liquidarse la humedad con el calor del cerebro haciéndola fluir por los ojos. Otras veces se canturrea para espaciar el ánimo fatigado por la lucha de la imaginación; se mira con gran fijeza y gesto extravagante al ser querido sin dirigir a otro lado la mirada ni el pensamiento; alterna el rostro encendido con el lívido por la afluencia o la retirada de la sangre; por lo mismo se está a veces sofocado, a veces rígido, no se acierta a estar quieto en un sitio; es frecuente la agitación excesiva de los miembros, continuas las lamentaciones, fuera de tiempo y necias las alabanzas, en el amor de Cupido aparece una repentina indignación, procacidad y petulancia, sospechas a

---

16 «Quien bien ama a Beltrán, bien ama a su can.»

cada paso, y, como dice Terencio: «En el amor hay lo siguiente: injurias, sospechas, enemistades, guerra, treguas y paz otra vez.» Otro poeta cómico describe ca la *Cistellaria* los actos y operaciones del amor: «Creo que en los hombres fue el primer amor una invención del tormento: me revuelvo, padezco, me agito, me hallo excitado, mísero, doy vueltas en la rueda del amor», y sigue por este orden. A fin de estar más tiempo juntos los amantes, retiene el uno al otro con vana charla, cuentecillos y fábulas traídas de acá o allá, sorprendiendo tanto flujo de palabras que no se sabe cómo salen. Hay otros que, perturbado el entendimiento o demasiado fijo en un punto no aciertan a hablar seguido, sino que prorrumpen a largos intervalos en tal cual expresión cortada: «¡Oh amores, vida, dulzura, esperanza! ¡oh belleza celestial y divina!»

Todos los amores de concupiscencia lisonjean y alaban hasta llegar a la adulación; personas las más respetables, cuando desean vivamente algo, sirven a otras indignas, temen a las poderosas y respetan a las de mayor descaro; los avaros hacen regalos y se humillan ante los soberbios, porque todos ellos aspiran a complacer por cualquier medio sus intentos y satisfacer su deseo; con esa sola mira no tienen en cuenta su persona y calidad; van a los placeres a través de toda molestia y dificultad, como, va el ambicioso a obtener poderío mediante la abyección y la servidumbre, según dijo Ausonio: «quieren servir para poder dominar». Son tales, aquellos que en el cortejo de los soberanos sufren miserable esclavitud, por ver si al cabo alcanzan algún favor y participan de la potestad. Los reyes mismos toleran en sus ejércitos a hombres de la mayor insolencia y maldad, con tal de lograr con su auxilio mayor extensión de su reino, o gobernar más a su capricho.

Por el gran calor que tiene, impulsa el amor a ejecutar obras grandes y admirables, que rebasan las fuerzas ordinarias, el entendimiento y facultades comunes; se acometen empresas de gran aliento, en que se han de correr y soportar con firmeza graves peligros; se disipan patrimonios como si fuesen livianas pajas: «aunque diera el hombre toda su sustancia por el amor, le parecerá no dar nada», dice Salomón en sus Cantares. Aquel mismo calor acrecienta el ingenio, se discurren sutiles razones, se hallan de pronto eficaces consejos, se inventan versos; adquiere uno de repente elocuencia; nada de lo cual subsiste si el amor se extingue. También aumenta el amor con el continuo pensar en el objeto querido, que se graba así en el alma y se incrusta más profundamente; pues no hay mayor enemigo suyo que el olvido. Y si cuanto más se piensa mayores bienes se ofrecen, es natural que se enardezca más con la benevolencia, como pasa con el amor de Dios. Lo mismo sucede si se presenta algún bien inesperado, aunque sea muy pequeño, se considera grandísimo porque viene sin esperarle, y hasta contra lo que se esperaba; así ocurre cuando preguntamos a uno a quien suponíamos torpe «qué parte del campo cree se puede arar» y contesta acertadamente.

En suma: amamos el bien en razón directa del grado en que le conocemos. El conocimiento precede al amor, y debe ser suficiente para producirle; ahora, cuando ya nos hemos unido con el objeto de nuestro afecto, le conocemos mejor y de más cerca; entonces es cuando realmente gozamos de él. Por el primer conocimiento sabemos que es bueno; por el siguiente lo comprobamos, y esto se dice de todo amor; por eso el fruto de éste es el goce, que es un acto de deleite, no solo de la voluntad, sino también de la inteligencia, como sucede en Dios.

De esta manera ocupa el amor un término medio entre el conocimiento incipiente y el conocimiento pleno que tiene lugar en la unión; por eso con ésta se extingue el deseo, pero no el amor; antes bien, éste se enciende y crece cada vez más cuanto mayores excelencias descubrimos en el objeto amado sobre aquellas que se ofrecieron en el conocimiento primero, que dio origen al amor. La costumbre, además, que hace más pequeños los males, y aun a veces agradables las molestias, destruye las cosas contrarias al amor; con ella se purifica éste y enardece. A las personas acostumbradas enojan menos las molestias, así anímicas como corporales, que al principio nos causan sensación de dolor y disgusto.

Con el frecuente ejercicio, no solo se aviva el amor, sino que todo cuanto ve y oye el amante lo aplica al amado, ya por comparación, semejanza o por algún recuerdo indirecto; porque siempre está pensando casi en presencia de él.

Igualmente crece el amor cuando no aman los demás aquello que juzgamos digno de ser amado; recógese entonces el cariño en el corazón del amante y adquiere más fuerza, como el calor en los pozos y en los cuerpos de los animales por el invierno. Así quiere la madre con exaltación al hijo aborrecido de los otros, porque si todos le aman, parece como si se dividiese el amor entre muchos, o que reposa en la estimación general del objeto aquel impulso primero del alma hacia él; por eso el amor se vuelve menos vivo y vehemente, si no es que amemos lo que queremos disfrutar nosotros únicamente, como en el amor de deseo. También se acrecienta el amor por la compasión, cual sucede a los padres con los hijos pequeños, inútiles, enfermos, pobres, desgraciados, en viajes o en peligro, v. gr., en guerra, navegación o en expediciones largas y difíciles. Cuanto más numerosas y graves son sus causas, es natural que se aspire más al amor que de ellas nace; de igual modo que si a la bondad de una persona se agrega la hospitalidad paternal que ofrece, el parentesco, la amistad y otras análogas circunstancias.

Los deseos de cosas naturales tienen algún término; pero en los de objetos que imaginamos no hay meta ni límite alguno: haciendas, riqueza, honores, poderío y gloria; pues no consiste en su cualidad, sino en nuestro concepto acerca de ellos, pues los inventamos para vivir tranquilamente, con placidez y dicha; pero ellos, como no tocan a nuestra alma en sí, no son capaces de favorecerla, y por mucho que queramos aprovecharlos, son cosas leves y vanas, que no llegan a colmar la profundidad del espíritu; tan lejos están de hacernos felices, que más bien sufrimos increíbles padecimientos para inventarlos, para alcanzarlos, y después para conservarlos.

Una vez excitadas la avaricia y la ambición por vanas conjeturas, llegan hasta lo inmenso; pensamos que una vez adquiridos el dinero u honores deseados, habremos de pasar una vida alegre y dichosísima; pero ya en nuestro poder, quedamos como antes, o peor muchas veces; no se nos ocurre la idea de que las cosas no pueden dar por sí lo que se las pide, sino que extendemos también el error a la magnitud del objeto, y apenas conseguido lo suficiente para llenar nuestro deseo, va éste a nuevas adquisiciones, y tras éstas volvemos al error de antes. Por eso no existe límite en la ambición; jamás se detiene, confirmando la justa lamentación del cantor de Israel: «Es vanidad universal todo hombre viviente.» No es que aumenten las necesidades de la vida efectiva o aumenten los deseos, sino nuestra falsa opinión acerca de ellos, como sucede en los viejos, a quienes censura el Catón de Cicerón, porque «tanto más se preparan para marchar adelante cuanto menos vida les queda», esto lo hace el miedo, forjando cálculos acerca de nuestras necesidades.

Igual origen tiene la conservación de las cosas situadas fuera de nosotros; extiéndese el juicio, no solo a las necesidades presentes, sino a las que pensamos para lo futuro y de posibilidad; también a los placeres, que en muchos influyen las riquezas y honores porque mediante éstos pueden proporcionarse cuantos goces apetezcan. Una vez saboreado el deleite, nos hace insistir en la posesión del dinero, del mando, del poder y de la gloria, de los honores que constituyen el homenaje de los demás, el que estén todos atentos a nuestro mandato, y nosotros al de nadie.

Se amortigua el deseo de conservar cuando lo que poseemos es tan exiguo que no ha de servir para las necesidades imaginadas, como hacen los que vienen a parar en la pobreza, que desdeñan y esparcen lo poco que les queda; de ahí el antiguo adagio: «Es tardía la moderación en la hacienda.»

Al principio cuesta poco trabajo atenuar el amor; por eso el poeta, maestro en estas materias, aconseja ponerle obstáculos cuanto antes, y el trágico escribe: «El que se opuso en el primer momento al amor y le rechazó, ése queda seguro y victorioso.» Así como aumenta con el pensamiento interno y frecuente, se borra llevando a otra parte la atención, a ocupaciones y asuntos diversos: «Si suprimes el ocio, cayeron los arcos de Cupido», y si examinando el objeto querido, o viéndole en quien esté cerca, se percibe grave deformidad o malicia, disminuye el ardor y se contiene el ímpetu.

A veces surge, efectivamente, el amor sin que medie juicio alguno, o siendo muy débil; y si más tarde se perfecciona éste, aquél desaparece, a menos que se descubran en el amado otras causas de amor; y tanto más radicalmente se le expulsa cuanto mayor es la fealdad del vicio que hallamos, como si es de aquellos que más nos repugnan, el más opuesto y perjudicial a nuestros deseos, v. gr., para el ambicioso, un defecto que ataque al honor; para el avaro, el daño a la hacienda; para el flojo y perezoso, aquel que le dé trabajo y molestias. Hubo hasta padres que mataron a sus hijos por motivo del reinado, y lo mismo hijos a sus padres; el avaro arroja de casa a su hijo por gastador; la espartana mató al suyo por huir de la batalla refugiándose en casa; hay ebrios que privan del sustento a mujer e hijos, si no tienen otro recurso para beber. Asimismo nos enojamos vivamente cuando el defecto está en un sitio que creíamos bellísimo, y donde había nacido nuestro amor; como al observar una deformidad en quien por hermoso queríamos, la mudez en el elocuente, la ignorancia en el erudito, la infidelidad en el leal, la astucia en el sencillo, y faltas semejantes en otros. Pues así como los bienes inesperados producen amor y le acrecientan, el frustrarse los que esperábamos le disminuye y suprime; por eso en los amigos, cuanto mejores son, más se afirma la amistad, y ésta es más duradera entre los buenos: pues entre los malos no es tal amistad, sino una relación de familiaridad, sociedad o conspiración, y aun ésa, débil y pasajera.

No solo debilitan el amor los males, sino hasta los bienes si son menores de lo que se creía, o de distinto género; como son muchas cosas dignas de estimación, pero inútiles para nosotros, que las juzgábamos de la mayor utilidad. También disminuye el amor con altercados frecuentes; más pronto y con menos motivo en el iracundo y el soberbio, que no desea tanto ser querido como que se le tributen honores. La felicidad de un amigo aparta de él y ahuyenta al envidioso. Hay, en efecto, quien quiere mucho a los amigos desgraciados y aborrece a los felices, sobre todo si alguno ocupa dignidad elevada, pues muchos de los amigos de inferior posición sospechan que aquéllos los menosprecian y los tienen en nada. Así leemos en la fábula:

«Amantium irae amores est redintegratio».[17]

Lo que se dice del amor sensual se aplica muchas veces a la amistad, que se hace más fogosa con la reconciliación, como si en el espacio del enojo tomase nueva fuerza, lo mismo que la tierra se hace más fecunda con el descanso, y el horno arde mejor rociándole con algunas gotas de agua.

Además, la sensación de dulzura causa mayor agrado después de la dureza y la aspereza; sentimos haber ofendido a quien nos convenía tener aplacado; por eso volvemos con más ánimo a la amistad, y en lo sucesivo cuidamos con mayor cautela que no haya en el amor cosa alguna molesta, y con ello se corrobora.

---

17   «Riña de por San Juan, paz para todo el año.»

Conviene, sin embargo, que la discordia sea breve y con motivo no muy grave, pues, en otro caso, se destruye la concordia, como sucede cuando el enojo dura mucho, y uno de los enojados ha dicho o hecho al otro cosas que le molestan si se le recuerda antes de hacer las paces. Tales enfados, no solo apagan el amor como al fuego el agua echada en abundancia; suelen convertirse en odio grande y en furor cuando toman incremento, como se hiela con más dureza el agua si está caliente cuando se la expone al frío.

Si por flaqueza de la pasión se conmueve el alma del amador, es preciso que ésta vuelva en sí poco a poco, como de una peregrinación, por medio de la música, por invitación a banquetes exquisitos y preparados con suntuosidad; bebiendo vino claro y muy líquido si fuera menester, sin llegar a la embriaguez —decían con razón los antiguos que «el culto de Baco contribuye a limpiar el alma»—; por juegos y alegrías de todo género, la pelota y, los dados, bailes, contemplación de tapices, cuadros, espectáculos y recreos, edificios, campos, ríos; con la pesca, caza y navegación, con fábulas y narraciones festivas e interesantes, con ocupaciones, con fuerte ejercicio hasta sudar y que se abran los poros del cuerpo a la transpiración, y aun siendo conveniente abrir una vena para que salga la sangre primera y corra otra nueva, de donde surgían también nuevos vapores y quede sumisa la otra pasión vehemente, por ejemplo con la ambición de riqueza y honores, con el miedo, la indignación, la ira, y esto bastante tiempo, hasta que el alma se afirme en su inclinación a la otra parte, y no vuelva de pronto al amor primero.

Basta por ahora con lo dicho acerca del amor: sus grandes energías, inmensas hasta lo increíble, son para nosotros inagotables; por el amor fuimos creados, por él nos perfeccionamos, él nos hace dichosos. Son los misterios del amor los más profundos, recónditos e incomprensibles.

Capítulo V. Del favor

Muy cerca del amor está el favor, que nace del concepto de algún bien y consiste en una cierta benevolencia: de modo que no hay amor sin favor, aunque puede existir éste sin aquél, cuando deseamos beneficios a uno a quien no amamos. Por eso el favor es más fuerte y duradero si va acompañado del amor; en otro caso, es más ligero y breve.

Es, por tanto, el favor un amor incipiente, pues empezamos ya a querer a aquel de quien juzgamos bien, y al que creemos digno de algo bueno e interesante; favorecemos a quien tiene en nuestra alma algún viso o grado de amor, v. gr., a nuestros parientes, deudos, conciudadanos, amigos íntimos y consocios, e igualmente a los conocidos más que a los que no lo son, porque el conocimiento es el primer paso para el amor, y podemos favorecer a uno de palabra, como de, pensamiento, que equivale a desear su bien.

Este juicio tocante al mérito de alguno puede, en primer lugar, ser simple y universal para todas las cosas, de donde proviene ese favor general que sentimos hacia la sencillez y la inocencia v. gr., con los niños, que de todas las personas son favorecidos sin envidia alguna, con los animales jóvenes que nos gustan y a los cuales acariciamos, aun los pequeños lobos, leones y raposos por solo la consideración a su hermosa cara, que, según se dijo, es de suyo una recomendación tácita. Todos los motivos para el amor se aplican también al favor. Otra clase de juicio se funda en la estimación por el mérito de una cosa determinada, de donde proviene el favor hacia ella solamente, como en la concurrencia para la magistratura, en el juego, si uno realiza algo por lo cual le consideramos digno en general, o más que su competidor. Por esta razón nace el favor a veces del odio, inclinándonos hacia el adversario de aquel a quien aborrecemos o contra aquel a quien él favorece.

También sale el favor de la misericordia, por ejemplo, cuando alguien recibe injustamente una injuria, deseamos que en otra cosa se le indemnice el daño. Hubo en Atenas un caudillo, reo de muerte, que solicitó la pretura para que, siéndole denegada, se le absolviese más fácilmente, confiando en que los jueces habían de inclinarse a favorecerle cambiando el deseo de venganza en compasión por la repulsa obtenida.

Igual origen tiene el pedir cualquier cosa injusta para obtener lo que sea justo.

Otros muchos ejemplos hay de esta clase de sentimiento compasivo.

Si el favor no está sostenido por el amor, es afecto que desaparece por los más livianos motivos, tanto más pronto cuando va contra cosa nuestra o de los nuestros, esto es, si aquel favor nos trae algún daño, peligro o molestia. El concepto de estimación que formamos temerariamente o en virtud de razones baladíes se abandona también con facilidad; así, aquel a quien favorecemos movidos por interés, dejamos de favorecerle una vez recibida la recompensa, pues desaparece la causa, o si no la recibimos, porque entonces le queremos mal, indignados. Asimismo, si favorecemos a uno por odio o envidia a otro, calmado este sentimiento se debilita el favor, «cosa que acontece diariamente en las luchas y en la discordia civil».

Capítulo VI. De la veneración o respeto

Nace la veneración del juicio de un gran bien, el cual no nos perjudica; si creemos que ahora o más tarde ha de perjudicarnos, es ya miedo.

Tiene, sin embargo, toda veneración alguna mezcla de miedo o de pudor, pues consiste en una opresión o encogimiento del espíritu por idea de una grandeza buena, o al menos inofensiva para nosotros. Se halla basada en la comparación de esa magnitud con la pequeñez propia o ajena, llevando siempre consigo un sentimiento de admiración: lo que no admiramos tampoco lo respetamos; y así como el alma se ensancha por el pensamiento de la propia grandeza, se deprime por la ajena: de lo que proviene el rebajamiento y menosprecio de nuestra estimación cuando elevamos la mente a pensar en la majestad divina. Así dijo Ovidio:

«Protinus intravit mentes respectus honoris:
Fit precium dignis, nec sibi quisque placet.»[18]

No es el honor —como pensaba Aristóteles y después de él la mayor parte de los gentiles— el precio de la virtud, sino el testimonio por el cual aseguramos nuestra creencia de que es virtuoso aquel a quien honramos; y esa expresión externa con que el espíritu declara someterse a la excelsitud, es muy diversa en los distintos pueblos: «doblar la rodilla, que significa humillarse; «descubrir la cabeza», que, según las costumbres en Grecia y Roma, es señal de esclavitud, como que era el birrete símbolo de la libertad; «ceder el sitio y el paso», «acompañar», «conducir y traer» a la persona honorable, con lo cual confesamos que es superior; «el silencio» con que prestamos atención o tememos las reprensiones; «nuestras palabras» que declaran la excelencia de aquélla. De todas estas formas, la más comprensiva es la

---

18   *Fastorum*, lib. 5, verso 31.

estupefacción que nos invade al admirarla, de tal modo que no acertamos a expresarla exteriormente; quedamos «atónitos» y «fuera de nosotros». Con efecto: una veneración extraordinaria sobrecoge el espíritu y le fuerza a olvidarse de los propios deberes, por ejemplo, teniendo que hablar ante el Senado, o a una reunión de personas eminentes, o a presencia de un gran soberano, muy a menudo se quedan cortadas las personas sin acertará proferir una sola palabra de las que tenían pensadas; asimismo al saludar a un varón eminente, olvidamos muchas veces tributar el debido homenaje a otros que con él se hallan, por estar embargada totalmente la atención en el respeto de aquél.

Esta suma de bienes la entiende de distinto modo cada uno, como sucede en todas las cosas de la vida; en Dios se dan aparte de las demás excelencias estas dos: la del poder máximo y la bondad infinita; bajo del poder viene la sabiduría; todo lo que en la tierra se refiere a la omnipotencia produce veneración; lo que a la bondad, amor.

Aplícase el poder a hacer el bien y a resistir el mal, primero «en los bienes externos», en cuyo número están los príncipes y los hombres opulentos, luego, «en los corporales», como son los valientes y hermosos, por la natural conjetura de que dentro tienen un espíritu semejante a la forma, de donde aquel proverbio: «la hermosura es digna del mando»; «en el alma», cual son los animosos; «en la mente», los prudentes, los instruidos, los elocuentes y los sabios; «en la voluntad», los justos, moderados, fuertes, constantes, los no dominados por las peripecias y caprichos de eso que llaman la fortuna. A los buenos, es decir, a los justos, los de moderación y templanza, más bien los amamos que los respetamos, bien que algunos reverencian más a estos últimos, aunque no ensalcen todos los demás bienes.

Es la majestad el supremo honor hacia los más grandes bienes; se deriva de la palabra «major», para dejar el honor a los objetos medianos, reservando para los más elevados la majestad; y si bien el honor es más extenso que ésta, por el género, se distinguen bien en el lenguaje usual.

Imaginaron festivamente los poetas que la majestad era hija del honor y del respeto; fábula que desarrolla con versos ingeniosos Ovidio en el libro quinto de sus *Fastos*. Del respeto sale el amor, cuando contemplamos la magnificencia combinada con la bondad, como está en Dios; quien, por ser «máximo», es también «óptimo». En cuanto al temor, y de éste el odio, nace cuando sospechamos que nos viene o vendrá algún daño, como sucede a los que solo piensan en el poder de Dios y la severidad de su juicio, sin la clemencia; de aquí aquella aguda sentencia: «¡Oh César! quienes se atreven a hablar ante ti parece que desconocen tu grandeza; los que no se atreven, tu bondad.»

La admiración preserva el respeto; así, al terminar aquélla, se borra la veneración, que desaparece con el uso y la familiaridad, como se nos cuenta en el apólogo de la zorra, que desmayándose la primera vez que vio a un león, ya en la tercera empezó a jugar con él confiadamente. Por eso entre las gentes rudas, no solo se pasa del respeto a la familiaridad, sino que, a menudo, degenera en desprecio, según el pasaje de la conocida comedia.

Con todo, se conserva la veneración aun en medio del trato y de la costumbre si aquellos con quienes se comunica comprenden la verdadera grandeza, a la cual honran tanto más vivamente cuanto la ven con mayor fijeza y claridad teniéndola cerca de sí. También se conserva si a diario se ofrece alguna cosa nueva de igual grandeza; o si ésta lo es en tal grado, que por sí misma se vindica fácilmente del desdén y el menosprecio.

Las palabras y actos graves, viriles, constantes, sublimes, sin vanidad y arrogancia notoria, que es lo más aborrecible, las propias de la grandeza, guardan nuestra veneración; la quitan, por el contrario, las palabras y hechos pueriles, femeninos, jocosos y bufonescos; los lascivos, ligeros, vanos, versátiles, bajos y abyectos, los ajenos y distantes de aquella excelencia; igualmente los arrogantes, pesados, jactanciosos, los iracundos y amenazadores. Así dice un poeta:

«Non bene conveniunt, nec in una sede morantur
Majestas et amor».[19]

Es decir: el amor, olvidado su deber y dignidad, halaga, ruega, se rebaja, dice tonterías y burlas, con lo cual desaparece completamente la veneración que de suyo ya tenía raíces delgadas y endebles, fáciles de arrancar con pequeño esfuerzo. En efecto: una vez suprimida la creencia en lo

---

19   «Amor y señoría no quieren compañía. Rey y enamorado, mal se compadecen.»

excelente del objeto —que es donde está el origen de la veneración—, ya deja ésta de existir; aquella creencia disminuye con gran facilidad, porque toda excelencia humana está mezclada con la vileza, la cual, en virtud de nuestra debilidad, se manifiesta más pronto al exterior que aquélla, que es lenta. Además, nuestros juicios, a consecuencia de su índole depravada, se apoderan con más rapidez de lo que es vicioso o malo, como algo afín y semejante a sí mismos. Además, el amor inconsiderado que cada uno profesa a sí propio, y que es origen de la soberbia, produce el deseo de no ser aventajado por otro alguno, y aun la creencia de que no lo es. Casi todas las pasiones extremadas impiden la veneración, haciéndola disminuir: la ira, la envidia, el odio, el amor, no solo por lo que es venerable, sino en contra de los demás; perturban de tal suerte el juicio, que ya no puede o no quiere resolver en justicia acerca del mérito respectivo, hasta el punto de que, si está presente una persona enemiga o menospreciada, omitimos de propósito las señales de respeto hacia otra, por no parecer que honramos a quien aborrecemos o despreciamos. Tal se cuenta que hizo Eneas cuando celebraba un sacrificio; al pasar Diomedes por delante de él no hizo demostración alguna exterior de adoración y de culto divino para que no se tomase como homenaje al enemigo. Así ocurre frecuentemente en la vida, a no ser que intervenga un sentimiento más poderoso que nos obligue a exteriorizar aquellos signos, v. gr., el deseo o el miedo, cuando tememos que nos perjudique esa omisión de nuestro deber, o cuando esperamos o deseamos algo de aquel a quien veneramos.

Padece la veneración según en el grado de maldad y vileza de las cosas que la dieron origen y, según nuestro juicio, acerca de la excelencia de ellas; pero si ha nacido de un juicio prudente, en nada la daña la debilidad corporal o la vulgaridad, aunque sí el lenguaje rústico, la educación poco urbana y la cólera; por más que hay quien juzgue que la fuente de todo bien está en un solo sitio y crea que fuera de él no hay nada excelente y digno de veneración. Unos la colocan en lo ilustre del nacimiento; otros, en la elocuencia, en la gramática o en el arte de hacer versos; quiénes, en la belleza de la forma; los más, en las riquezas. Muchos reúnen necia y perversamente las cosas más distintas, confundiendo, por ejemplo, el modo de vestir, de presentarse o de tomar asiento, con la erudición, de suerte que si no tiene alguno aquellas circunstancias como uno cree se deben tener, no le consideran como persona instruida. Así, piensan que no es magnate el que no habla con altanería, ni escribe incorrectamente, o no tienen por buen soldado al que no suelta recios ternos a cada palabra que pronuncia.

Capítulo VII. De la misericordia y la simpatía

Define Aristóteles la misericordia «el dolor del mal que nos viene sin merecerle al parecer». Llama a ese mal φθαρτικον, como si dijéramos «corruptivo» o «corruptor», tal como las enfermedades, la muerte, el hambre y la sed, los tormentos, las heridas, la expoliación y otros de género análogo. Quizás afirmaba esto porque no discurría acerca de las cosas naturales, sino de preceptos civiles, pues en la curia y el foro no aparece la conmiseración por aquéllas.

Son objeto de este sentimiento toda clase de males; en efecto: compadecemos a los deformes y mancos, a los torpes, rudos, necios y malvados. No son, a nuestro juicio, dignos del mal los hombres buenos, los que cumplen rectamente su deber; ni los inocentes que sufren una pena, los hombres totalmente inofensivos y sencillos, como son los niños, los privados de razón, los incapaces de soportar grandes trabajos y miserias, como las mujeres, viejos, enfermos y personas delicadas. Agréganse a éstos quienes perdieron una gran fortuna, aquellos que no han podido disfrutar de sus bienes, por ejemplo, el hombre de gran talento que es arrebatado de la vida en lo más fructuoso de sus estudios, como Juan Pico, o el heredero de grandes riquezas que muere antes de obtener la herencia o el nombrado para la magistratura que no llega a lograr ese honor.

Es tanto más intensa la conmiseración si, en vez del bien que se espera, se padecen males impensados, como el heredero de un reino que pasa a la cautividad de un calabozo, «como sucede todos los días a las almas de los impíos, y de ellos no nos compadecemos». Aquellos que soportan animosamente y con valor sus calamidades menos dignos de ellas nos parecen, y nos apiadamos más de quienes no imploran nuestra misericordia. También mueven a compasión los peligros por ser cosa próxima a los males: la navegación, los lugares que abundan en salteadores; produce, antes bien, tristeza que conmiseración el pensamiento del mal que ocurre a uno o a los suyos; pero se reúnen ambos sentimientos cuando creemos que nos sucede injustamente ese mal, o a los seres que más amamos, como se infiere de las palabras con que se lamenta: «padecemos esos males sin merecerlos», que es la conmiseración por nosotros mismos.

La semejanza trae la simpatía y mueve a misericordia, como sucede con los semejantes en edad, costumbres, constitución, estudios, dignidades y linaje. Es la simpatía a modo de contacto de una función, a la cual responden las demás funciones semejantes, como pasa en dos cuerdas de diversas cítaras, puestas en igual tono, cada una de las cuales suena cuando se toca la otra.

Mucho se afecta al alma con los males ajenos, porque viéndolos cerca pensamos que también nos amenazan a nosotros. El tránsito entre cosas semejantes es cosa fácil, y lo que se considera lejano se desdeña, como si para nada nos tocase, como sucede a gentes del interior ante un grave naufragio, o al monje con los padecimientos en la milicia. Fue aguda e irónica la contestación de aquel filósofo que, preguntado en tono ofensivo por qué las personas ricas socorren mejor a los ciegos, sordos y cojos que a los filósofos pobres, apiadándose mucho más de aquéllos que de éstos, dijo:«Porque los ricos se tienen mejor por sordos y ciegos que por filósofos.» Así también, los que «por la embriaguez de una gran felicidad» se creen exentos del destino humano, se hacen incompasivos por pensar que a ellos no llegan las vicisitudes de los demás hombres; de igual modo, los que padecen males extremos o se hallan en grandes alternativas del mal de nadie se compadecen, por creer que ninguno estará peor que ellos mismos; desaparece el sentido de humanidad por el rudo contacto de la desgracia, y con él se embota ese sentimiento tierno y suave del alma en que consiste la compasión. Nada más propio de la humana naturaleza que el apiadarse de los afligidos; sentimiento que admira ver que los estoicos pretendían expulsar del alma de un varón recto, siendo ello cosa incomprensible y contraria a nuestra condición. Es afecto que nace de una cierta semejanza y correspondencia de las almas entre sí, no pudiendo éstas menos de considerar, cuando contemplan los males ajenos o piensan en ellos, que están también expuestos a los mismos y amenazados de sufrirlos, y en tanto, los compadecen, doliéndose de que un semejante tenga que sufrirlos.

Si el amor todo lo hace común y hasta todo lo identifica, no es posible que un amigo deje de condolerse de otro que sufre; y si se conduele de uno, lo mismo tiene que sucederle con otro cualquiera de sus amigos. Siendo una máxima de sabiduría y de bondad el que todos los hombres se hallen entre sí unidos como con un nudo sacratísimo —y tal estamos formados y dispuestos por la naturaleza— ésta, la sabiduría y la bondad, nos imponen de consuno y nos inspiran la misericordia; desaparecida la cual, ¿hemos de poner en su lugar la dureza, la ferocidad, la crueldad y la inhumanidad; es decir, despojar al género humano de esa humanidad precisamente para hacerle inhumano? Cierto que dijo Séneca: «Yo puedo ayudar al afligido y socorrer al desgraciado sin que sea preciso ese dolor y tribulación del alma que llaman misericordia.» Podrá hacerlo quizás ese filósofo alguna vez, pero no siempre; ni podrán otros que necesitan un acicate interno para marchar rectamente en la vida. Además, quien no tiene con qué socorrer, ¿no puede a menos sentir en su espíritu los males ajenos y manifestar que éstos le afectan también a él?

No hay para qué discutir más sobre el caso, y dejemos sentada esta afirmación. No se puede al afligido darle socorro más eficaz que el condolerse de su dolor: nada como la comunicación de éste es capaz de aliviar y consolar las enfermedades del alma y los más graves males, porque no hay cosa que nos pueda ocurrir en la vida tan triste y desesperado como el pensar que nadie nos compadece, ni puede el desgraciado hallar cosa más grata que las lágrimas ajenas asociadas a las suyas. Dejemos a un lado a los estoicos que quisieran en vano convertirse en rocas, gracias a sus disquisiciones escolásticas, habiéndolos hecho hombres la naturaleza. Sigamos hasta terminar esta materia.

Es la misericordia un sentimiento de gran mansedumbre, concedido por Dios a los hombres por su bien para el mutuo auxilio y consuelo de las diversas vicisitudes que pasan en la vida, en las cuales suple la misericordia la falta de amor. Cuanto se dice de los males a que estamos próximos y expuestos, se aplica igualmente a nuestros allegados, íntimos y personas queridas. En efecto, hállanse prontos a apiadarse los que tienen mujer, hijos, o nietos o grandes amigos amenazados de los mismos males. Por eso son misericordiosos los viejos, que lo temen todo por los suyos; la blandura de corazón hace a las gentes simpáticas y compasivas: hasta el punto de que algunos compadecen aun a los que sufren males merecidos, como los niños y las mujeres se apiadan de ladrones y parricidas aunque no se los castigue más que con golpes. Al contrario, la dureza de corazón disminuye la misericordia; así sucede en la ira, en la milicia; y a los que no reflexionan lo que es malo, ya por torpeza de espíritu, como los rústicos, de quienes, dijo Virgilio:

«Aut doluit miserans inopem, aut invidit habenti»,[20]

o por ambición de aquello que creen bueno. Los imprudentes o sin experiencia, se compadecen pronto y mucho de los males pequeños; asimismo las almas generosas y sencillas sienten gran misericordia, como son los jóvenes y personas muy principales; mas los experimentados y prudentes entre los magnates no hacen caso de las minucias: los santos varones juzgan cosa muy grave el detrimento de las almas en el pueblo; y aunque también los conmueven los males corporales, desprecian y se burlan de la hacienda en aras de las almas.

Las obras de la misericordia son análogas a las del amor, como nacidas aquéllas de éste, a su vez crece el amor con la misericordia, como el de la madre hacia su hijo enfermo, afligidos o en peregrinación. No hay afecto alguno que tenga más prontas las lágrimas que la compasión; tanto que hay quien no llora los males propios y llora con los extraños: ambos sentimientos son dignos, honorables y generosos. También sucede a menudo que algunos derraman lágrimas por el mal ajeno y no pueden llorar por el propio, como si se hallasen agobiados por la magnitud del dolor: tal cuentan de Amasis, antiquísimo rey de Egipto, el cual lloraba la muerte de un amigo, y no lloró la de su hijo. También se dice que la misericordia entra generalmente por los ojos, según ya dijo Horacio:

«Segnius irritant animos demisa per aurem
quam quae sunt oculis subjecta fidelibus.»[21]

---

20 *Geórgicas*, lib. 2, verso 499.
21 *Arte poética*, verso 180.

En la antigua Roma se sacaban a la plaza o ante la asamblea los hijos pequeños para mover la compasión; iba delante el reo desharrapado, sus amigos vestidos de luto, llevaba a la vista, desnudo el pecho, las heridas o las cicatrices, las ropas ensangrentadas, la representación del hecho pintada en un cuadro. Cierto que todo ello influye mucho en el vulgo, que se deja llevar por los sentidos; pero quien antes bien se guía por el pensamiento y la inteligencia se conmueve más con la relación del suceso, bien expresada.

Hasta los hay que se impresionan oyendo una fábula o una historia, y apenas se conmoverían presenciando el acontecimiento real. Así dice M. Fabio: «Sirve más a los actores para mover los ánimos la voz misma y la pronunciación bajo la máscara teatral en la escena»; esto es, al paso que oímos, ayudan al sentimiento la idea y la fantasía. El mismo asunto lamentable gana con el arte del actor para producir impresión: «se explica la gravedad del mal, la perversidad de quien le sufre: se comparan la ventajas del bien, se comenta cuánto menos digno era el protagonista de tal o cual desgracia, si nos hace ver esta o la otra circunstancia de tiempo», todo lo cual parece aumentar la probabilidad. Además, por ese medio el oyente saca consejos para sus hijos, consortes, seres queridos y aun para sí mismos, en virtud de nuestra suerte común.

Encargan los preceptores del arte que sea breve el efecto de compasión que se obtiene por la habilidad del narrador: las lágrimas que no brotan por virtud del hecho natural tardan poco en secarse.

Capítulo VIII. La alegría y el gozo

Es la alegría un movimiento del alma por el juicio de un bien presente o apetecido como cierto. La privación del mal se tiene por bien, aunque en éste siempre hay alegría, y no así en la retirada del mal, como cuando solo desaparece la enfermedad que nos ataca. La alegría no soporta cosas contrarias, y si llega a soportarlas, se convierte en afecto leve que llamamos hilaridad; es una alegría atenuada.

El juicio de un bien ajeno, que nos complace, aunque no en términos de identificarse con nosotros mismos, o el de bienes que han de sobrevenir o de los pasados, y también de males que ya hemos dejado de padecer, produce en el alma un cierto movimiento agradable que, si bien semejante a la alegría, no es ella, en rigor, sino gozo, el cual se experimenta igualmente con el bien propio cuando le recibimos con moderación.

Distingue a la alegría un impulso vehemente y se aplica a cosa que hemos deseado mucho o por la cual hemos luchado y trabajado, o que nos viene de repente, contra lo que creíamos o esperábamos, agitación que dilata el corazón extraordinariamente, hasta el punto de producir a veces la muerte. Así sucedió a aquellas mujeres de la segunda guerra púnica que, al ver de pronto sanos y salvos a los hijos cuya muerte se les anunciara, cayeron exánimes; siendo más rápida en ocasiones la muerte por alegría inmoderada que por gravísima enfermedad.

De esa misma dilatación del corazón nacen la risa, los transportes; cuando ya no cabe en el pecho, la gesticulación y hasta la demencia. En cambio, la alegría moderada o hilaridad y el gozo limpian la sangre con su calor, afirman la salud y provocan un color resplandeciente, puro y agradable, según dijo el Rey Sabio: «Un corazón alegre sirve de medicina; un espíritu triste deseca los huesos.»

Los que son de corazón blando admiten pronto el pesar y la tristeza, como sucede al sello estampado en la cera; los que le tienen duro y cálido cogen rápidamente la alegría y la conservan largo tiempo, y, al contrario los de corazón duro y frío, la tristeza, como en la bilis negra. Es ésta una pasión terrosa, fría y árida, mientras que la alegría es cálida y húmeda; por eso surge fácilmente en los niños, jóvenes y personas saludables, en las tranquilas y firmes; porque el miedo impide la alegría, sobre todo si se refiere a un objeto de mayor importancia que el de la alegría. Surge asimismo en primavera, en los sitios templados, en las fiestas, conmemoraciones y banquetes.

Al presentarse la alegría, muchos apartan los obstáculos que a ella puedan oponerse y llevan a mal que se les perturbe y aun se les pregunte acerca del acontecimiento agradable. Por igual razón no quieren oír hablar de asuntos tristes cuando se está celebrando una fiesta, un convite o espectáculo, v. gr., de la muerte, las privaciones, la pobreza, de negocios públicos o particulares, del rigor de la virtud y de la frugalidad. En tales ocasiones son enojosos todos esos asuntos; pero una vez pasada la alegría, se enteran de ellos sin dificultad y se conmueven más que en ninguna otra ocasión, por el recuerdo mismo de lo fugazmente que ha pasado el suceso feliz, pues entonces ven que desaparece volando aquello que tanto gustaba, o porque, ya refrescado el corazón, reciben con mayor facilidad pensamientos más serios.

Es tanto mayor la alegría cuanto más grande el bien que creemos haber alcanzado; esto es, amplio, nuevo, raro o inusitado, y que haya cabido a muy pocas personas y éstas las más principales y honorables. En los casos contrarios es aquélla menor.

Capítulo IX. El deleite

La alegría es el primer movimiento por el bien que se acerca, o por el que se nos ha unido ya agregado. Cuando después de recibirle sosiega el alma, goza y descansa en el bien concorde con ella, resulta placer o deleite que puede definirse: la aquiescencia de la voluntad con el bien conforme a ella. Repetidas veces hemos dicho que no importa a las pasiones que un objeto sea o no sea tal en realidad, siempre que se piense que lo es. Algunos, en efecto, por solo la acción de su fantasía, consiguen creer encontrarse en medio de los mayores bienes, como sucedió al conocido personaje de Argos de quien nos habla Horacio:

«Qui se credebat miros audire tragaedos
In vacuo laetus sessor plausorque theatro»[22]

cosa común a todos los afectos.

El deleite reside en la congruencia, la cual no se halla si no hay alguna razón de proporción entre la facultad y el objeto, o sea una cierta semejanza entre ellos; de modo que ni sea mucho mayor lo que produce el deleite ni notablemente menor que la facultad que le recibe, en la parte recibida. Por eso es más grata a la vista una luz mediana que una fuerte; y las cosas semi oscuras son más agradables a un órgano visual débil; lo mismo que sucede en los sonidos; así nos subyuga más el canto con versos conocidos que con los que no lo son. Se dice «en la parte recibida» por ser donde se aplica su fuerza la facultad al objeto; pues unos mismos sonidos son extensos para un

---

22   Epistolar, lib. 2, epist. 2, ver. 129.

oído y moderados para otro, y aquel que era exagerado a poca distancia, si se retira más parece tenue. Dios, que es inmenso, es recibido con deleite por la parte del alma capaz de acomodarse a Él; y como existe diferencia entre salud y placer —pues el estar sano no es deleitarse, como erróneamente creía Epicuro— también la hay entre recreo y deleite, porque, si bien muchos de aquéllos participan de la índole de éste, no son todos: la disminución o el cambio de trabajo, aun del menor al mayor; los juegos, las conversaciones triviales, a menudo no tanto deleitan el espíritu como le espacian y refrescan. Por eso el recreo es cosa más amplia que el placer: todo placer recrea, pero no todo recreo nos produce placer.

En cada una de las facultades cognoscitivas del animal hay fuente de deleites: en los sentidos externos, en los internos, en la inteligencia; y en la medida que cada cual se consagra más a alguna de esas facultades, es atraído con más fuerza por sus deleites; el pueblo se inclina a lo sensible; los sabios, a lo intelectual; según la índole y cualidad, ya de nuestras facultades, ya de la cosa agradable, es el respectivo deleite excelente y levantado, puro y duradero, o, por lo contrario, vil y sórdido, corto, mezclado con molestias y perturbado, siendo el inferior de todos el que corresponde al sentido del tacto, el terrenal; algo más elevado el del gusto, aunque también propio de los animales. Es ligero en el olfato, sentido el más obtuso del hombre, pues no es tan grato el olor suave como molesto el hediondo. Los oídos, que pertenecen al aire, contienen placer algo mejor; los ojos, de naturaleza ígnea, casi etérea, aventajan a los demás sentidos. Más elevados que ellos son los placeres interiores del alma; los más puros y nobles de todos, los tocantes a la mente, y entre las facultades mentales, la reflexión.

Los deleites del tacto y del gusto no son duraderos porque esos sentidos se cansan pronto y llevan consigo gran pesadez y muchas molestias; los de los otros sentidos son más persistentes; entre ellos, la facultad de mirar encuentra placer inagotable. Los deleites de la fantasía son más estables que los de los sentidos; así, entra pronto la saciedad en los de la comida, bebida, los sexuales, de música y espectáculos; no así en los de adquisición de dinero, poder, honores y gloria, que radican en la fantasía y en conceptos falsos. Los de la inteligencia son los más puros y perennes; no la cansan, sino que la refrigeran; su naturaleza es tal que no pudiera creerlo quien no los ha experimentado; mas pueden servir de prueba las personas que, habiendo perdido sin dificultad ni pena cuanto tenían, se contentan con gozar libremente de aquéllas. Los deleites de la reflexión son de aquellos que nos hacen más felices en la eternidad. La vida a ella consagrada la calificó Pitágoras como la más excelente de todas. Aristóteles puso en la reflexión el término de todos los bienes.

Esto se entiende con una conducta recta y sincera en el hombre; mas, corrompido por el delito y como agobiado con su enorme peso, inclínase hacia abajo y busca objetos inferiores para espaciarse y divertirse, con lo cual se aparta de contemplar los más altos y excelentes para consagrarse a los actos de la vida; se ocupa en política y en administrar los negocios públicos o los domésticos; otras gentes hay que ni con esto se conforman, sino que se recrean con fábulas y con el solo conocimiento y recuerdo de los grandes hechos; quien se dedica a obras manuales, la edificación, el tejido, la sastrería, las artes plásticas o la pintura, etc. Los hay también que no son capaces de tanto, y se entregan a la molicie, a los juegos, al ocio infecundo y embrutecedor, o bien a los placeres e ilusiones de los sentidos, hasta llegar a esa interior abyección brutal con que el alma se ve arrastrada por el vértigo de los deseos desenfrenados: escalón del cual ya no puede el hombre bajar más, sino que se desvía completamente del camino de la razón y del juicio. Inventa luego la nobleza, los honores, la fama, el favor popular y todo aquello que la suerte ofrece para halagar nuestra vanidad; llegaría, por último, a pretender despojarse del pensamiento si le fuese posible, para, emancipándose de su severidad, sumergirse en los placeres. Y como no se atrevería a hacer esto por impedirlo el cuidado de su propia estimación, se sirve de una persona intermediaria, cualquier muchacho decidor, fatuo o bufón, a cuyo lado se hace idiota hasta el último extremo del rebajamiento. Con eso se hace tan endeble su espíritu, que no soporta el menor peso, o tan deprimido que se arrastra al fondo deliberadamente.

La inteligencia no necesita intervalo alguno en el disfrute de sus placeres; los sentidos sí, y a menudo: aquélla cambia sus deleites por otros del género más diverso, los mayores por los menores, y viceversa; porque las distracciones, los pensamientos ligeros acerca de cosas pequeñas y agradables, son actos y atractivos del ingenio; mientras que los sentidos necesitan ocio,

180

reposo, cierto recogimiento dentro de sí mismos, de suerte que en nada se ocupan, al paso que la mente no puede parar ni descansar. Por el ocio y la interrupción son mayores los placeres de los sentidos; así dijo el poeta satírico:

«Quas commendat rarior usus»;[23]

y se hacen más vehementes por excitación de sus contrarios, como la comida por el hambre y la bebida por la sed.

Combátense mutuamente los placeres del cuerpo y los del alma: quien se entrega a los primeros no percibe los propios de la mente, y a la inversa. Cuanto más excelentes unos y más viles sean los otros, más luchan entre sí y menos toleran su comunicación recíproca. Los objetos naturales causan deleite más puro y duradero que los artificiales. Si miramos tres o cuatro veces seguidas objetos de oro o de plata, pinturas, cosas elegantes y de artificio, o casas perfectamente amuebladas, vestidos de arte exquisito, de gran precio y belleza, nos fatigamos hasta el punto de sernos molesto seguir mirando, lo cual no nos sucede al contemplar los prados, montañas, huertos, valles y ríos, el cielo y el mar; porque cada cual se deleita con aquello que es para él adecuado y conveniente; a nosotros, seres naturales, nos interesan más las obras de la naturaleza que las de nuestras artes. Además, la perfección es mayor en cualquiera de aquéllas que en éstas, y hasta en el arte mismo se aprueban y agrandan las obras de la naturaleza más que las propias, y se desea siempre imitarlas; tanto, que si ello fuese dable a los artistas, preferirían ciertamente producir obras naturales. Y aquellos que a esa perfección se aproximaron, juzgan que han acertado mejor que nunca, y son los que más aplaude el espectador.

La rareza y la habilidad aumentan el valor de las cosas que proceden del arte, porque nos admira que haya podido el ingenio humano progresar hasta tal punto. Desde luego, cualquier cambio gusta, siempre que ofrezca novedad a los sentidos, como sucede en las pantomimas, oyendo a un papagayo, al niño que empieza a hablar. La admiración y el placer que nos causan las grandes y estupendas obras naturales se borran con la costumbre o se

---

23 Juvenalis, sat. 11, ver. último.

ocultan por nuestra falta de atención, pues de continuo vamos de propósito a las cosas viles, y no estamos libres para mirar y contemplar aquellas obras admirables.

Una pequeña molestia deshace a menudo un deleite grande y vivo, porque así la constitución de nuestro cuerpo como el curso de la edad van siempre hacia lo peor; un dolor insignificante alcanza en nosotros mismos mayor fuerza para encogernos y derribarnos que un deleite para elevarnos y ensancharnos. También es cierto que más fácilmente carecemos de placeres que sentimos dolores, y es menester gran esfuerzo para sostener este cuerpo vacilante: lo primero es propio de la privación; esto, de la existencia; con aquello nada podemos, con lo último se aflige el sentido y desaparecen, entre tanto, sus buenos hábitos.

Capítulo X. De la risa

De la alegría y el deleite nace la risa, que no es un afecto sino una acción externa que se origina de la interior. Por la alegría y la delectación, en efecto, se dilata el corazón, con cuyo movimiento se extiende el rostro y en particular la parte contigua a la boca que llamamos laringe, de donde viene la risa; así es que ésta tiene su sitio externo primeramente en la laringe, luego en los ojos y en toda la cara. En cuanto al interno dice Plinio Segundo que está en el diafragma que los griegos llaman φρειναζ. «En él (en esta membrana) se halla el asiento principal de la hilaridad, como se observa en el cosquilleo de los sobacos, donde va a parar.» También afirma que los gladiadores recibían riendo las heridas en ese sitio; risa que es completamente corporal, no de pasión, como sucede al cosquilleo en el sobaco y otras partes del cuerpo.

Cuando tomamos, después de sufrir hambre largo rato, los primeros bocados, no podemos contener la risa, lo que se explica por extenderse con la comida el diafragma contraído. Hay risa que no es verdadera, en la tristeza y en la indignación, como dicen que pasó a Aníbal, en el Senado cartaginés, después de ser vencido por Escipión; mas aquello no era reír, sino rechinar los dientes.

Los que tienen mucha bilis amarilla son propensos a la risa, porque con el calor exagerado se dilata el corazón, como de otro lado los flemáticos y los que padecen bilis negra, por el retraso que produce el frío, son lentos para reír. La risa que proviene de la pasión es de alegría o de un nuevo deleite, pues surge de aquel primer contacto con el cual mueven estos afectos el alma; lo inesperado y repentino nos afecta más y nos hace reír más pronto y durante mayor rato; por eso no reímos con cosas antiguas o habituales, a no ser que alguno las considere nuevas y conocidas por primera vez, como sucede ya en aquellos que son por su naturaleza propensos a la risa, v. gr., los niños, mujeres, o personas fatuas, ya por la índole del asunto, tan congruente con nuestro espíritu, que cuantas veces se ofrece, la recibe como cosa nueva.

A veces no nos reímos por no habernos fijado en lo que pasa, y al cabo de mucho tiempo, al acordarnos, empezamos a reír; y es que, así como un pensamiento intenso impide manifestarse la pasión, también la risa. Por eso en los hombres sabios y mesurados es más rara y forzada la risa, que más bien llamaríamos sonrisa; siendo ello debido, ya a que sus pensamientos son intensos y profundos, ya a que hay para ellos pocas cosas nuevas o desusadas, por tenerlas todas previstas y conocidas.

Además, se debe tener en cuenta la constitución corporal que en personas de gran entendimiento propende a la bilis negra; se dominan para no reírse de un modo exagerado, por ser inconveniente. La risa es siempre acto natural y no voluntario, aunque se modifica por la costumbre y la razón para no estallar inmoderadamente sacudiendo todo el cuerpo según pasa en las carcajadas de los ignorantes, los rústicos, los chicos y las mujeres, incapaces de contener la risa vehemente que los invade.

Así, como son diversos en cada uno los motivos del deleite, también dimana la risa de varias causas: en unos, por lo que ven; en otros, por lo que oyen; quién ríe por objetos mentales que le agradan, por la alegría del bien, por el deleite que produce lo extraño de una frase o un hecho dispuestos para hacer reír, tal como sucede con las gesticulaciones, con las palabras amenazadoras del débil —cuando provienen de quien tiene fuerza más bien nos inspiran temor, aunque no seamos culpables—; con las ocurrencias necias o bufonescas, con las interpretaciones y preguntas absurdas, las respuestas en que se desvía ingeniosamente el sentido a cosa distinta de la que se preguntaba, con la asimilación de palabras que tienen significado contrario, y en otras muchas ocasiones parecidas.

En todo lo cual gusta lo inesperado; porque las cosas que se presentan por el camino ordinario se dejan pasar sin atención, por ser antiguas y previstas en cierto modo, al paso que nos impresionan las torcidas y malignas, porque no las esperamos. La eterna risa de Demócrito era más bien afectada que natural, era una irrisión contra las tonterías humanas que se tomaban como actos de sabiduría. Entre todos los animales solo el hombre ríe, porque es el único que tiene rostro donde se manifiesta la risa; en los demás lo impide la inmovilidad de la cara, y no es que éstos carezcan del sentido del bien ni dejen de apasionarse por el placer, aún mejor que el hombre, dando señales que hacen veces de la risa, como saltos y gritos informes a su peculiar manera, sino que, no cambiando su rostro de expresión como el nuestro, no decimos que ríen.

Llamaban los griegos «agelasti» —no rientes— no a quienes no pudieran reír, sino a los que reían rara vez, ya por su carácter melancólico, o por dureza de corazón, o ya por estar embargados en pensamientos de mayores males en que se desvanece la alegría y el placer, ya por hallarse su atención ocupada discurriendo sobre asuntos diversos, o bien que, reflexionadas perspicazmente todas las cosas, nada se les ofrece de nuevo en ellas.

Por el contrario, estallan a cada momento grandes risotadas por las delicias que contiene un corazón blando, por el vino, el juego, los amores, las fábulas festivas, el canto, la lascivia, por dejar a un lado y desterrar los pensamientos, por recobrarse la seguridad, emancipado ya el espíritu del miedo, de tribulaciones molestas, o ya en fin por gozar de deleites exquisitos, en extremo nuevos y desusados.

Capítulo XI. Del disgusto

Hasta aquí hemos tratado del hombre como tal; ahora se nos ofrece como la bestia más atroz y fiera; pues las pasiones que provienen del concepto del mal exasperan enormemente y ponen fuera de sí al espíritu humano. Llamamos disgusto a esa primer mordedura del mal que se siente como un pinchazo; es el dolor procedente del contacto con un mal que nos contraría y que lleva incubadas otras pasiones, como el odio, la malquerencia, la ira;

dolor muy semejante al corporal que nos produjera un pellizco o una punzada. Es un mal, que nos disgusta, cualquier cosa adversa e inconveniente, enemiga de nuestro bienestar; como si vemos algún objeto deforme, u oímos sonidos horrísonos y mal acordados. Tal bienestar o congruencia existe en el cuerpo y en el alma: en aquél es la armonía por la cual nos sentimos sanos; y cuando es acometida de un movimiento adverso, nos disgustamos, como el sufrir un choque, empujón, lesión, herida, cualquier presión molesta, y también el calor o frío, el hambre o la sed.

La congruencia espiritual está primeramente en los sentidos, cada uno de los cuales tiene su concordancia con ciertas cosas, y se aparta de sus contrarias, v. gr., los ojos en el color y las líneas bellas, los oídos en el concierto de los sonidos, el gusto en los géneros de sabor que le son agradables, el olfato en ciertos olores, el tacto en la proporción de las cualidades primordiales. Existe igualmente otra concordancia en los sentidos internos, como en la imaginación y en la facultad estimativa; de ahí la delectación y el terror que sentimos en sueños, cosas ambas que se observan también en los animales cuando rechazan o atacan las cosas ajenas o contrarias a su naturaleza. Hay también una doble concordancia en la razón: respecto de la verdad y de lo que se sabe solamente, y respecto de lo que se ejecuta; y los actos a su vez son, o manuales, que llamamos obras, o aquellos que consisten en la práctica y orden de la vida, en su régimen prudente.

A todos nos disgusta la mentira, aun cuando se exprese como una verdad. Por otra parte, agrada la composición y ficción de la verdad; así pasa con una pintura o imitación contraria a ella. Los conocimientos, artes o enseñanzas que no tienen proporción con nuestra mentalidad nos disgustan, aunque solo produciendo aversión, no censura malévola, a menos que intervenga malignidad, perversión o soberbia que nos haga no admitir como bello nada que no nos plazca, o que no poseamos. Es conveniente y digno en la vida aquello que tiene su base en la honradez, en el cumplimiento de los deberes y en la virtud, para lo cual apenas hay fórmulas prescritas, sino que depende del criterio y la opinión de cada uno; en ese punto es increíble la variedad de casos de disgusto que de ello resultan, pues apenas hay dos personas a quienes guste una misma cosa, siguiendo cada cual su inclinación a sus ideas, no el recto examen de la razón; y por eso mismo existe hasta diversidad de juicios, como que la razón es única, o al menos no múltiple en exceso, y los entendimientos son infinitos, los más diferentes y varios. A más de esto, nada hay susceptible de tantas versiones y argumentos contrarios entre sí como el concepto de los deberes y la dignidad en la vida; en cualquier sentido que uno se dirija halla iguales razones y probabilidad de acierto que en el opuesto; de lo cual proviene el error y engaño de quienes no investigan las cosas con mayor elevación.

La cuarta proporción o concordancia es la de la voluntad, respecto de aquello que cada uno ha creído bueno actualmente; aquí nace el disgusto en su caso, y la voluntad vehemente de desear cuanto juzgamos bueno y de rechazar con cuidado su contrario, lo malo y perjudicial. Son los disgustos tanto más graves cuanto más adentro penetran, es decir, en la parte principal del objeto, en lo más íntimo; por eso, el tocar a ello es afectar y herir el objeto mismo, y en tanto, producir el disgusto más gravedad; el máximum de ella está en los de la voluntad, después en la razón y en los sentidos; el menos grave, en el sentido corporal, pues ni siquiera nos disgustamos con aquello que nos daña el cuerpo si la voluntad no se muestra ofendida, como sucede cuando son amigos íntimos quienes hacen el daño, que no toleraríamos en los demás; y cuando no nos impresiona una mentira que nos es agradable, porque complace a la voluntad, mientras que nos disgustaría profundamente si se dijese de otra persona.

El disgusto supone la sensación: lo que no se siente tampoco disgusta; al hombre le molestan las moscas, y no al elefante, porque no las siente. Por eso también se disgustan pronto los de sentido delicado por naturaleza, hábito o debilidad, y no se entienda esto solo del sentido exterior, sino del general de la razón y de la voluntad. Son tiernos por naturaleza los niños y las mujeres; por costumbre, los niños criados con mimos, v. gr., los de madres viudas; los príncipes, magnates y aquellos a quienes todo el mundo halaga y nadie contraría, hallando siempre colmada la medida de su deseo; por debilidad, los enfermos, ancianos, los fatigados, hambrientos y sedientos; los acosados de grandes agitaciones del alma, como amores y deseos ardientes que no se pueden satisfacer. También producen igual efecto las vigilias, angustias, miedos y terrores; en general cualquier forma de desecación o efervescencia corporal, pues el disgusto se refiere a los temperamentos cálidos y secos, y por lo mismo, crece fácilmente con una análoga constitución del cuerpo y con circunstancias semejantes de lugar y tiempo. También por la falta de costumbre es grande y frecuente el sentido del disgusto: las gentes sin experiencia se disgustan hasta por lo más mínimo, pues carece para ellas de relieve todo aquello a que no se han acostumbrado; así camina con dificultad el que nunca había salido de su casa; se censura y condena como absurdo, necio y bárbaro todo cuanto parece distinto de las costumbres ancestrales, aun siendo generalmente preferible a lo que se ha visto hacer en su familia. Son menos sensibles las personas versadas en la práctica y experiencia de las cosas, las habituadas a soportar males y afrentas, como Sócrates, que en su vida privada aprendió a tener paciencia para demostrarla en público; y los que han sufrido ya muchas adversidades de la suerte.

Interminable sería exponer todas las demás clases de disgusto peculiares de cada uno; hay quien no puede sufrir el rechinar de una sierra, el gruñido del cerdo, el desgarrar del lienzo, el partir un ascua con las tenazas; a otros disgustan los gestos de cierto género, el modo de sentarse, de andar, de mover las manos, de hablar; alguno, hasta el ver una arruga en la ropa de otro. ¿Quién acertará a explicar tantas impertinencias de este animal difícil, que a veces ni hay quien le sufra ni puede sufrir él a los demás? Por otra parte, no es ello muy de extrañar, porque no hay cosa tan bien hecha, tan recta y buena que guste a toda la multitud.

Algunos, por la mala costumbre de despreciar todo, se han habituado a disgustarse por cualquier cosa sin pararse a examinar y juzgar; tienen, en vez de sabiduría, la cualidad de no aprobar nada, ni aun lo ejecutado con mayor rectitud, investigando solo con la mayor iniquidad aquello que sea censurable. Esto les complace mucho, y los necios les dan fama de talento; como si, no fuera mucho más breve y fácil a cualquiera condenarlo todo indistintamente que establecer diferencias entre lo bueno y lo malo, cosa propia del hombre inteligente y cuerdo.

El disgusto se aminora y desaparece por las causas contrarias: el máximum del disgusto es la irritación, y el mínimum, la aversión, pues se aplaca con solo ésta y con la separación; así, cuando el alegre se aparta del triste, el jocoso del serio, el batanero del carbonero, a lo cual se llama molestia. La irritación sacude todo el cuerpo y enardece el corazón; si se la contiene y no puede romper, se convierte en rabia, y pone sobre sí propio mano violenta; en tal caso se dirige lejos, hasta contra aquellos que en nada nos ofendieron; se irrita, exacerba y extiende fuera de nosotros.

Se ha dado a los hombres el disgusto para que al primer sabor del mal se eche atrás y no pase ya más adelante para que no empiece a agradarle en fuerza de la costumbre, pues lo contrario del disgusto es el agrado. «La privación es cierta ecuanimidad y profundidad por la cual se tolera fácilmente aquello que los demás no pueden sufrir.»

Capítulo XII. Del desprecio

El desprecio nace del disgusto, cuando el mal que produce no daña, sino que se considera vil y abyecto, como sucede con personas libertinas y perdidas. No deseamos beneficios a quien despreciamos, pero tampoco queremos perjudicarle, sino solamente burlarnos de él y manifestar cuán digno es de desprecio y de ser tenido en nada.

El desprecio templa a menudo la dureza del odio y de la envidia; no nos inspira deseo del mal, pues, aunque intenta dañar carece de toda fuerza y se desespera en la impotencia; ello produce odio en algunos, pero en otros no hace más que aumentar el menosprecio y la irrisión, según se refleja en el proverbio «la mujer, espada». Siguen tras el desprecio la burla, la gesticulación, el desdén, el que apartemos vista y oídos de lo que dice o hace el despreciado, como indigno de verse y oírse.

Los pusilánimes son suspicaces, creyendo que todos los desprecian: cuanto hablan o ejecutan va a parar, según ellos, a que los menosprecien; de aquí los incesantes lamentos y maldiciones. Es propenso a ser despreciado quien alcanzó muy poco de los bienes a que damos más importancia: la nobleza para unos; la elocuencia, riquezas, el ánimo viril para otros, y así sucesivamente. Con todo, se le aprecia si ha conseguido otros bienes de no menos estimación, como el poder, dignidades, favor, erudición; igualmente cuando puede hacer mucho daño, pues no despreciamos a quienes tememos. Ya dijo Cicerón: «No esperes nada de él, porque no querrá; nada temas, porque no podrá.»

Capítulo XIII. De la ira y el enojo

Es la ira una fuerte excitación del alma al ver que se desprecian sus bienes, que cree no deben ser despreciados, pues hay en ello menosprecio del ser mismo que los posee, y que les da su debido valor y estimación. La ira es un movimiento; la iracundia, un hábito o conformación natural; toda ira nace del enojo, aunque éste no siempre es ira. Ambos se diferencian como lo general de lo especial, si bien aparecen confundidos en el lenguaje común, que emplea los dos nombres indistintamente; lo que los separa es la adición del desprecio, como una distinción entre la forma y el género, porque no hay ira sin desprecio, mientras que enojo sí puede haberle. Así decimos que nos encolerizamos con los animales, los niños y seres inanimados cuando no nos obedecen, y aun con nosotros mismos cuando nos arrepentimos de algún acto o tratamos de hacer algo sin éxito; pero eso es enojo y no ira, porque en tales casos no se da la forma del desprecio. Como acabamos, de decir, se confunden usualmente ambos nombres y no solo entre el vulgo, sino también los aplican uno por otro las gentes doctas, debiendo muchas veces entenderse del enojo lo que se afirma y preceptúa de la ira, y viceversa.

Asimismo existe un cierto modo de inflamación en nuestro pecho cuando el alma se excita concentrando muchos alientos para realizar algo grande y difícil, en lo cual no cabe ira ni enojo alguno, puesto que ninguna forma del mal se ofrece; sin embargo, todos llaman a tal estado de ánimo hallarse airado, hasta el mismo Aristóteles, atribuyendo las grandes obras a la parte irascible, con abuso de la palabra, por comprender en el concepto de ira toda suerte de enardecimiento de la sangre, que en el caso citado es ardimiento del deseo.

Volviendo a nuestro asunto, se toma por desprecio el desdén, sobre todo en quienes tienen de sí propios una alta opinión o juzgan que sus cualidades deben obtener preferencia y respecto de parte de los demás: son de este género los nobles, los militares, los elocuentes, los hermosos y superiores en cualquier orden de virtudes, que estiman necesario que se les reverencie; en otro caso creen que se les desprecia.

La suspicacia de la soberbia humana ha creado muchísimos signos de donde se infiere el desprecio: frases y actos, la risa, señales o gestos, movimientos diversos del cuerpo; y cuando esa sospecha toma incremento, todo lo atribuye a desprecio. Existe un cierto movimiento natural de enojo hacia quien lastima el cuerpo, como nos sucede con los animales; hay otro que nace súbitamente, como sin intervención de tiempo con el primer contacto del desprecio, por lo que algunos creen que es natural y anterior a todo juicio; se produce a veces por una exagerada inflamación de la bilis; y otras proviene, no de un juicio formado de pronto a causa del desprecio, sino del que tenemos ya impreso en nosotros y confirmado de que somos buenos, doctos, liberales, industriosos y excelentes, de que es conveniente que se nos manifieste honor y respeto, y en modo alguno que se nos desprecie. De este concepto que nos hemos formado y tenemos interiormente fijo, estalla de pronto la ira en cuanto asoma por vez primera el desprecio, aunque sea de lejos. Con la ira y el enojo vehemente se pervierte el espíritu hasta el punto de no atender a lo que es bueno y piadoso, de no tener en cuenta la benevolencia ni el parentesco, pues hasta hubo quien, arrebatado de ira, dio muerte a su mujer, a sus hijos queridos; el avaro prodiga sus riquezas, el ambicioso desdeña los honores, todo ello en aras de otra pasión aún más desenfrenada.

También la indulgencia muy blanda consigo mismo oscurece el juicio y se abandona hasta caer en venganza; es una verdadera ceguedad mental, y crece de tal suerte que ansía vengarse, aunque por ello se derrumbase el cielo, la tierra y todo el género humano; se indigna porque no se interesen en su venganza los astros mismos y tomen en ella calurosa parte. Nos enfurecemos, no solo con el que nos causó daño, sino con toda su nación por culpa de él; así hizo Dido con los troyanos y sus descendientes, por Eneas, aunque fue aquello, quizá, más bien odio que ira, según opina Aristóteles, en oposición a Séneca.

Algunos se complacen, no en la ira, sino en el pensamiento de la venganza, grata al hombre; imaginan cómo han de perjudicar a quien les dañó. Si la ira es vehemente, provoca el furor mental, la locura, como en Ayax; otras veces, enfermedades y hasta la muerte; Lucio Sila murió en sus tierras del Puzol de un ataque de irritación. Sus efectos en el cuerpo son horrendos, indignos del hombre; hierve la sangre que rodea el corazón al comienzo del enojo; ese órgano mismo se hincha, de donde proviene la palpitación del pecho, si bien no es todavía ira ni enojo hasta que aquellos vapores invaden el cerebro subiendo desde el corazón. Por mucho que se caldee el pecho está el hombre sosegado y tranquilo si el calor no sube al cerebro, como tampoco está ebrio el que ha bebido mucho vino si no cuando éste ataca a la cabeza; así es que se sofocan muy pronto aquellos cuyos humos cerebrales hierven con exceso, y de ahí el cambio en el rostro, el temblor de boca, la privación de la palabra y otros síntomas de aspecto terrible, más bien de fieras que de personas humanas.

Hay todavía gentes tan necias que, encima de la deformidad que la ira presenta ya al exterior y pinta en su cara, gustan de exagerarla en ella y en los movimientos de todo su cuerpo; de los encolerizados, unos palidecen por concentrarse la sangre en el corazón, así sucede en las personas de gran ánimo; otros, se ponen encarnados, por subir aquélla al cerebro, como ocurre a los pusilánimes.

Como la ira es el dolor al ver despreciadas nuestras buenas cualidades, que creemos no merecen serlo, por lo mismo queremos demostrarlo haciendo alarde de poder, y principalmente produciendo daño; de aquí el deseo de venganza, propio también del enojo, el odio y la envidia. Aristóteles establece algunas diferencias entre odio e ira: «El odio crece con el tiempo; la ira disminuye»; la venganza de la ira es devolver el dolor; la del odio es hacer mal y dañar gravemente; aquélla quiere que se sienta su venganza; éste no se cuida de eso con tal de causar daño, y por eso procura la muerte del enemigo o sus equivalentes, la privación de un miembro, enfermedades, pobreza, la prisión, el destierro, un vicio o la locura, como los antiguos, cretenses que no deseaban al enemigo otro mal que el de complacerse con sus males y acostumbrarse a ellos.

El airado se duele; el que aborrece, no. La ira y el enojo hacen temibles a los poderosos y ridículos a los impotentes, como los niños y las mujeres, tanto más si profieren vocablos fuertes y trágicos, e, imitando a los poderosos, amenazan males crueles y horribles. Séneca afirma que la ira estalla de pronto y por completo, pero Plutarco le contradice con razón, pues crece, por virtud de sus motivos, como el fuego cuando se le alimenta; es decir, arrecia ante las propias causas de las cuales naciera, o sea de la creencia del desprecio, y se extiende con las diversas circunstancias, según es quien está airado: si es tierno, endeble, está fatigado, enfermo o hambriento; si es un amante, como se dice en los antiguos proverbios: «Para quien desea, nada se apresura bastante; buscar reyertas al cansado; con el hambre y el malhumor se revuelve la bilis.» En algunos de estos casos aquel hervor es natural y anterior a toda reflexión, según ya dijimos, para quien no está hecho a sufrir injurias es más intolerable la ofensa; en los débiles es la ira pronta y aguda, pues creen que por serlo se los desprecia; además, por malhumorados se hacen suspicaces.

Asimismo, toda debilidad lleva consigo grandes sospechas de que se la desprecia por los seres superiores; por eso el débil se incomoda fácilmente y los moteja de soberbios; por lo general piensa de sí que es propenso a que se le menosprecie; así, los ancianos, enfermos, pobres, plebeyos y los mal conceptuados. Los abstemios suelen ser vehementes e iracundos, por ser tenues sus vapores y prontos a arrebatarse por la llama de la ira; en cambio los tienen más crasos, por tanto, menos fáciles de incendiarse, quienes beben vino o cerveza. Son también propensos a esta pasión los hombres estudiosos, porque con el trabajo de pensar sube el calor al cerebro, donde reside la iracundia; igualmente las personas tiernas y deli- cadas y todos aquellos con quienes se abusa de la condescendencia; es por eso mucho más fuerte y duradera la ira en los príncipes, a quienes todo el mundo complace y adula; por razón del lugar, es más irritable, v. gr., quien desprecia al maestro en su escuela; también se observa esto mismo en las localidades cálidas, y dentro del mismo sitio, es de gran importancia en presencia de quién se realiza el acto de desprecio, pues nos molesta mucho más ser despreciados delante de personas para las cuales quisiéramos ser objeto del mayor respeto.

Otra circunstancia es la ocasión, por ejemplo, cuando se va a solicitar una dignidad, al ser coronado, como vemos en Demóstenes, en su oración contra Midias: «En tiempo de recolección se entretiene el agricultor.» Influye también la situación, pues se tiene como mayor afrenta despreciarnos cuando nos hallamos en posición desventajosa, habiendo tenido antes fortuna más próspera. Nos encolerizamos con quien nos contradice, por parecer que tiene en menos nuestro juicio, sobre todo cuando se nos juzga a nosotros mismos; cuando aquél es inferior en el respecto en que nos desprecia, v. gr., en nobleza, riquezas o instrucción; si es amigo o si ha recibido beneficios de nosotros o de los nuestros él o alguno de sus allegados; si queremos o hemos querido servirle, en lo cual hay más bien enojo que ira, igualmente que en el caso de que no correspondan debidamente a nuestros favores, y más aún si, en vez de devolverlos, nos devuelven mal; como también si aquel a quien se menosprecia está en situación de auxiliarnos, como el hijo y el padre respectivamente, el soberano, en lo cual hay o una omisión o una violación del deber. Es ira, en realidad, cuando nos vemos menospreciados por nuestros íntimos, resultando mucho más grave en ellos el desprecio porque, siendo los que mejor nos deben conocer, parece que se nos desprecia con razón.

Se considera intolerable el desprecio cuando no nos reverencian quienes han solido hacerlo antes; si nos desatienden con indiferencia o nos causan injuria o afrenta. Tiénese en cuenta también el instrumento, v. gr., según que uno es golpeado con la mano, el puño o una caña; el modo de acción, pues se encoleriza grandemente quien desea algo con ansia y lo mismo si alguien se presenta o parece presentarse contra nosotros; igual sentimiento inspiran los que no piensan como nosotros y no se indignan al par nuestro; provocan el enfado, no solo aquellos que han manifestado el desprecio, sino hasta quienes le anuncian o refieren, como aquel que hirió a quien recitaba una poesía dirigida contra él, diciendo: «El que dice versos que hablan mal de mí, los hace.» Y esto se aplica extensamente a todo aquel que fue causa, aun la más remota y tenue, no del acto despreciativo, sino hasta ocasión de él, o la facilitó, o bien pudo impedirle si hubiese querido. En todos estos casos se halla un cierto desprecio, desdén o negligencia. Nos incomodamos si se da poco valor a lo que atribuimos mucho, ya en nosotros, ya en los demás, y que deseamos sea tenido en gran predicamento, tanto en cosa propia, como en lo que nos es querido; como el filósofo, cuando delante de él se menosprecia la filosofía; el militar, si las armas, tanto más proviniendo de personas sin competencia en el particular, v. gr., el indocto o el cobarde.

El que cree causar a otro un bien, como noticias agradables o un regalo, se enfada con quien dice que no es tal bien, pues parece desestimar lo que aquél creía cosa grande y se vanagloriaba de haberla traído. El que se alegra de nuestra desdicha nos hace muy grave ofensa; nos encolerizamos con quien nos anuncia sucesos adversos, como Agamenón con Calcante, a quien llamó μαινλινκακων, con los que presencian u oyen nuestras aflicciones, porque parece que no se preocupan de nuestro dolor conduciéndose mal si nos desprecian, o como enemigos o juzgándonos sin importancia, pues los amigos o los que nos respetan se conduelen, se indignan y nos defienden. Más nos irritamos cuando se burlan si manifiestan complacerles nuestra desgracia; también nos enfadamos con los que toman a burla nuestras cosas serias y aun las comentan con chistes; en tales casos nos parece que añaden la broma al desprecio.

Asimismo nos encolerizamos contra aquellos que hacen beneficios a todos menos a nosotros, cosa que lleva consigo una especie de negligencia o desdén: con los que se han negado a acceder a nuestro ruego persistente, donde a veces aparece la envidia o el odio. También el olvido produce la ira, por el descuido que supone; tanto, que algunos oyen de muy mal grado que los llamen con nombre distinto del suyo, pareciéndoles que no fijan la atención en ellos, y que los tienen por insignificantes. Influye el fin, v. gr., si roban a uno por burlarse de él; las circunstancias, pues cuando el desprecio tiene lugar sin pensarlo, o contra lo que se pensaba, es más doloroso; los antecedentes, si proviene de un amigo; los consiguientes, cuando el desprecio lleva consigo ignorancia permanente para nosotros, la familia o la nación. A veces nos airamos solo por el influjo ajeno, pues aun no siendo motivo alguno para irritarnos, nos aprietan y estimulan a ello nuestros parientes, afines, íntimos o los superiores, pareciéndonos un delito no sacrificar nuestra opinión en su obsequio. De tal suerte, no bastan tantas diversas pasiones como en nosotros anidan, sino que aún hemos de tenerlas por mandato extraño: y en ésta que estudiamos es bien doloroso que tome crecimiento tal un monstruo tan pernicioso para el género humano.

Hasta hay personas que, aun después de pasada la ira, siguen fingiéndola por soberbia, porque no parezca que se han encolerizado sin motivo. De Séneca son estas palabras: «A muchos habríamos de absolver si empezásemos por juzgar antes de irritarnos; pero preferimos seguir el primer ímpetu, y luego, aunque nos hayamos encolerizado por cosas vanas, seguimos airados para no parecer que lo hicimos sin motivo, volviéndonos más contumaces la injusticia de la ira, cosa la más inicua, pues la conservamos y la aumentamos como si el irritarse mucho fuese prueba de que era justa la ira.»

Aquel hervor se apaga en los pulmones al tocar en ellos la cúspide del corazón. Observamos que algunos cesan muy pronto en su deseo de venganza por hallarse así dispuestos los pulmones, y por la delgadez de la sangre que afluye al corazón, que se extingue en seguida, como la llama de una estopa. Son más tardos para airarse los temperamentos fríos, aunque también más pertinaces; por eso ayuda el seguir un régimen moderado de vida, tomar frías comida y bebida; en los biliosos, el alimento craso, el sueño prolongado, el descanso, los actos sosegados. Disminuye la ira al amenguar también la opinión del desprecio o el deseo de venganza; o porque hayamos olvidado la injuria o desechemos el pensamiento de ella, siendo conveniente, por lo mismo, pasar a otras ideas más alegres. Así es que se aplaca fácilmente en días festivos, en las conmemoraciones, banquetes, espectáculos, con la alegría, los sucesos prósperos y el éxito; la risa, cualquier respuesta graciosa desvanece los enojos, como los jóvenes de Tarento aplacaron a Pirro irritado; lo propio sucede si quedan ya olvidados aquellos a cuya opinión dábamos gran valor, y que sentíamos nos despreciasen: unos, por haber muerto; otros, porque ya no nos despreciarán allí donde marcharon, o no nos preocupa su desprecio en tal lugar, o le ignoramos. También si ellos han descendido tanto, que más bien caen en ridículo que nos causan cuidado al afectar desdén. Cesa igualmente la ira cuando es manifiesto que no ha existido el desprecio que creíamos, por venir de un necio, imprudente, ignorante o afectado de algún género de locura, de suerte que sea incapaz de juzgar bien; además, el ya habituado o el que desprecia involuntariamente o forzado a ello, tampoco se entiende que menosprecien; así como refiriéndose la injuria a una necesidad inevitable, por ejemplo, a la voluntad de Dios, a la cual nadie puede resistirse, y lo mismo al mandato de un rey o tirano, y en general de todo aquel que puede imponernos su fuerza.

Tampoco se dice que menosprecia el que perjudica a otro por provecho propio. Preferimos recibir injuria de personas agitadas por una perturbación de su alma, que de las tranquilas y de resoluciones maduras; no hay desprecio cuando realiza el hecho alguien confiado en la benevolencia, humanidad y mansedumbre de otro, lo cual es más bien una opinión de su superioridad. Agrégase a esto cuando la opinión de vileza se borra por un honor que antes no tenía el agraviado. Cuando observamos que hasta nuestros íntimos, cuyos sentimientos tomamos por los propios, no se irritan y creen que no hay afrenta, nos ablandamos por autoridad ajena, del mismo modo que por ella nos encolerizamos, según arriba se dijo; aplacándonos también al ver que muchas personas se incomodan con quien nos injuria, aparece ya claro que se juzgó mal de nosotros, y asentimos entonces a tantas opiniones en contrario; habiendo en ello hasta cierto grado de venganza al estar tanta gente irritada contra uno. Asimismo, cuando se arrepiente el que nos ofendió, pues sufre ya el castigo con su penitencia; los que confiesan que se equivocaron disminuyen nuestra ira, los que niegan haber hecho lo que se les imputa, pues no admitieron el desprecio que en ellos sospechábamos, o porque nos temen, confesando con eso que somos superiores. Cuando hay enojo y no ira, nos irritamos más pensando que mienten; así sucede con los hijos, criados y discípulos, pues nos incomodamos con su indiscreción y contumacia. Si alguien se somete a nosotros, nos aplaca, como puede observarse en las fieras; cuando nos causa algún gran beneficio, se ablanda la ira contra él; sométese también el que necesita, ruega o cae en una desgracia.

Disminuye la bilis cuando nos respetan y temen quienes nos quieren mal, pues esa sumisión es contraria al desprecio; también cuando nos condenamos a nosotros mismos por creer que sufrimos merecidamente, como sucedió a David con Semei; pues en tal caso no estimamos que deben apreciarse mucho nuestras cualidades, pensando en nuestra maldad. Y así como la bilis excitada provoca fácilmente el enojo y la ira, cuando disminuye se apaga aquella especie de llama de la perturbación, por lo cual es muy eficaz, como antes indicaba, refrescar la bilis comiendo, bebiendo, con las abluciones, el sueño, el aire libre y en presencia de cosas amenas. Por eso, los que asisten con frecuencia a banquetes y diversiones, se enojan menos y están más prontos a deponer el enfado; así ocurre en los países del Norte.

Influye mucho en dejar la ira el conocimiento y persuasión en que estamos de que casi todos los hombres juzgan muy mal de las cosas, acaso por gusto perverso del espíritu, tal que merezcan ser despreciados aquellos mismos que nos desprecian, y aun dignos más bien de lástima; igualmente influye el no tener de nosotros mismos una muy alta opinión, sino reconocer de cuántos errores, debilidad y vileza está compuesto y rodeado el hombre.

«Se ha concedido a los hombres la ira para apetecer las cosas excelentes; y, al contemplarse y dolerse de ser rechazados por sus actos viles y abyectos, procuren librarse de ellos y se consagren a los elevados, que no pueden ser, con razón, objeto de desprecio.»

Capítulo XIV. Del odio

Es el odio un enojo arraigado que hace a uno desear causar grave daño a quien se piensa que nos injurió; enojo que no se contrae al momento presente ni al tiempo pasado, sino al venidero y aun a la mera posibilidad; así, odiamos a quien nos dañó, daña o dañará, hasta a quien pensamos que pueda dañarnos. En ello tiene gran fuerza la sospecha, hacia la cual nos dejamos llevar de nuestro carácter meticuloso o de conjeturas de razón o de experiencia, de que uno causó daño a otros, y si no él, sus padres o sus parientes; de que los que son como él suelen hacer daño; los forzudos, los arrojados sin juicio suficiente, las fieras hambrientas o irritadas. Por eso, quienes han sufrido injurias de mucha gente, se enojan menos y, más rara vez, aunque sienten mayor temor y se hacen más suspicaces, por tanto más inclinados al odio, a no ser que se aplaquen por bondad de su naturaleza o por sabias reflexiones, como el ateniense Sócrates.

Hasta los animales aborrecen lo que les trae a representación un daño antes recibido. Los cobardes son propensos al odio, por el temor de que de todos lados les amenaza algún daño; por lo mismo aborrecen todo cuanto supone fuerza y poder que pueda perjudicarlos espiritual o corporalmente en su hacienda; de aquí que en los poderosos es grande la crueldad si con ella va unido el temor, como se cuenta de Calígula, Nerón y otros príncipes cobardes.

Los que han ofendido a poderosos los odian mucho por medio al castigo, y quisieran verlos desaparecer para obrar con más seguridad, de donde el proverbio: «El que ofende no perdona.» Son para cada uno las causas del odio, según las juzga; lo más grave para el ambicioso es el decir, hacer o pensar algo contra su reputación; para el religioso, contra la piedad; para el avaro, contra los bienes; para el buen ciudadano, contra la patria y su gobierno. Si estaba anteriormente ocupada el alma por el amor, suprimido éste, contrae odio con más facilidad, como al enterarnos de que una cosa no es como pensábamos, pues se exacerba más el odio cuando vemos lo contrario, v. gr., ser avaro aquel a quien queríamos por su benignidad, débil el amado por fuerte.

Lo mismo ocurre cuando se pone frente al amor una causa de odio preponderante, por ejemplo, el ser despojados por uno de quien sabemos que es generoso para otros.

El odio es propio de temperamentos fríos y secos y por eso se propaga en las personas, lugares y tiempos de esa índole; en los melancólicos, por el invierno, con la enfermedad, penuria, hambre y mala fama. En ellos arraiga más hondo el odio aunque domina la inercia y flojera; con el calor, en cambio, se hace más fuerte. Son propensos al odio los soberbios, los envidiosos, los dotados de alguna malevolencia ingénita y los que la adquirieron por hábito, acostumbrados a alegrarse con los males humanos. Quienes se aman entre sí muy tiernamente aborrecen por leve motivo a los demás, pues creen siempre que se les perjudica e injuria.

Se confirma y acrecienta el odio por la frecuencia de la ira, por eso algunos le han llamado «ira inveterada»; igualmente por la envidia, que es la pasión más violenta y atroz de todas, pues más pronto se aplaca el odio nacido de una gran injuria o afrenta que el de la envidia. El odio por miedo evita el pensamiento porque no nos agrada pensar en aquello que nos asusta; el de la ira o envidia, al contrario, promueve un pensamiento frecuente, ya estando en prosperidad para que lo sientan nuestros enemigos, como dice Gnaton a Parmenio en aquel pasaje de Terencio: «¿Acaso ves algo que no quieres?», como en la adversidad para que no se alegren nuestros enemigos «Príamo se alegrará de nuestra discordia», que Homero pone en boca de Néstor. Así cuidamos en lo posible de que no nos vean tristes o abatidos, a menos que evitemos de propósito el odio de la envidia, como Dionisio de Corinto; pero nos alegramos si están mal aquellos a quienes aborrecemos, tanto más si es en lo que nos ofendió, como el haber perdido sus fuerzas el insolente, su autoridad el arrogante, sus riquezas quien usaba mal de ellas.

Del sentimiento de alegría del bien nace el amor; del de amargura del mal, el odio; los bienes, por la debilidad de nuestra naturaleza, nunca son puros ni duraderos, dejándonos exigua sensación de ellos; mientras que los males, como hallan en nosotros donde pasar y adherirse, son más largos y graves, imprimiendo su huella permanente. Por eso surge en nuestra alma el odio más pronto que el amor echa raíces muy robustas; son más lozanos sus troncos y sus fibras, porque han hallado tierra adecuada; así dijo muy bien Cicerón: «Se acuerda el que padece y olvida el contento.»

Rebulle bajo el odio la maledicencia; una vez encendido, vienen la dureza y la crueldad; el amor estimula a obrar bien; el odio nos aparta de esto y nos impulsa y solicita a hacer daño. Con ello siembra enemistades y taimadamente procura que se vea en peligro aquel a quien se odia, e incurra en las iras del que puede causar gran mal; desea, en fin, que de cualquier modo le venga daño, directamente o por otro, a escondidas o de frente. Se debilita el odio con lo cálido y lo húmedo, con los casos alegres y muy prósperos; también poniéndole delante objetos que producen amor, ya superiores a los que fueron causa de odio, ya iguales, y aun a veces inferiores, según nuestro ánimo en cada momento. Se desvanece con la misericordia, se quita con la esperanza o el deseo cierto de conseguir del enemigo algo que juzgamos será útil o agradable y digno de que le amemos por tal obsequio. También se disuelve por otro odio mayor o más grave, por la preocupación y cuidado de otras cosas de más importancia.

Una vez desaparecida la causa del odio, sucede que también acaba éste, como en el cambio de afectos, tanto más pronto si existe otra causa de amor, v. gr., un pariente, amigo íntimo, una persona instruida o útil a la nación, y también por haberse convertido a vida mejor. Quebrantan odios y enemistades el desprecio de las cosas terrenas, la elevación del espíritu a las celestes y eternas; a quien está destinado a la patria celestial, nada importan las pequeñas ofensas de esta breve peregrinación. Asimismo se aminora el odio cuando uno se acostumbra a tomar en el mejor sentido lo que hacen o dicen los demás; con ese modo de pensar desaparece el origen de la ofensa, y, por tanto, también el del odio.

Capítulo XV. De la envidia

De cuatro distintas maneras se puede considerar el bien que ocurre a otro: o nos perjudica por aminorarse nuestros bienes al sobrevenir otros mayores, v. gr., cuando se perjudican las luces de nuestra casa por levantarse la pared vecina, en lo cual hay un cierto dolor natural, pues la privación de bienes se tiene por un mal. Otra razón es la del bien ajeno, el cual, aun cuando no nos daña, sentimos sin embargo que no haya sido solo para nosotros, y esta es como una forma del deseo. La tercera es cuando no quisiéramos que otros consiguiesen lo que nosotros, o lo que deseamos o hemos deseado sin haber podido alcanzarlo; y es mayor esa envidia si se trata de bienes que creemos conveniente disfrutar, y no los tenemos, o que se adjudican a otros cuando opinamos que deberían correspondernos propiamente, como la dignidad a un noble, forma a la cual se llama celos. Por último, existe la cuarta cuando el bien nos duele simplemente y sin mira alguna de nuestras utilidades, sino solo por creer malo que otros estén bien, la cual es la verdadera y más propia naturaleza de la envidia, como la del diablo y de sus progénitos.

Hay otras clases de pasiones que por la semejanza con ésta se llaman también envidia. Esta consiste en un encogimiento del ánimo por el bien ajeno; en lo cual hay cierta mordedura y dolor, y por eso tiene parte de tristeza. Los bienes que envidiamos principalmente son los que llevan consigo precio, estimación, honores, prestigio y gloria; los demás, como la agudeza de ingenio, la vasta erudición desconocida o la virtud desdeñada, no son tan envidiados, a menos que se los aprecie en poco; así es que la envidia no los ansia por ellos mismos, sino por el precio que se les atribuye; de modo que más bien envidiamos en los demás la honra y la gloria, que los verdaderos bienes a quienes se atribuyen estas cualidades.

Casi nace la envidia de la soberbia, pues el soberbio ambiciona más lo sublime y aparatoso que los bienes verdaderos y sólidos, de los cuales es aquella una especie de sombra; por eso es envidioso de naturaleza, originándose la envidia del deseo de sobresalir; y tanto mas envidia uno, cuanto más carece de los bienes que desea y menos es lo que afecta parecer; por eso son envidiosos en general los pusilánimes, según dijo Job: «Mata al pequeño la envidia» y elocuentemente Cicerón: «Ninguno que confíe en su virtud envidia los bienes de otro.»

Es la envidia una pasión abyecta y servil, pues el que la tiene juzga preferibles a los suyos y mayores los bienes de los demás, o teme por lo menos que suceda así: por eso nadie se atreve a decir que envidia a otro; antes confiesa que siente ira, odio o temor, afectos menos torpes e inicuos. El que aborrece, se encoleriza, está triste, teme o ama, se atreve a descubrir estos sentimientos, con lo cual experimenta gran alivio de alma y de corazón; pero quien tiene envidia pone gran trabajo en impedir que se manifieste esa llaga interior, cosa que trae consigo grandes molestias corporales: palidez lívida, consunción, ojos hundidos, aspecto torvo y degenerado.

El generoso león nunca mira de reojo, y lleva a mal que se le mire así; en el alma se revuelven encerradas y cohibidas esas manías y furias, cuando un tormento no es superado por otro alguno. Con razón han afirmado algunos que la envidia es una cosa muy justa porque lleva consigo el suplicio que merece el envidioso.

Este se complace en la maledicencia y se apodera de cuanto hace o dice otro como él para infligir una mala nota o difundir una mancha, tergiversando en el peor sentido lo que es bueno, no tanto porque él lo tenga por malo, sino porque parezca así a los demás. Lo cierto es que la envidia, una vez desarrollada, pervierte el juicio más intensamente que las restantes pasiones; hace pensar que son importantes las cosas más pequeñas, y repugnantes las de mayor belleza; en lo cual influye mucho la fuerza del odio que está ingénito, y con el carácter más atroz, en toda envidia. Es fácil mitigar el odio de la ira; el de la ofensa desaparece con la satisfacción; pero la envidia ni se amansa ni admite excusas; hasta se irrita más con los beneficios, como el fuego prendido en la nafta que aumenta el incendio al echar agua encima. El único medio de que disminuya su vehemencia es el de que desaparezca la dicha objeto de la envidia: ésta quisiera hacer a otro desdichado; el odio, perderle por completo, cosa que también intenta la envidia, si no puede de otro modo provocar su desgracia, y adopta también el carácter de odio grave y rabioso, hasta desear la perdición de aquel a quien envidia.

La cuarta clase de envidia se extiende a todo género de bienes; las tres primeras solo a aquellos que pensamos poder lograr de algún modo; y por eso existen principalmente entre personas iguales o semejantes: el alfarero envidia al de su oficio; el pobre, a quien está también necesitado; el poeta, a los poetas, según observó Hesiodo; es decir, que se considera deshonra —y mortifica, estando en el mismo concepto— no ser igual en todo lo demás, pues se tiene como injuria que valga más el que no es reputado como mejor; ahora, si otro es superior, ya no hay deshonra ni queja alguna. Entendemos aquí por iguales y semejantes a los que lo son ante la comparación de algún bien determinado, aunque sean en lo demás muy diferentes, v. gr., un rey músico con respecto a los otros músicos; Nerón o César comparados con artistas griegos plebeyos; los doctos desiguales en fortuna; los afortunados con distinta instrucción y talento. Trátase aquí de cuando se les compara, respectivamente, en la fortuna o en la ilustración.

Tampoco es la verdad, sino la apreciación y el juicio de cada cual, quien mide aquella semejanza o diferencia. Son personas de la condición más ínfima los que envidian la opulencia y felicidad de los reyes, alardeando en su creencia insana de ser iguales a ellos; otros se juzgan más dignos del reino y censuran que aquél sea quien ciñe la corona, y no ellos; habiendo algunos, encerrados con los furiosos y de la más vil prosapia, que reclaman para sí el derecho de reinar, como los hemos conocido en este país y en la Gran Bretaña. Lo propio ocurre en literatura, en todas las artes y doctrinas, en la posesión del talento; sabemos de uno que sin haber apenas pasado de los primeros rudimentos de la instrucción, se vanagloriaba de no ser inferior en erudición a Tomás Moro ni a Erasmo de Róterdam.

La envidia de los bienes espirituales abarca más amplios límites que la de los corporales y externos porque el prestigio y la estimación de aquéllos no tiene fin como tampoco aquellos bienes que se extienden indefinidamente con el poder inmenso del alma. Los del cuerpo son de límites más reducidos ya en su desarrollo, como también en la práctica y en el precio que se les atribuye; así sucede, por ejemplo, en el enojo que nos produce ser vencidos en el juego, que sí es de gran habilidad como las damas, u otros de ingenio, lo llevamos más a mal que cuando es de aquellos en que predomina la suerte, v. gr., en los dados.

Decae la envidia cuando aumenta hasta tal grado la felicidad, en nosotros o en el rival, que se quite toda igualdad; así era con la fortuna de Alejandro, a quien muchos podían odiar, pero ninguno envidiar. Sofócase, en efecto, aquella pasión con la grandeza, no de otro modo que el humo con una gran llama. Adriano César, a quien tocaba ascender a la soberanía, al salirle al paso cierto rival le dijo: «Evitaste el peligro.» En verdad, aquel cuarto género de envidia no entiende de diferencia: todo lo invade y destruye.

También se convierte la envidia en misericordia si en vez de la dicha sobreviene el infortunio; así se explica que los envidiosos sean propensos a la compasión, e inversamente los compasivos a la envidia. El desprecio, como parte que es de la desgracia, atenúa la envidia; y eso sucedió a Dionisio el Menor cuando, derribado de la tiranía, fue tratado en Corinto desdeñosa y vilmente; asimismo envidiamos menos a los enfermos, viejos y niños por apiadarnos de su debilidad; en unos viendo que se les acerca el fin de la vida, y en los otros, por no saber si llegarán a alcanzar la grandeza objeto de nuestra envidia. Además, son los niños, como todo animal joven, amables por su misma inocencia y sencillez.

Una envidia menor se combate con otra mayor, o sea de cosas a que nosotros damos más importancia; también se contiene por el miedo de algún mal grande; quien se lanza de propósito a un peligro, no se entretiene en envidiar a nadie. Aminórase igualmente con respecto a los que están muy distantes, ya en lugar o tiempo, como pasa con los que marcharon muy lejos y con los muertos, a menos que alguna circunstancia los aproxime o haga presentes, cosa que sucede cuando recordamos su mérito por comparación de talento, erudición, escritos, hazañas, o de su nobleza, riquezas, poder o algo semejante.

Hácese menor la envidia comunicada a otros; la nuestra se borra con la ajena respecto de una misma persona, por resultar ésta digna de compasión al desearla males tantas gentes. Hasta hay quien habla y juzga bien de los que envidia, al oír expresarse de ellos en forma peor de la que creen merecida, o cuando ven que se la vituperan cosas que creen más bien dignas de alabarse. Y es que se conmueve su alma por la indignidad del hecho, pensando que suceden cosas malas a una persona buena; y cree que el castigo de ellos es contradecirlos y aplaudir lo que reprueban, para mortificarlos.

Esa cuarta forma de la envidia es decididamente la más perversa; no nos proviene de Dios, sino que ha sido introducida mediante el pecado por su enemigo el diablo. Las otras tres constituyen más bien estímulos para que deseemos alcanzar y conservar los mayores bienes.

Capítulo XVI. De los celos

Comprendidos en la tercera clase de envidia están los celos, que, como su nombre indica, son una emulación tocante a la belleza, un miedo de que sea hermoso por algún concepto aquel a quien no queremos. Esta pasión se manifiesta en forma doble: o de disfrutar algo nosotros solos, o de que lo disfrute solo quien queremos; por eso tenemos celos hasta de los hijos, las hermanas, las madres; de los pupilos y los confiados a nuestro cuidado; no para disfrutar de su belleza, sino para que los demás no la disfruten contra lo que es justo y lícito; pues lo consideramos como un mal ya para nosotros mismos, en sentido de pena o ignominia, ya para quienes nos son queridos, en concepto de deshonra o pecado. Los celos de nuestro goce nacen del propio deseo, el cual es de placer, posesión o propiedad, o de honra. Con el crecer y descrecer de tales deseos aumentan y disminuyen los celos; pues, o creemos que es tan grande el placer, que deseamos gozar de él solos, pensando que se acabará si se comunica a otro, o anhelamos poseerle temiendo que se pierda con la transmisión; y sea como quiera lo que poseemos, no queremos tener a nadie por consocio, como aquel que aseguraba no toleraría por rival ni a Júpiter mismo. Por tal razón ocurre a menudo que aquello que tenemos como propio, si se convierte en común, lo rechazamos en absoluto con desdén, desprendiéndonos, no solo de los celos, sino hasta de todo deseo de ello. En esta pasión se atiende, por último, al aspecto de honra o deshonra; según la estimación o censura de cada uno, entramos en celos, los desechamos, los aumentamos y disminuimos; de donde resulta que en personas de distintas naciones se manifiesta esa pasión de diferente manera: los occidentales y meridionales reputan como gran deshonra para los maridos el impudor de sus mujeres, y por eso son muy celosos; no son tanto los del Norte; algunos animales sienten también esa pasión, como los cisnes, palomas, gallos y toros, por miedo de la comunicación, es decir, para que no se aminore o pierda por completo aquello de que participan otros.

Crecen y disminuyen también los celos según las personas, el lugar, tiempo y las diversas ocupaciones. En cuanto a las personas hay que distinguir: el celoso, aquel de quien lo está y el que motiva los celos; si el primero es suspicaz e interpreta todo en mal sentido, da gran acceso a su enfermedad; si piensa de si propio no tener cosa que le agrade, cae más pronto en los celos y con mayor intensidad. La persona de quien tenemos celos puede dar ocasión a ellos con el crecer y decrecer de su afecto, en el cual —antes que se haga notorio con la experiencia— se consideran preferidas la madre, la abuela, la institutriz, la educación misma y toda la vida anterior; después, en la práctica, el lenguaje, las costumbres, la religiosidad, la constancia, el talento, la discreción, el amor hacia nosotros, el cuidado del buen nombre y el temor de la mala fama. Asimismo importa mucho nuestro estado de ánimo hacia la persona: si estamos incomodados con ella, acogemos toda ocasión de calumnia y rencilla; si, por el contrario, la amamos, nos arrastrarán con menos facilidad los celos, pues el verdadero amor nada tiene de suspicaz, más bien se desvanece con los celos, a no ser tal que vaya unido con la concupiscencia, según dijimos en otro lugar, o cuando uno envidia el cariño de un amigo respecto de otros, queriendo disfrutarle él solamente.

La persona de la cual estamos celosos, si solicita al impudor cuando puede, si conoce las artes empleadas, si se prenda de un género de belleza como la de quien tenemos celos, si, efectivamente, procura solicitarla ofreciendo con qué complacerla directamente, o más cosas y mejores que las que le causan desagrado —todo ello produce y sostiene los celos.

Por razón del lugar, si no existe acceso alguno y está todo cerrado, o el sitio es sagrado, o también si es muy concurrido y está expuesto la vista de nuestra gente o de amigos que nos sean fieles o enemigos de ella, curiosos, habladores, o de un vigilante atento y discreto, tienen menos fuerza los celos, y muy grande en los casos contrarios. Respecto del tiempo, hay que tener en cuenta la oportunidad, las reglas, el no estar desocupados solicitante y solicitado; y respecto de las ocupaciones, si están dedicados a importantes negocios, o muy ocupados; si estiman que es su pasión perjudicial a sus intereses o a su reputación; en suma, que se trate de algo más importante para ellos que el placer mismo.

A esto hay que agregar las causas contrarias, pues las anteriores se sustituyen unas a otras, mientras que éstas producen efectos contrarios. En las que llevamos expuestas, las más numerosas y más fuertes tienen mayor peso; pero son mayores o menores, no en realidad, según se ha dicho varias veces, sino por el estado de ánimo actual y la opinión de cada uno.

Los celos producen inquietud en el alma, hacen pasar días y noches agitadísimas; el celoso se apodera de cualquier susurro, hasta del aire, le amplifica y convierte en la más alevosa calumnia de todos. A su vez los celos nacen en las personas suspicaces y hacen también que lo sean, como igualmente muy propensos a la credulidad en todo lo peor. Se convierten en odio y rabia, no solo contra el objeto de ellos, sino contra todo en general; hacen formar malamente la idea de haber dado ocasión para algún crimen, con la angustia consiguiente, y, en último término, hasta contra sí mismos; dándose lugar a actos de extrema crueldad, no pocas veces, hasta poner violentamente manos sobre sí propio, ante la impotencia morbosa que los invade.

Aquí no nos referimos, según es usual, sino a uno de los sexos; mas entiéndase todo ello de ambos, porque aquella perturbación no es menor en las mujeres, ni la impaciencia que suele producir es más leve que en los hombres.

«Esa pasión se extingue» cuando desaparecen las causas que la originaron, muy principalmente las sospechas y la credulidad; además, cuando se invoca la razón y se reflexiona que cuán en vano se atormenta uno sin otra ventaja que acarrearnos molestias. Por eso algunas esposas dotadas de gran prudencia, así en los antiguos tiempos como en nuestra misma época, considerando que con ser celosas no podían traer a buen camino las pasiones de sus maridos, dejaron en absoluto los celos como cosa inútil y calamitosa. Otras, al ver que la lascivia de los cónyuges de ningún modo producía ignominia para ellas, antes bien las servía a menudo de mayor gloria, toleraron con magnanimidad el adulterio y la deserción de los suyos.

Capítulo XVII. De la indignación

Es indignación un enojo o dolor por una felicidad inmerecida; indignidad que puede estar en la persona o en el objeto: lo primero, si un indigno desea algún bien, o le consigue, lo que es aún peor; lo segundo, cuando sucede algo bueno a un malo, o viniendo de él.

Hay en ello un doble movimiento del alma: indignación contra el que obra sobre el malo y misericordia hacia quien sufre injustamente. La indignación nace con facilidad de la envidia, la cual, siendo perversa, nos hace creer que recae en un indigno cualquier bien que acontezca a otro; la punzada que uno siente por la molestia posible del bien ajeno, más que indignación, es una perturbación, ese miedo del que se origina el odio, y si el daño está ya presente, produce pesadumbre del ánimo. A veces hay hasta quien se indigna, aun tratándose de la felicidad propia, con aquel que se la concede o procura, por juzgarse indigno del caso y no a la altura de él; v. gr., con el soberano que le nombró cónsul, con los amigos que se interesaron en el nombramiento y consigo mismo que le deseó, ambicionó y aceptó; en este sentido, hace Tranquilo hablar a Vespasiano después de triunfar de los judíos: lo cual suele ocurrir cuando hay por medio alguna molestia. Por eso en la anterior definición, al decir «una felicidad inmerecida», no hemos añadido «la ajena», como puede interpretarse en aquel pasaje de la Comedia: «Atorméntase a sí propio porque se conduce mejor en la paz que su hijo en la guerra, y por eso resuelve hacerse mal a sí mismo.»

Esa indignidad se aplica a todo género de bienes; nos indignamos de que al malo hayan tocado riquezas, hermosura, fuerza, salud completa, elocuencia, talento literario. Entendemos por malo aquel que a nuestro juicio no ha de usar rectamente de esos bienes: mientras que si se trata de persona justa y honrada no nos indignamos, pues creemos que lo merece, y que no será enemigo nuestro, ni nos hará daño, como tampoco a los que deseamos bien. Dícese que los cretenses deseaban a quien querían mal que se habituasen a las cosas malas, y una vez que adquirían buenas costumbres, no persistían en tal deseo, pues no hubieran sido enemigos de quienes no lo eran suyos, no habiendo nada tan amable como la justicia y la probidad.

Nos indignan con más fuerza aquellos a quienes otorga un bien el azar, que si proviene de la naturaleza; y los que le obtienen recientemente, más que los de antiguo, porque tiene ya el tiempo un fuero que hace parecer natural lo que de muy atrás se posee; también nos incomodamos si alguien pretende cosas que están sobre sus fuerzas o su mérito; por ejemplo: la magistratura, honores, prestigio, competencia con un superior, ya en aquel mismo, ya en otros respectos. Otros casos de lo primero son el contender el ignorante con el docto, el cobarde con el valiente, el pobre con el rico, y de lo último un inicuo con un varón justo, un orador con un general, un pintor con un magistrado, comparación ésta en la cual el arte pictórico se pone en paralelo con la dignidad de la magistratura, al paso que en otras denominaciones no pensamos en compararlas. También nos perturba que alguien, aun digno de alabanza, sea alabado más de lo que merece; entonces tratamos de quitarle hasta la parte merecida.

La indignación domina mucho en el soberbio, que, creyéndose muy digno de los mayores bienes, juzga a todos los demás incapaces e indignos aun de los más moderados; por eso censuran a quienquiera que ostente algún género de bien como no merecedor de él, y por lo mismo contra la justicia. Si les hace competencia o emprende igual camino que ellos, nace la emulación para que no lleguen a la meta, bien sea las riquezas, fama, erudición, favor o gloria; por eso no padecen esa perturbación las personas modestas y las de espíritu humilde y servil.

La indignación sale de la misma raíz que la misericordia, esto es, del juicio y del amor del bien. Pero en cuanto al objeto son efectos contrarios, puesto que la indignación es por el bien de quien no le merece, y la misericordia por el mal inmerecido también; de la mezcla de ambas nace aquella pasión que en las Sagradas Escrituras se llama a veces celo, como en los libros de los reinos de Helia y en los Salmos: «Porque tuve celos de los malos viendo la paz de los pecadores»; y lo mismo se dice de aquellos celosos en la guerra de los judíos de quienes habla José. Son, en efecto, esos celos la indignación que se siente por las cosas que se hacen indignamente contra quien no es querido, contra Dios, las cosas santas, contra la nación o el soberano. A menudo con ese pretexto dan culto muchos a malos deseos, y dan suelta a su odio perverso, con el nombre de celo; otros se dejan arrebatar de esa pasión ignorante e indiscretamente, como atribuye a los judíos San Pablo en su epístola a los romanos.

«Se ha dado al hombre la indignación para comunidad de la vida, a fin de que se establezca una distribución equitativa y recta de todos los bienes y no vayan a parar a los indignos, esto es, a quien ha de usar mal de ellos.»

Capítulo XVIII. De la venganza y de la crueldad

Cuantas cosas nos afeccionan, sean buenas o malas, ansiamos devolverlas al punto de donde vienen; de aquí nace la benevolencia respecto del benévolo, el beneficio hacia el bienhechor, o, por el contrario, la malevolencia y la maldad. Por eso el alma, cuando se halla afectada de algún dolor, desea rechazar sobre quien le causó, una mordedura semejante, a lo cual llamamos deseo de venganza, y una vez realizado éste, venganza.

La cual no es otra cosa que la imposición de una pena, merecida a nuestro juicio; la pena es un daño o lesión tocante a cualquier clase de bienes espirituales, corporales o de fortuna, según el criterio acerca de cada uno de ellos; pues hay quien cree vengarse de una injuria con un movimiento de desprecio, un gesto feo o un ultraje; otros que prefieren recibir golpes de palo o espada, a un dicterio injurioso; aquellos que no tienen fuerzas suficientes para vengarse, a pesar de desearlo con el mayor ardor, se desatan en denuestos y maldiciones, o claman a un vengador más alto, al príncipe, a la divinidad.

Toda ofensa, pues, extendida merced al odio, la ira, la envidia o la indignación, abriga el deseo de venganza, es decir, de devolver el dolor, a menos que otras pasiones lo estorben. La envidia, por ejemplo, se arrastra taimadamente para no dar a entender que de ella partió la venganza; la ira y la indignación proceden de un modo abierto, a fin de que lo comprendan y sepan los demás, y, sobre todo, aquel de quien quiere vengarse; la emulación cree gloriosa y digna de publicidad la vindicta ejercida sobre aquel a quien reprocha; el odio obra de diversas maneras: cuando estalla, pasa a convertirse en ira; si permanece frío, se infiltra y hiere alevosamente, como la ponzoña. La intensidad del enojo que no puede ya contenerse descartando todo género de venganzas para dañar a cuanto sea posible, se llama rabia, vocablo tomado de la enfermedad que ataca a perros y lobos, la cual, no pudiendo romper, comprime el corazón que tiende a ensancharse; ataca y hiere de gravedad el cuerpo entero, que queda, por último, destruido.

El acto pleno del castigo y de la venganza se convierte en dureza o crueldad, que es la ausencia de la simpatía; pues los que se compadecen, sienten también misericordia. Esa privación de simpatía es en unos perpetua, temporal en otros; aquéllos, por complexión natural del cuerpo, por costumbre convertida en simpatía; éstos, por hallarse endurecidos a causa de una conmoción pasional vehemente; pero su estado no dura más que la perturbación misma; así, v. gr., el deseo exagerado de una cosa exacerba la dureza contra el que se opone; ya se trate de riquezas, mando, placeres, ya del temor respecto de un objeto querido, la vida, el imperio, como pasó a Nerón, Calígula y Cómodo, que fueron crueles por miedo; al contrario que Tito Vespasiano, hijo, que por confianza y seguridad de su espíritu, era en extremo benigno, aun con los que conspiraban contra su soberanía.

Cuando se encienden en ira y enojo, apartan los buenos pensamientos e inducen a lo más duro y cruel.

Tres formas tiene la crueldad: cuando procura el acto, le ejecuta u omite el contrario; lo primero realizan quienes mandan, o emplean artificio o astucia; lo segundo, los verdugos y los soldados; hay, en efecto, personas crueles para mandar, que serían incapaces de mover una mano para el acto. La crueldad por omisión consiste en dejar de cumplir nuestro deber cuando no nos compadecemos cuando es conveniente, por malicia o negligencia; cuando abandonamos u olvidamos a padres, parientes, amigos, a los nece- sitados en trance de enfermedad, miseria o peligro, sin conmovernos por su desgracia. La razón de ello es que carecemos de aquella simpatía antes mencionada. La fiereza e inhumanidad consiste en despojarnos del criterio y condición humanos tomando los de los animales.

Queda reducida al interior la venganza cuando se ha refrescado la sangre en los pulmones o se ha enfriado por sí misma, como sucede en aquellos cuya bilis se inflama pronto, aunque se apaga enseguida por haber prendido en materia ligera como la estopa. Son más pertinaces los melancólicos, o los flemáticos enardecidos, por ser más tardos para calentarse.

Nos apaciguamos igualmente una vez recibido el castigo impuesto por nuestra mano o la ajena, sea un amigo, la naturaleza o la suerte; cuando uno se hace desgraciado, enfermo, pobre, ignominioso; cuando soporta mayores suplicios que los que había de causarle un encolerizado. No se ensaña la ira con los muertos, por haber ya traspasado el último límite y no estar expuestos a nuestra venganza. A menudo también cesamos de desear la venganza cuando la hallamos ya dispuesta, cosa que ocurre a muchos que perdonan a su enemigo al tenerle en su poder juzgando que es bastante haber podido hacerle daño. Asimismo decae aquella dureza, dominada ya y fatigada después de haber descargado sobre algunos; así, por ejemplo, en las ejecuciones públicas, se aplaca el soberano en sus estados, el general en su ejército, una vez aplicada la pena a unos cuantos reos. A veces se quebranta por otra pasión, por una ira más grave, como una piedra se rechaza con otra, o con un martillo.

Cuando la ira hierve, no admite remedio alguno; antes bien se exacerba con él, por estar la razón completamente peturbada, así como el fuego comprimido arde con más fuerza, a menos que sea tal el empuje de la opresión que ahogue y extinga el fuego, como sucede en un incendio con un derrumbamiento. También se mitiga por amor de aquel que intercede por el enemigo, o cuando es honroso el perdonar, o cuando esperamos alguna utilidad o tememos daños, como un clavo que se saca con otro: «El tiempo mismo es quien trae remedio, a todos los males del alma», más pronto o más tarde, según la condición del cuerpo, las convicciones y el juicio de cada cual; y así como la bilis exacerbada produce fácilmente enojo e ira, cuando se aplaca se amortigua, también la llama de la perturbación que la causó. Por eso es muy conveniente que se refresque la bilis en aquellas personas de quienes hablamos más arriba.

La venganza se comprime y reserva también para otra ocasión, si el momento no es oportuno para realizarla; así nos dice Homero que hacían los reyes: disimular el deseo de venganza hasta hallar la coyuntura favorable; pero entre tanto se acumula y corrompe en nuestro interior, y cuanto más tiempo es aplazada, con mayor virulencia se desahoga luego.

Capítulo XIX. De la tristeza

La tristeza es el encogimiento del alma por un mal presente, o que se tiene como tal. Es una perturbación contraria totalmente a la alegría, y Cicerón la llama pesadumbre, que consta de diversas partes, según opinión de los estoicos. No las enumeramos aquí por creer que ni éstos transmitieron con fidelidad ese concepto ni Cicerón le comprendió y explicó rectamente: fácil es a cualquiera esta comprobación, consultando el libro IV de las *Tusculanas*.

A veces nace la tristeza por solo la ausencia del bien, por ejemplo, en la madre que pierde su hijo único. Muchos se entristecen aun después del deleite, de los banquetes, de pasar días festivos y alegres, lo cual se explica por el deseo de lo que hemos perdido, buscando siempre algo nuestro espíritu inquieto, tal como sucede a la yegua a quien quitaron su cría. La tristeza produce la bilis negra, por la cual, a su vez se exacerba aquélla, y también por la creencia de un nuevo mal. Vemos tristes a personas melancólicas aunque nada malo las ocurra y sin que sepan darse cuenta del motivo.

Resultado de ese negro humor es entenebrecer el alma, con los inconvenientes de quitar al espíritu su lozanía, con ofuscación del entendimiento, que sale también al rostro: «Me entorpecieron las molestias», dijo Marco Tulio, y de Niobe se cuenta que a fuerza de llorar se convirtió en roca. Ya despejado el cerebro, le acomete el sueño, como leemos en el Salmista: «Se durmió de pesadumbre mi alma.» Surge el odio a los hombres, a la luz misma, a todas las cosas de este mundo; nos complace sumergirnos más y más en la tristeza; no admitimos nada alegre, ni consuelo alguno, cual sucedía a Octavio con su hijo Marcelo que pereció en su juventud; ansía ensancharse aún la pesadumbre pensando que nunca ha de acabarse. Así hace exclamar Lucano a la Cornelia de Pompeyo, frente a su dolor:

«Turpe mori post te solo non posse dolore.»

En los meticulosos aumenta especialmente la tristeza porque prolongan las sospechas en extremo, fabricando amplia tela de dolores, poniendo un daño tras otro, luego uno nuevo, del cual vendrán sucesivos hasta terminar en odio a sí mismo, en desesperación y rabia, como se lee de Hécuba, a quien suponen convertida en perro por esa causa.

Con la pesadumbre se reseca el cuerpo, el corazón se contrae hasta el punto de que en algunos que murieron de ella se halló no más abultado que una membrana; a esa contracción sigue la de la cara, imagen de aquél, y por último, se desgasta la salud misma. Lamentaciones, quejidos y llantos acompañan a la tristeza: es pasión de carácter frío y seco; impera por lo mismo en épocas y sitios fríos y generalmente en todo cuanto ostenta complexión melancólica: en otoño e invierno, en tiempo nublado, de noche, hacia el Norte, región donde invade la tristeza a más personas que en España o en Italia.

Por lo contrario, la luz y serenidad del ambiente alegra las almas: el Sol, al decir de Plinio, «desvanece las tinieblas y la tristeza, no solo del cielo, sino también del espíritu humano». Así como aumenta la alegría comunicada a los demás, igualmente en la tristeza: en aquélla, además de nuestro propio bien, nos regocijamos con la alegría de nuestros amados; así en la pesadumbre, además del mal nuestro, observamos que aquellos que nos aman sufren los mismos males porque el amor identifica todas las cosas. Sucede lo contrario entre los que no se quieren bien: no aumenta la alegría comunicada, ya sea en la solidaridad de ganancias de victoria, en la guerra, en los recreos, en los pleitos. En la tristeza transmitida a otros se alivia el ánimo, porque es un consuelo, ya el no estar solos en las adversidades, ya el que otros se apiaden de nuestra desgracia, como si fuese inmerecida; y si ocurre que alguien se conduela de nosotros, y ese dolor no nos vuelve recíprocamente, parece que trasladamos parte del peso de nuestros hombros a los ajenos. De aquí se sigue que la alegría ajena exacerba nuestra tristeza; así ocurre en días festivos y solemnidades públicas en que la tristeza se reconcentra en lo interior y crece, por oposición de lo contrario, como en invierno el calor de los cuerpos vivos.

Cuando juzgamos que los demás no sienten nuestro dolor, surge la indignación, la compasión de nosotros mismos, y la tristeza se aparta como ante un nuevo mal.

La tristeza se desvanece, ya por ausencia del mal, por recuperarse el bien perdido, o ya sobreviniendo cosas alegres de mayor importancia que estimamos en más que aquellas cuya ausencia lamentábamos. Igualmente se aminora con todo aquello que templa la bilis negra, como son los manjares calientes y humeantes, principalmente con el vino, del cual dicen las Sagradas Escrituras: «Da vino al triste.» Asimismo con las distracciones de la vista y el oído, por ejemplo, a cielo abierto, en los campos y praderas extensas, con la música, aunque ésta es de tal índole que causa más dolor al triste.

Los habituados a sufrir males tienen como un callo en el alma, se abaten menos por la pesadumbre y en ellos el mal mayor oscurece el sentimiento del menor. Combátese también la tristeza apartando de ella el pensamiento, v. gr., con los negocios, narraciones graciosas, con reflexión conveniente, esto es pensando que el mal no es tan grande para que nos aflijamos tanto; que perdemos más obrando así que por la pérdida que sentimos, por ejemplo, negocios, ocasión de ganancias, dignidades, autoridad, fama y gloria; así como otros consuelos comunes: v. gr., que no es en realidad un mal, o de tan grave importancia; que no lo es para quien le ocurre o para nosotros o nuestros seres más queridos; que se aproxima o se ha alcanzado un bien mayor; que ese es el destino general del hombre, y que proviene de Aquel a cuya voluntad y derechos no es lícito desobedecer; que con la tristeza nada se remedia.

Por último: como sucede en otras enfermedades espirituales, un clavo empuja a otro, ya cuando se pone de manifiesto que no hay para qué tener en cuenta un peligro de mal mayor que el que ya tenemos delante, como sucede a quien se duele del dinero perdido, hallándose ante la alternativa de la esclavitud, de la muerte o de la pérdida de sus hijos; o ya cuando se nos presenta una esperanza de grandes bienes, la fama, la inmortalidad del nombre, de las dignidades, de la gracia principal, «o de aquello que supera a todos los bienes: la eterna felicidad».

Capítulo XX. De las lágrimas
El lagrimeo no es una pasión, como tampoco la risa. La lágrima es un humor producido por el caldeamiento del cerebro húmedo y tierno, que destila de los ojos. Si se caldea excesivamente y el cerebro se deseca, no afluyen las lágrimas, como sucede en los hombres encolerizados; y tampoco si está ya desecado antes, v. gr., en una prolongada tristeza y duelo, en la vejez o cuando es uno seco de suyo, como los melancólicos.

Hay personas a quienes de tal suerte embota la pesadumbre, que hallándose comprimido todo calor, no pueden verter lágrimas, que correrían con abundancia en cualquier dolor ordinario. Brotan ellas cuando está el cerebro humedecido, como en los embriagados, o blando y tierno como en los niños, mujeres y enfermos; salen también a menudo con el viento fuerte, con el humo, con alguna manifestación, con mala salud; igualmente con la risa, pues el cerebro se calienta entonces. Surgen asimismo de las pasiones, del amor, del deseo de poseer un objeto querido, de la ira en las personas débiles y en las que no pueden vengarse; de la envidia en la mujer y los niños, del pudor, de la alegría. Muy singularmente afluyen las lágrimas por la compasión, va propia, ya de otro.

Se compadece uno de sí mismo, entristeciéndose por creer que le viene el mal sin merecerle; son entonces tan naturales las lágrimas, que muchos las derraman en abundancia solo con pensar que puedan ocurrirles males injustamente; por ejemplo, la prisión, el destierro, la pobreza, la orfandad, la muerte; y como cada uno se ama con la mayor ternura, y se juzga digno de los mayores bienes, está dispuesto en extremo a compadecerse, por lo cual llora con solo imaginar su mal.

También nos mueven los males ajenos por simpatía, arrancándonos lágrimas, que, sin embargo, son más tardas en salir y más fáciles de secar, porque vemos las molestias ajenas como a lo lejos y su sentimiento llega a nosotros ya atenuado. Igualmente asoman lágrimas cuando hemos presenciado, leído o vemos actualmente y recordamos alguna acción piadosa, santa, en aras del deber, referida o ejecutada por alguno; y tanto más si quien la realizó o la refiere no tuvo en cuenta magnánimamente su propio daño o peligro ante la grandeza del acto.

«Se han concedido al hombre las lágrimas para atestiguar nuestro dolor; para inducir a los demás a que nos compadezcan y auxilien; para favorecernos recíprocamente con la mutua ayuda, y también para dar testimonio de que nos afectan los males ajenos, en lo cual hay una muy grande solidaridad entre las almas.»

Capítulo XXI. Del miedo

Es miedo, según Aristóteles, la imaginación de un mal que se aproxima; así tenemos miedo a los peligros precursores del mal próximo, como son las tempestades, las malas condiciones del tiempo seguidas de inundaciones, hambre y peste; asimismo tememos la ira y los enojos de quienes pueden causarnos daño; pues en el hecho de tener fuerza y propósito de causarle es evidente que amenaza algo malo. Los taimados, pérfidos y astutos son más temidos que los sencillos y espontáneos.

Tienen miedo los que son temibles para los demás, conforme a la frase del cómico Liberio: «Tiene que temer a muchos aquel a quien muchos temen»; pues el que causa a otros temor, a menos que esté loco, verá que se halla en peligro de parte de todos ellos, de que traten de librarse del miedo según el antiguo proverbio: «se odia a quien se teme». No es así cuando son los temerosos aquellos de quienes no puede salir daño alguno por no querer, o porque carecen de fuerza; cosa muy rara, porque nada hay tan débil que no sirva para hacernos algún daño, sobre todo si se ofrece ocasión. No perturban menos los males lejanos, v. gr., una muerte incierta, que hasta los viejos confían que no esté demasiado cerca.

De otro modo define también Aristóteles el miedo como una perturbación por la creencia del mal futuro, ya molesto solamente, o ya fatal. Dice que, en efecto, no lo tememos todo, por ejemplo, el llegar a ser malvado, o ignorante, sino aquello que nos traiga graves molestias espirituales o la destrucción corporal; y esto casi concretado a la vida civil, de la cual trata aquel autor en las reglas de Retórica; pues la mayoría de las gentes no concederán como un mal la ignorancia y el vicio, sino lo que perjudique al cuerpo o al sentimiento; aunque quienes gozan del privilegio del talento no temen menos el desconocimiento de las cosas buenas, y el vicio, que otros las enfermedades y la muerte. Por eso puede el miedo definirse más claramente así: es el encogimiento de ánimo por algo que a uno parece malo cuando se piensa que va a venir; y como nace el miedo del pensamiento del peligro, temen más los que más reflexionan, como son los prudentes, virtuosos y experimentados.

Los peligros próximos, aunque no amenacen directamente, nos causan el temor propio de que no tenemos lejos el mal. Esa proximidad puede ser de lugar, como en la frase: «cuando arde la pared vecina»; o por semejanza de condiciones, por ejemplo, tiembla, el ladrón cuando ve colgar a otro, la mujer encinta al saber que ha muerto una en el puerperio; siendo mayor la perturbación cuanto más parecida es la condición, sobre todo en aquello de que procede el mal; por eso al castigarse a un salteador que hirió además de robar, se estremece el que ha cometido el mismo crimen; y si existe alguna diferencia, es menor el miedo, v. gr., el que no hizo más que robar, sin herir; o si aquél fue preso hallándose solo, y éste tuvo cómplices; si el primero pernoctaba en una posada y el segundo en una cueva. Igualmente cuando murió de fiebre cuartana uno que se dejaba llevar demasiado de la bebida, tiene menos miedo un abstenio que también la padece.

Ante todo, el, miedo contrae y debilita el corazón: para aliviarle, le envía la naturaleza el calor superior, y si éste no basta, también el inferior, de donde procede la palidez y el frío.

Al temblar el corazón, tiembla todo el cuerpo, el cual sigue el movimiento de aquél, de ahí el titubeo y vacilación de la palabra; y eso mismo es de observar en otras pasiones en que el corazón late con mucha rapidez, como en la ira y en la alegría, igualmente con el ejercicio. Con el miedo sale la voz débil, porque el calor baja desde el corazón y las regiones superiores; con la ira es más fuerte porque sube. También se erizan los cabellos por comprimirse los vasos con el frío, y se quedan rígidos. Aquellos que tienen cerca del corazón poca sangre caliente son cobardes; por eso los de corazón voluminoso por la proporción de ese líquido, son tímidos naturalmente como la liebre, y también las palomas y los ciervos, por carecer de hiel, en la cual puede encenderse la sangre; pues a aquellos en que se hincha la bilis amarilla, les hierve la sangre cerca de los intestinos, y se hacen valientes y vigorosos; los que tienen sangre gruesa, abundante y cálida junto al corazón, son de ánimo firme y audaz, precisamente por esa abundancia de calor, elemento principal de la confianza en la cual se conserva largo tiempo la materia, por su densidad y fortaleza. Mas cuando el calor escaso se retira dentro del pecho, hácese más débil el corazón y tiembla más; de ahí que el colorearse el rostro con el miedo es prueba de un espíritu pusilánime, al paso que es lo contrario en el que palidece, pues la naturaleza favorece al corazón, con el auxilio de calor y sangre que de todos lados le envía. Cuando el calor disminuye, crece el miedo en el corazón desamparado, y hasta el vientre se afloja. Por eso dice con razón Homero del cobarde «que se le cae el corazón a los calcaños».

Hay que advertir que toda opresión del corazón por pesadumbre y temor, aun por enojo y también por algún deseo refrenado, se llama angustia. A veces se presenta sin estado pasional, solo en virtud de algún humor espeso que obra sobre el corazón. Tales son los efectos corporales del miedo. En cuanto a los del alma, perturba y confunde los pensamientos; acertadamente se ha dicho: «¿Cómo ha de investigar los cielos y los elementos aquel que siempre esté dominado por el miedo de la pobreza, de la esclavitud, de la muerte?» Y aquella frase es también exacta: «El pavor me arranca del alma toda la ciencia.» El tener ánimo en los peligros y poder adoptar resoluciones en cada momento y a la mano, como dejaron escrito Tito Livio de Aníbal y Salustio de Yugurta, no solo es de hombres los más esforzados y de aquellos que no se conmueven fácilmente por los peligros, sino también de personas agudas y de gran talento. Se forman así por la práctica y larga experiencia, o bien los ha formado ya y dispuesto la naturaleza teniendo sangre abundante, cálida y liquida cerca del corazón; que envía al cerebro copiosos vapores, sutiles y templados. Dice Plinio —y a sus palabras nos remitimos—: «En ningún animal produce el pavor tanta confusión como en el hombre.» Aquellos que por condición de carácter se inclinan al miedo, no hallan bastantes razones y consejos para recobrar el ánimo y para mostrarse confiados. Grande es y poderosa la fuerza de la naturaleza cuando existe por dentro, esto es en la primitiva constitución; a menos que haya una meditación vigorosa y continua para despreciar los peligros, para fortalecer el ánimo frente a los males hasta persuadirse firmemente de que aquellos que tememos no son tan dañosos, o de que hay dispuestos bienes mayores si nos libramos del mal temido, o males mayores si no esquivamos y vencemos los que nos amenazan.

Acertadas son las palabras que pone Salustio en boca de Catilina: «Tengo bien sabido, soldados, que las palabras no infunden valor, y que una arenga del general no es capaz de hacer valiente al cobarde, ni animoso al tímido. El arrojo que cada cual tiene ya por naturaleza o ya por costumbre ese es el que manifiesta en la guerra. A quien no mueven la gloria ni los peligros no hay para qué darle consejos: el temor de su alma le cierra los oídos.» Si se intenta convencer al temeroso de que el miedo le perjudica más y hace más grandes los daños, mayor temor siente, como sucede en las enfermedades contagiosas en las que causa mucho daño la imaginación del mal, por moverse un miedo doble, el del peligro y el del temor mismo.

Son consecuencias del miedo el abatimiento, la propia abyección, la condescendencia, la adulación, las sospechas, la precaución que en las almas fuertes estimula a buscar remedios al mal, al paso que en los débiles entra la consternación, la perturbación y la desanimación; aparece también la pereza, la desesperación y postración que nos convierten como en un ser yacente sobre el cual se desploma toda amenaza. Por eso no hay calamidad en el alma mayor que la del miedo, ninguna esclavitud más repugnante; así es que el odio hacia la persona temible se aguza con el miedo, cual piedra de afilar, lo mismo que hacía el tirano; desea el alma afirmarse en la libertad; recobradas fuerzas, se recalienta la sangre enfriada, y, por efecto de la reacción, arde en ansias de vengarse. Esto hace muchas veces animosos a los que habían sentido miedo, convierte en amos cruelísimos a los que antes servían, llegando a sacudirse con gran ímpetu a quienes los subyugaban.

Como en general otras pasiones, es también el miedo suspicaz, y lo son todos los meticulosos: él aumenta la importancia de las cosas, pues el peligro nunca es tan grande como uno se le figura. Por eso sirve de alivio a quien teme por un ser querido el presenciar sus peligros, o al menos conocerlos con toda claridad; estado que expresa muy bien Ovidio en aquel conocido verso, y los sucesivos, cuando hace exclamar a Penélope:

«Utilius starent etiam nunc moenia Trojae.»[24]

Aumenta el miedo en la misma proporción que las causas de donde nace; también con el temor de otros que han pasado aquellos peligros y saben los males que pueden traer, como sucede a los marineros que tiemblan al ver que el piloto se asusta ante la tempestad. Los de ánimo intrépido aumentan nuestro miedo, si ellos le tienen; por ejemplo, el soldado bisoño que ve temblar a un veterano. Igualmente nos aterran más los peligros cuando se debilita nuestro amparo, v. gr., el pueblo que se asusta doblemente cuando muestran temor los magistrados o aquellos que acostumbraban a mirar por la ciudad en tiempos de peligro; o los pollos que tiemblan al ver asustada a su madre. Asimismo, después de haber pasado vicisitudes muy duras, es

---

24   Heroid., Epist. i, y. 67.

mayor nuestro miedo, como sucede en una pelea al que salió gravemente herido en otra anterior.

Existe seguridad cuando pensamos que no hay peligro alguno, ya por reflexión o por ignorancia: lo primero, si, libres de un peligro, creemos que no queda ningún otro; o despreciando en general todo cuanto pudiera amenazarnos, juzgamos que nada malo nos ocurrirá. Obran seguros también quienes no ponen interés ni cuidado por el bien que está amenazado de peligro, riquezas, fama, la vida misma; nada les queda de qué preocuparse, y por tanto que temer.

La ignorancia, se refiere a aquellos que no piensan ni reflexionan, como el que está dormido, los niños, los embriagados, aquellos que carecen de experiencia; o también a quienes tienen su atención en otros pensamientos o preocupaciones, o están violentamente perturbados con la ira, la envidia, la ambición. Ya dijimos arriba que nos hallamos seguros si tenemos la creencia de que no existe peligro alguno para nosotros.

Sobreviene la confianza cuando en medio del peligro cobramos aliento contra los males que se aproximan; y nace, o por aumentarse el color interno, v. gr., bebiendo vino, u otra cosa que fortaleza el corazón; ya merced a otra pasión viva, como la ira, el amor, el deseo, el miedo de un mal mayor, todo lo cual sirve, aun a los más cobardes, en vez de presencia de ánimo. También se presenta por medio de ciertos cantos, como se cuenta del mismo Timoteo que con los sonidos de su lira excitó primeramente a pelear a Alejandro de Macedonia, y poco después le hizo calmar cambiando de música.

Surge la audacia cuando para rechazar los males u para conseguir bienes difíciles se levanta y arrebata el ánimo, lo cual sucede mediante un mayor hervor de la sangre, y por lo mismo se refiere a un sentimiento irascible, según dijimos al tratar de la ira. Se aprecia el peligro por el lugar, el tiempo, las personas —nosotros o nuestros enemigos— por las fuerzas; la considera-ción de todo lo cual aumenta la opinión del peligro o la disminuye, si vemos que nos puede perjudicar poco en tal ocasión o lugar, de parte de quien no quiere dañarnos, ya por amor a nosotros o por bondad de ellos mismos, como sucede con la confianza en Dios.

Aquellos que no pudieron hacer daño, por carecer de fuerzas, no se atre-verán, por desconocer su poder, porque realmente no le tienen, o no le entienden como los caballos, los toros y aun muchos hombres, mientras que nosotros podemos servirnos de la familia, amigos y allegados, examinar y comparar entre sí nuestras fuerzas y recursos —que preservan tanto la parte invadida como la invasora—. Al talento pertenecen la perspicacia, la erudición, la elocuencia; a la fortuna, las riquezas; a la salud, la complexión, el vigor, las medicinas; a las dignidades, la autoridad y el favor; todo lo cual es sumamente extenso y no toca a este lugar explicarlo.

Quienes afrontaron repetidas veces un mismo peligro, saliendo de él incólumes o con pequeño daño, se vuelven más confiados para lo sucesivo, como sucede en la guerra a los soldados veteranos; mientras que los peligros nuevos, repentinos e inopinados impresionan y llegan a consternar a los espíritus, por fuertes que sean; en cuanto a los que ya teníamos previstos, y nos hemos hecho casi familiares dándoles vueltas en el pensamiento, nos imponen menos, porque aquel constante pensar sirve como una costumbre de sufrirlos, formando a modo de un callo en el alma. Igualmente nos fortalecen los ejemplos ajenos: si lo hizo éste y aquél ¿por qué hemos de ser menos? Y cobramos tanto mayor ánimo cuanto más creemos aventajar a los que arrastraron los mismos peligros con éxito, en fuerzas suficientes para soportarlos o rechazarlos: en elocuencia, discreción, favor, fortaleza, o en auxilios de los amigos, de lugar o tiempo, del soberano, de Dios.

Cuando no estimamos grande y pernicioso el mal que nos amenaza se reafirma el ánimo, v. gr., sabiendo que hay dispuesto un bien mayor que le compense ampliamente, riquezas, erudición, gloria, la vida inmortal. El horror y la desanimación que son efectos y consecuencia del miedo en el alma se extienden hasta a lo pasado, según la frase de Virgilio: «Horrorízase el alma aun con el recuerdo», y cuentan de un tal Judeo en la Galia, que al volver de noche del campo a su casa dormido sobre su asno y habiendo pasado un puente, casi destruido, por una estrecha tabla, pensando al día siguiente en el peligro que había corrido, se desmayó. Y es que la imaginación nos ofrece el objeto como presente, según dijimos en otra parte.

Los temores se extienden aun hasta a lo meramente díganlo aquellos esposos que se lamentaban sin compasión por haber estado conversando junto al fuego, mientras que podían haber perdido el hijo único que tenían, que, sin embargo, estaba sano y bueno. Ese imperio de la fantasía domina extensamente en todas las pasiones. «El miedo se ha concedido al hombre para precaverse de lo que ha de causarle daño antes que llegue a él.»

Capítulo XXII. La esperanza

La esperanza del deseo es una forma, a saber: la confianza de que ocurrirá lo que deseamos. No tiene la evidencia de la ciencia, sino la conjetura de la opinión, ya probable o ya posible, fundada en que muchas veces ha sucedido cosa parecida o en alguna ocasión; que en casos iguales pasa lo mismo; que por alguna razón o motivo debe suceder; que es natural que ocurra, o debe creerse que será así en tal circunstancia, por cual causa, en este momento, lugar o situación.

En una palabra: no hay cosa alguna, por liviana, por pequeña, lejana o extraña que parezca a que no se adhiera con facilidad el alma para buscar los auxilios de la esperanza; de cualquier cantidad o género que sea ello, tiene suficiente fuerza para sostenerla: tan exigua es, y de tal calidad de anzuelo y cebo. «Cosa agradabilísima es la persuasión de la esperanza, y de primera necesidad en la vida», en medio de tantas miserias, de vicisitudes duras, poco menos que intolerables. Sin ese condimento todo resultaría insípido y repugnante; por eso tiene gran sentido la ficción de la caja de Pandora, en la cual, desparramados y perdidos todos los demás bienes, quedó sola en el fondo la esperanza, que es imagen de la vida humana; así ha hecho el Artífice del mundo «que con muy ligeros motivos nazca y se conserve la esperanza».

Capítulo XXIII. Del pudor

Es el pudor el miedo de un desdoro que no trae daño consigo. Aristóteles le definió: «Un dolor o perturbación del alma por cosas que parecen producir deshonor.» Refiérese a todo tiempo, el presente y el pasado, el futuro y hasta el posible; y, no solo versa sobre el desdoro en sí, sino aun sobre el peligro de que admitamos algo en que parezca haber riesgo de vileza.

Siendo, pues, el pudor un miedo de deshonra, influye mucho en quienes tienen apego al honor, los cuales temen lo contrario de éste como un grave mal.

222

Así lo vergonzoso como lo honroso, son de muchas clases, unas propias de la naturaleza misma, por ser afectas o refractarias, naturalmente, al hombre: la justicia, la humanidad, la modestia, son cosas bellas y decorosas; son deformes sus contrarias.

Puede lo vergonzoso derivarse del primer delito que se comete; al corromperse ya la naturaleza, disminuye la bondad y prevalece el vicio. Este reside en toda manifestación libidinosa, según leemos en el Génesis, cuando los primeros cónyuges cubrieron su desnudez después de la desobediencia; y ello es debido a que la nobleza del alma humana, al ver que sus órganos no la obedecen, sino que se guían por algún motivo y pasión propia, retira de su presencia y oculta al siervo que se resiste y al súbdito rebelde. Por eso aquellos cuyos dichos miembros no desobedecen a la razón y a la voluntad humanas los ocultan menos en la presencia y en la mención, porque no sienten tanto pudor: así pasa en la inocencia primitiva, en los ancianos y en los niños, donde con la pubertad viene también el pudor de aquellos objetos.

Asimismo hay otra clase de vergonzoso en la ofensa natural de los sentidos: en un olor o aspecto feo y repugnante, como sucede con todo excremento corporal, particularmente en los que salen por los grandes desagües del cuerpo; cosas que son de suyo vergonzosas; teniendo el carácter de alguna obscenidad, y debiendo evitarse las palabras y referencias de ambos géneros, porque necesariamente mueven la inteligencia y la fantasía del que las oye; así, en los dados a placeres sexuales excita la imaginación actos pecaminosos de deseo; en personas tristes, repugnancia y náuseas con perturbación de todo el cuerpo, si son un poco delicadas. Con esto se refuta aquella maliciosa censura de los cínicos a la humanidad porque tiene vergüenza de mentar actos necesarios, sin ser pecado, como el procurar hijos, evacuar el vientre, sonarse, orinar, y no se avergüenzan de hablar públicamente de vicios y crímenes, por ejemplo, de latrocinios, hurtos, fraudes, traición a la Patria, violación de leyes, tiranía. Pero esta mención de delitos, aun siendo nefandos, no mueven la fantasía hacia cosas vergonzosas o perjudiciales al cuerpo, y las otras sí, aunque sean necesarias y convenientes a la naturaleza; además, las personas prudentes se abstienen de mencionar tales actos ante quienes sospechan que pueden imitarlos al enterarse, si bien más por el peligro ajeno que por propia bajeza, y si refieren alguno de ellos es condenándole para advertencia de los oyentes. Estas formas de lo deforme y lo decoroso dan origen a reglas de las costumbres y juicios humanos; siendo por eso de gran importancia saber cómo pensamos de aquéllas nosotros y aquéllos por cuyo criterio nos guiamos.

El concepto del decoro y de la deformidad se forma por las costumbres o por las opiniones admitidas; de ahí que las cosas parecen más o menos feas a cada cual, según los sentimientos de las gentes con quienes vivimos y tratamos; así, nada hay más oprobioso para el soldado que la cobardía; para el comerciante, la pobreza a la falta de lealtad; para el aficionado a la literatura, la ignorancia; cualquiera de estos defectos que se les atribuye les causa pudor, y hasta las semejanzas, imágenes o signos de ellos.

Son vicios los actos contra lo piadoso y lo lícito, contra lo equitativo, el derecho, las leyes; contra las instituciones de los antepasados, contra las costumbres del país, contra los preceptos de los sabios y los consejos de los prudentes.

El carecer de las bellas cualidades que adornan a otros semejantes nuestros, ya sean particulares, como la falta de educación noble en un joven ilustre, o ya públicas, como la de las leyes o de la libertad en una nación, suele contarse entre los vicios, como si fuesen cosa que hemos perdido por propia culpa o que no hemos adquirido.

Las cosas que se apartan de la razón común imprimen vergüenza, ya se trate de vicios verdaderos o de cosas indiferentes, como una estatura enorme o una exigua, la deformidad de la boca o del cuerpo, los defectos de pronunciación; y, no solo nos avergüenzan nuestras deformidades, sino las de aquellos que son muy allegados nuestros, las cuales redundan en nosotros como las nuestras en ellos: por ejemplo, las de nuestros padres, abuelos, hijos, nietos, consanguíneos; de los soberanos y los súbditos, de los tutores y pupilos. Es la mayor de todas la de los padres, consignada en aquel verso griego: «Nadie es tan excelente y confiado en sus virtudes a quien no afecte la ignominia de sus padres»; porque los vicios de ellos parecen derivar en nosotros, cual hereditarios, por la semejanza de naturaleza.

Con todo, para quien considera bien las cosas, nada de aquello lleva consigo un pudor justo y legítimo, excepto los casos en que hay alguna culpa de nuestra parte, como pasa en los defectos de los encomendados a nuestro cuidado y gobierno: hijos, discípulos, esposa, pupilos, súbditos, clientes, la familia y amigos en general, según la frase: «Tolerando los vicios del amigo los haces tuyos»; y lo mismo en aquellos que a nuestra solicitud toca evitar o corregir; por lo cual hasta las leyes, los hábitos piadosos y las buenas instituciones tradicionales en un país no tienen buena fama en otros si aquél no se mejora con todas aquellas cualidades, como dijo San Pablo: «Por vosotros se habla mal del nombre de Dios en las naciones.»

Con motivo del pudor y de la ignominia ajenas, también nos avergonzamos al conocerlos, o si hemos sido sus causantes o maestros, auxiliares y colegas; lo mismo cuando alguien se avergüenza sin motivo, no siendo digno de él ese sentimiento; también nos sonrojamos de la impudencia ajena al ver que no se inmuta, o muy poco, aquel que debía avergonzarse. Los que ven que no se les muestra la reverencia que estiman se les debe, por ciertas personas, o en algún lugar, tiempo o circunstancia, no solo se avergüenzan sino que se indignan y encolerizan a menudo, tanto más cuanto mayor es el mérito que se atribuyen, y son más apasionados del honor. Las personas modestas se avergüenzan de recibir alabanzas ordinarias, como dice Cicerón de Cayo Aquilio en la oración por Publio Quintio: es que temen hacerse sospechosos de arrogancia si escuchan impávidos sus elogios, como pareciendo que los reconocen y aprueban.

Aun los que desconocen esas diferencias entre lo feo y lo decoroso tienen miedo a la deshonra, y otras veces se avergüenzan sin motivo como los niños y la mayoría de los campesinos —de aquí el rubor característico de éstos—. Pero los que de nada de ello se preocupan tampoco se avergüenzan, cosa debida a distintas causas; unos lo ignoran por falta de educación, v. gr., los rústicos, los hijos de gente pobre, otros por haberse echado a la vida viciosa hasta perder completamente los respetos propios del hombre, por ejemplo, los ladrones, meretrices y mediadores; los hay también que van impulsados a la desesperación por sus desgracias, y de ahí a odiar el honor, como los miserables, los mendigos y deshonrados. Otros, en cambio, se creen superiores a todos los demás, y que pertenecen a una clase que no tiene que guardar respeto alguno a nadie, como los soberanos, los maestros, los padres y los ancianos, los hombres arrogantes que desprecian a todos cual inferiores; de otro lado, los que piensan modestamente de sí propios, sienten más a menudo pudor, no de parte de las cosas, sino de su condición misma; y los que se ufanan de no ser inferiores a nadie ni súbditos, afectan de propósito su impudencia, a la par que buscan ocasión en que se deba manifestar pudor para ostentar esa confianza en sí mismos.

Están en la mejor y principal categoría los corifeos de la ciencia que se burlan de estas vulgares distinciones de los conceptos, teniéndolos ellos muy superiores, más minuciosamente pensados y conformes al criterio de verdad.

Al discernir lo hermoso y lo deforme se tienen en cuenta las circunstancias de «lugar»; así, v. gr., en Etiopía no es feo el color negro, ni la pequeñez de estatura entre los pigmeos, ni el robo en Lacedemonia; las de «tiempo», por ejemplo, los juegos y bromas durante las fiestas saturnales; las de «personas», bien sea la propia, v. gr., porque es más indecoroso en un magistrado que en un particular hacer una cosa fea; bien la ajena, cuando nos avergonzamos más en presencia de aquellos cuya reprobación tememos que nos traiga mayor deshonra, ya por nuestro concepto de ellos, v. gr., de padres, tutores o maestros, ya por el de todos o de la mayoría, de los príncipes y de los más considerados en sabiduría, en su juicio de las cosas, en virtud, y muy principalmente, de aquellos que están exentos de la ignominia que tememos, pues menos vergüenza nos causa hacer algo indecoroso entre los que obran de igual modo.

Más nos avergonzamos ante aquellos que nos causan respeto; lo contrario nos sucede con las personas a cuyo juicio no damos importancia, como son los niños y los necios. Lo que se hace delante de muchos causa más pudor que si es en presencia de pocos, con circunstancias iguales por lo demás; así, nos da mucha vergüenza hacer manifestación de algo indecoroso a vista de quien sospechamos que habrá de referirlo, y más aún que lo divulgará por todas partes, como hacen los que tienen esa costumbre, los habladores, los que lo hacen con gusto, v. gr., los enemigos o quienes tienen medios al efecto, como los escritores de renombre o los que tratan con muchas y elevadas personas.

Si el amor está unido con la opinión de grandeza, va también acompañado del pudor; en otro caso, no le lleva como sucede entre iguales. Se entiende por grandeza toda alta cualidad que se reputa como tal, ya sea de condición y fortuna, ya de cuerpo, alma y entendimiento. También contribuye al pudor la esperanza, pues cuando esperamos recibir algún bien de cualquier género, o creemos que lo es, de una persona, nos invade el rubor en presencia de ella, a la más pequeña señal de falta de decoro, por miedo de que se frustre nuestra esperanza, pues deseamos vivamente parecerla bien para lograr nuestro fin.

Son signos de la fealdad: el acto de reprender o increpar, la gritería, la burla y mofa, las palabras, señales y gestos, las voces desordenadas.

El pudor hace afluir a las mejillas el rubor, o sea la vergüenza; porque el peligro del miedo es de una condición que para desecharle hace falta el auxilio del corazón, es decir, del calor que en él se acumula. Mas también hay en el pudor cierta perturbación del alma por la creencia del desdoro; entonces se arrebata el calor a la cabeza y de allí se esparce por el rostro. Por eso a M. Catón no gustaba que el niño se quedase pálido en momentos de pudor, ni que el soldado enrojeciese en la pelea; en éste es prueba de cobardía; en aquél, de confianza propia e impudencia.

Más vergüenza nos causan nuestras torpezas presenciadas, que oídas, y mucho mayor ante la vista de personas a quienes respetamos. Por eso es general bajar la vista el avergonzado; a veces separarla o cerrar los ojos. Al sonrojarse los niños se los cubren con las manos, y también la cara, en un movimiento natural.

Al tratar Sócrates del amor, en el *Fedro* de Platón, ocultábase la cara con el manto, como si se ocupase en materia poco digna de él; de aquí la verdad del proverbio «El pudor está en los ojos».

Apenas aparece en la oscuridad; y si lleva uno envuelta en ropa la cabeza y no es conocido, es menor el pudor, si bien hay gentes más delicadas que, aun estando solas, se avergüenzan, ya cuando ejecutan algo feo, ya por recordar lo que hicieron.

El pudor perturba el alma, como el miedo, aunque no con tan gran tormento; con todo, confunde las ideas y arroja fuera los pensamientos acertados.

Puede esto comprobarse en personas doctas y cuerdas al empezar a hablar ante la multitud o ante algún príncipe a quien tengan gran respeto.

El deseo poderoso de alguna cosa sacude la vergüenza, como pasa entre los amantes o cuando se está en peligro de perder algo querido, la vida, un hijo.

Por ese motivo no se avergüenzan mucho los avaros si tienen alguna esperanza de lucro. Tampoco los viejos, ya por hallarse entre jóvenes, a quienes consideran como inferiores o como hijos, a menos que los tengan por más fuertes, como sucede con príncipes, poderosos, o bien que sean sus patronos; también sucede lo mismo si no los impulsa tanto el decoro o el desdoro, como lo útil o lo inútil.

Se ha concedido el pudor a los hombres «a modo de un pedagogo». En efecto: así el niño como el joven carecen de consejo por ignorancia de las cosas de la vida; si confían en sí propios, sufrirán muchos perjuicios, y, a fin de conformarse con la opinión de los prudentes, tienen por estímulo el pudor, que los hace respetar a sus superiores.

Son superiores, por razón del número, cuando se reúnen muchos; otros por edad, la práctica en la vida, la prudencia, la instrucción en leyes y costumbres, las opiniones paternas, ya universales o en mayoría, o de aquellos que están en gran predicamento. Nada, por tanto, es más útil para quien desconoce los deberes humanos; además, impiden que se desborden y divaguen las pasiones, sirviendo de educación a niños y mujeres, de las cuales nada ha podido decirse más deprimente que lo consignado en las Sagradas Escrituras respecto de aquella «que había desechado el pudor»; así también la sentencia del filósofo, que vio avergonzarse a un niño: «Está tranquilo, hijo mío; ese es el color de la virtud.» Además sirve de freno para los vicios, a fin de que no se lance el joven a actos que sean indecorosos r inconvenientes para él y para los demás, porque no ejecuten cosa alguna torpe o pecaminosa, con malicia o falta de decoro, ya por razón de la persona, de la edad, del tiempo y el lugar, de la vida social y de la humanidad. Es, en fin, grandemente necesario el pudor a todos cuantos hayan de vivir en mutua comunicación y sociedad.

Capítulo XXIV. Del orgullo

Es el orgullo una hinchazón del alma por creencia de un bien eximio, que da honor y mérito, y que puede ser actual, pasado o futuro. Están clavadas en nuestro pecho las raíces de ese mal, porque de su amor nace el que cada uno se profesa naturalmente a sí mismo, el cual, cuando va unido a la ignorancia, se obceca y hace que nos creamos mejores que todos, y muy dignos, por lo mismo, de cualesquiera bienes. Esta opinión pasa de nosotros a aquellos a quienes amamos en extremo, porque son otros «yo», según hemos dicho antes.

Así, la fuente primera del orgullo es el inconsiderado amor que cada cual se tiene a sí propio, y, como todo aquello que surge inconsideradamente, tiene que influir mucho en las personas rudas, burdas o estúpidas, en las imprudentes e irreflexivas, pues los doctos, despiertos y moderados, aquellos que dirigen su vista hacia adentro, reconocen bien que ningún mortal tiene de qué envanecerse. Los biliosos, aun los instruidos y agudos, están expuestos a ese mal de no contenerse con gran reflexión y refrenarse, por decirlo así; se lanzan violentamente en medio de perturbaciones del alma, y también porque el fuego se propaga con facilidad, y la cólera esparcida por todo el cerebro sacude de pronto, como de un golpe, toda la fuerza de la razón. Muy a menudo esa gran oscuridad de la irreflexión ensombrece la inteligencia, hasta el punto de que los más orgullosos son quienes tienen menos motivos y más nimios para ensalzarse.

Del orgullo nace la arrogancia, pues como el orgulloso se cree digno de los mayores bienes, estima grandes, únicos, los más excelentes de todos aquellos que posee y de donde toma origen su orgullo: así, el noble, su raza; el hermoso, la belleza; el agudo, el ingenio. Cuanto a esto se agrega de otra parte, es pequeño, inferior a su dignidad; pero si se atribuye a otros, se piensa que excede del mérito y calidad de ellos, por envidia y malevolencia, que son compañeros del orgullo. Todo lo que sea capaz de conquistar honor, autoridad y dignidades trata de obtenerlo realmente o finge que lo posee, y evita cuanto de cualquier modo pueda dañar a su estima; de aquí su ardiente deseo de ostentar los bienes de que goza, de hacerlos ver a los demás; su cuidado y diligencia en ocultar sus vilezas, no solo en las cosas mismas, sino por su lenguaje jactancioso, con los gestos de todo el cuerpo. Y como nuestra admiración aumenta el valor de aquello que es raro, nuevo, inaudito y singular, queremos que los demás se convenzan de que lo poseemos, exhibiéndolo en las dotes del alma, en las cosas del cuerpo, en aquello que toca a la vida, hasta en el comer, vestir, jugar y andar; en las mayores futilidades donde nada importa conducirse y obrar de este o de otro modo. Aun en aquellos puntos en que es peligrosa la novedad, afecta el orgulloso discrepar de los demás, abrirse por sí propio el camino que emprende; de ahí nuestras absurdas afirmaciones en la enseñanza para demostrar que ha implantado algo nuevo; de ahí la malquerencia hacia los que hacen cosas mejores o iguales, pues consiguen que no sean únicas y propias nuestras, que es lo que más apetecemos.

Nada desea tanto el orgulloso como alguna semejanza con Dios; no ciertamente por bondad, sino por el poder y la grandeza; el no necesitar de nadie, y de él muchos; no ser súbdito de ninguno, pero tenerlos él numerosos; que nadie le haga beneficios, y poder hacerlos él. Para ostentar los orgullosos su grandeza se conducen en una forma que no es amable, sino temible: aparentan y se jactan de tener riqueza, recursos, poderío, desprecio de los demás como muy distantes de sí; no se dignan conversar con ellos; usan un tono de voz grave; emplean palabras sonoras, trágicas, la irrisión y la burla, querellas y amenazas, haciéndose intolerable su insolencia en hechos y dichos. En cualquier género de disputa aparece su indomable pertinacia, contra toda autoridad y frente a la verdad más evidente, hasta en contra de lo que es bueno y útil al mismo orgulloso; porque todo lo pospone a su preeminencia para no ser inferior en cosa alguna. Por eso no toleran ser amonestados ni quieren ser enseñados; todo cuanto han adquirido lo mantienen; de ahí las sectas y partidos; preferirían que cambiase la verdad y la índole de las cosas antes que sus afirmaciones, aun sabiendo que son erróneas muchas veces. Sigue al orgullo la ira, porque piensa que nunca se le conoce tanto como merece; luego el deseo de venganza, el castigo en las ocasiones, o también la circunspección hacia toda palabra, signo o gesto ajenos que pueda indicar algo deshonroso para él.

El orgullo es suspicaz; convierte en calumnia, con la interpretación más maliciosa, lo que se ha dicho o ejecutado con la mayor sencillez.

Por esta mala costumbre, equivalente a una exagerada indulgencia consigo propio, el espíritu se hace sensible en extremo y muy poco sufrido respecto de todo cuanto sucede contra su voluntad; de ahí el enojo, la indignación más rabiosa y las reprobaciones, no solo contra los hombres, sino hasta contra Dios, tácitas las más veces otras, expresas y manifiestas. Esta ignorancia tan crasa: esta falta de reflexión tan imprudente no nos permiten, cuando meditamos sobre nuestros bienes, pensar de quién proceden; quién nos los dio, de qué modo y por qué razones. No nos ocurre la idea de Dios; creemos que es nuestra aplicación y diligencia, nuestro mérito, quien nos los ha proporcionado, y así leemos en Ezequiel de la persona del diablo: «Yo me formé», que equivale a «besar su mano», cosa que es una gran impiedad.

El orgullo se desliza en el alma prodigiosamente como por terreno minado; a menudo nace de grandes virtudes; otras veces nos envanecemos pensando en nuestra misma moderación, y aun al reflexionar que somos orgullosos y lo sentimos, vuelve el alma sobre sí, pero seguimos siéndolo porque la degrada su orgullo.

Es en verdad ondulante aquel reptil enemigo nuestro; mas también está muy corrompida nuestra materia por la larga tradición de los vicios. En ocasiones despierta el orgullo un régimen recto de vida; «enferma curando», según la antigua expresión, y «se eleva inclinándose», como se cuenta de la palma. En efecto: cuando aconsejamos a uno que confíe en su virtud, que es un bien verdadero y sólido, y no en nuestro linaje, riquezas, belleza, elocuencia, instrucción y favor, que son cosas vanas, ocurre muchas veces que, despreciando la advertencia, cree que lo principal en él es aquello de lo cual se le manda no ensalzarse, y que posee gran erudición, belleza o dotes semejantes, puesto que ve ser necesario un remedio para no engreírse con tan buenas cualidades. Así, al aplicar la medicina, se recrudece la enfermedad, pues se rechaza aquélla por molesta o se omite como inútil; mientras que resulta agradable y se favorece cuidadosamente la causa de la enfermedad, que parece contener un honor. Por eso hace falta gran arte para reprimir esta fiera de tan múltiples formas y cabezas.

El orgullo impide que se hagan grandes progresos en la ciencia, en parte por vergüenza de aprender a fin de no parecer inferior, y también porque los orgullosos pasan la mayor parte de la vida en la ambición, la envidia, la ira y el afán de venganza. Ocupados de esta suerte, no cabe en su pensamiento idea alguna sana. Y así como los animales envenenados, cuanto comen algo saludable lo convierten en veneno, cuanto hace el orgullo lo aplica a procurarse honores y conseguir reputación. Como desea ser singular y único, al oír hablar de alguno con alabanza, presenta al instante sus méritos para comparar, como superiores. Preguntado Temístocles cuál era la música más grata a su oído, contestó: «El lenguaje de quien me alaba.» Gusta que le encomien hasta por aquello que, no solo está cierto de no tenerlo, sino que también lo saben otros; así dijo una mujer a su sirvienta que la ensalzaba: «Mientes; pero me agradas.» Siente que los demás se fijen, piensen y hablen de otra cosa que de él mismo, creyendo que no hacen su deber, pasándole por alto, según escribe Tranquilo acerca de Calígula. Por eso quisieran que se borrase toda altura como perjudicial a su propio esplendor, de igual modo que ciertos príncipes sienten una tácita molestia cuando se recuerda el poder divino, y desean que nadie, ni el mismo Dios, fuese superior a ellos. Calígula aparentaba tener enemistad con Júpiter.

Tan convencido está el orgulloso de su preeminencia, que cree debía estar libre de las leyes humanas, y quedar inmune aunque haga lo que quiera, a la vez que es un juez severísimo para los demás, y no solo que sean impunes sus actos, sino lo que es más intolerable aún, que haya exentos de las leyes, de la naturaleza, en cosas bien hechas, sin ser súbditos del sumo y omnipotente Dios; así algunos creen vergonzoso orar en los templos, rogar a Dios humildemente, arrugar el rostro al recuerdo de los delitos, o verter algunas lágrimas. Oportuna es la exclamación consagrada al orgullo: «Se avergüenza de tener miedo a César.»

El orgullo hace al alma hinchada, y por lo mismo vacía, como el fuego al agua, y así lo vemos en los cuerpos biliosos, donde se producen fácilmente flatos y vientos.

En toda clase de vicios, excepto el orgullo, pueden coexistir la paz y la concordia, a lo cual aluden los Proverbios de Salomón: «Entre los orgullosos siempre hay querellas»; porque los otros viciosos desean lo que todos desean conseguir, no así los primeros. El soberbio solo tiene algún viso de amistad con aquel que le está sometido, o por adulación en las cosas o por condescendencia en las palabras. No hay que persuadir al orgulloso de que se abstenga de las pasiones que son fronterizas de la humillación: el miedo, la alegría abierta, la condescendencia, la ostentación; si bien aquél se rebaja en ocasiones para ser luego más ensalzado; de igual modo que retroceden los que quieren saltar más, así a veces complace con la mayor abyección para dominar con menos poder, y se somete aun a los más necesitados y los menos puros si con ello cree ganar un paso en la dominación, como sucedió antiguamente a Cayo Mario y Julio César, y ocurre a diario a nuestros príncipes.

Existe también una cierta cortesía y educación orgullosísima, no por honor de otro, sino de nosotros mismos, para ser considerados como buenos y prudentes y bien educados: de tales dice Jesús en el Eclesiástico: «Hay quien se humilla malignamente, y sus interioridades están llenas de engaño.»

Esta pasión es muy efervescente: nace y crece en sitios, tiempos y lugares cálidos; por ejemplo, en el mediodía, en las guerras y altercados. Cuando mayor importancia se da al bien que creemos poseer, más levanta su cresta esa especie de gallo, como si fuese el más raro, que disfrutaron muy pocos, los más distinguidos, o ningún humano. Se examinan y tienen en cuenta las opiniones de los presentes: así se envanece en los campamentos y en los francos de guerra el soldado animoso; el sabio ilustre en las academias; al contrario, pierde bríos el hombre estudioso en medio de los arreos militares, como el soldado entre los libros. Por lo mismo los más orgullosos de todos son los nobles, y los hermosos, porque así el linaje como la belleza son muy apreciados en todas partes; además, los ricos, porque, como dijo el sabio: «todo obedece al dinero», y a quien le tiene se le da honor universalmente.

El orgullo se quebranta: primero por la sabiduría, por la reflexión en nuestra vileza; también cuando sabemos claramente que los otros no ignoran que carecemos de los bienes que aparentamos, o saben que no son nuestros, sino con relación al tiempo: lo mismo si vienen tantos males que preponderen sobre los bienes creídos y nos llevan al encogimiento de alma, o al miedo y horror por el gran peligro que haya.

Siendo una pasión cálida, se entibia con el enfriamiento del cuerpo, por los alimentos, por el lugar; los bienes pasados, si los consideramos en sí, nos levantan el ánimo, al par que le deprimen si los comparamos con la vergüenza de la suerte actual, pensando que los perdimos por culpa nuestra, y más si además es infame, por traición, hurto, latrocinio, adulterio, azar, imprudencia o locura.

No era mala aquella primera semilla del orgullo, de la cual degeneró en tan gran maldad; era para que el hombre, creyéndose nacido en condición excelente, se amase y considerase digno de los bienes mayores y verdaderos, esto es, de los celestiales, para desearlos con toda su alma. Pero, caído en la ignorancia, se apartó mucho de aquel fin hasta parar en el deseo de cosas viles y las más vanas, a las cuales llamó bienes, y las puso en lugar de aquellos otros eternos.

Brujas, año de 1538.

Libros a la carta

A la carta es un servicio especializado para

empresas,

librerías,

bibliotecas,

editoriales

y centros de enseñanza;

y permite confeccionar libros que, por su formato y concepción, sirven a los propósitos más específicos de estas instituciones.

Las empresas nos encargan ediciones personalizadas para marketing editorial o para regalos institucionales. Y los interesados solicitan, a título personal, ediciones antiguas, o no disponibles en el mercado; y las acompañan con notas y comentarios críticos.

Las ediciones tienen como apoyo un libro de estilo con todo tipo de referencias sobre los criterios de tratamiento tipográfico aplicados a nuestros libros que puede ser consultado en Linkgua-ediciones.com.

Linkgua edita por encargo diferentes versiones de una misma obra con distintos tratamientos ortotipográficos (actualizaciones de carácter divulgativo de un clásico, o versiones estrictamente fieles a la edición original de referencia).

Este servicio de ediciones a la carta le permitirá, si usted se dedica a la enseñanza, tener una forma de hacer pública su interpretación de un texto y, sobre una versión digitalizada «base», usted podrá introducir interpretaciones del texto fuente. Es un tópico que los profesores denuncien en clase los desmanes de una edición, o vayan comentando errores de interpretación de un texto y esta es una solución útil a esa necesidad del mundo académico.

Asimismo publicamos de manera sistemática, en un mismo catálogo, tesis doctorales y actas de congresos académicos, que son distribuidas a través de nuestra Web.

El servicio de «libros a la carta» funciona de dos formas.

1. Tenemos un fondo de libros digitalizados que usted puede personalizar en tiradas de al menos cinco ejemplares. Estas personalizaciones pueden ser de todo tipo: añadir notas de clase para uso de un grupo de estudiantes,

introducir logos corporativos para uso con fines de marketing empresarial, etc. etc.

2. Buscamos libros descatalogados de otras editoriales y los reeditamos en tiradas cortas a petición de un cliente.